江西通史

——北宋卷下冊

目錄

第四章｜手工業生產的繁榮

第八章 ——

科舉人才的

湧現

宋承唐制，科舉取士。科目有進士、諸科、武舉。常選之外，又有制科、童子舉，而進士得人為盛。諸科，指九經、五經、開元禮、三史、三禮、三傳、學究、明經、明法等科。制科又稱制舉，是偶或下詔的考試，「所以待天下之才傑」。名目不定，如賢良方正，博學宏詞等。仁宗初年，以制舉久不舉行，特予複置，增加科名至十個：賢良方正能直言極諫科、博通墳典明於教化科、才識兼茂明於體用科、詳明吏理可使從政科、識洞韜略運籌帷幄科、軍謀宏遠材任邊寄科、書判拔萃科、高蹈丘園科、沉淪草澤科、茂才異等科。神宗時罷「諸科」，而分經義、詩賦以取士。

應舉者不論家族門第，只要不是大逆犯人直系親屬，沒有不孝、不悌行為，不是隱匿工商異類、僧道歸俗之徒，都可參加考試，文章、詩賦合格，即可錄取。考試分鄉試（解試）、省試（禮部試）殿試三級。赴考者通稱「舉人」、「舉子」；參加進士科考試的人就稱「進士」或「鄉舉進士」[1]。各路的考試稱鄉試，及格者獲得「發解」資格，赴禮部主持的會試，稱省試，及格者參加殿試。殿試合格，按進士、諸科的名目分別錄取，分為一甲、二甲等甲次，授予進士及第、出身、同出身、賜出身，並獲

1　洪州人徐禧，志氣高遠，不事科舉，沒有進士功名，然而《續資治通鑒長編》卷二四八在介紹他時寫：「洪州進士徐禧為鎮南軍節度推官、中書戶房習學公事。禧與吳著、陶臨皆以白衣為修撰經義所檢討，至是，又以選人入中書習學，行檢正事。」他先以布衣為經義檢討，再以「選人」身份去中書省戶房「習學公事」，故泛稱他為「洪州進士」。

得官職。省試第一名稱省元，殿試第一名稱狀元。士人以進士科及第為榮。由於廣開科舉之門，讓大量鄉戶平民子弟通過科舉走上仕途，增強了百姓對朝廷的向心力，擴大了宋朝統治的社會基礎。

北宋對科舉制度的運用，重視對進士的選拔，在結束唐末五代長期離亂政局，轉變士人既不急於出仕，又苦於官吏勒索，社會輕視讀書人的惡劣風氣，重建文治秩序方面，起了無可替代的作用。各地鄉舉秀才競相應詔赴考，由進士而官宦，克服武夫把持州縣的弊政，故而「父老見而指以喜曰：此曹出，天下太平矣」。社會厭亂，人思安定，故士人珍貴，科舉順應了民心，總體上已經消除了五代時「士厄於離亂之際，不得卒業，或有所長而不能以自見，老死閭閻」的現象[2]。

由科舉而出仕，是讀書人最大的人生選擇，社會最看重的生活出路。正如蘇轍所說：「凡今農、工、商賈之家，未有不舍其舊而為士者也。」有人賦詩曰：「老去功名意轉疏，獨騎瘦馬取長途；孤村到曉猶燈火，知有人家夜讀書。」[3]然而，在宋代士大夫中對舉業不乏批評意見，尤其是一批又一批的舉子只是追逐功名利祿，不以踐行道義為目標，人們便提出一個問題：有志於道者該不該習舉業？程頤對此有一個回答：「人多說某不教人習舉業，某何嘗不教人習舉業也。人若不習舉業而望及第，卻是責

2　馬端臨：《文獻通考》，卷三十《選舉三》。
3　晁沖之：《晁具茨先生詩集》，卷十二《夜行》。

天理而不修人事。但舉業既可以及第即已。若更去上面盡力求必得之道，是惑也。……故科舉之事，不患妨功，惟患奪志。」[4]

王安石同樣主張「士志於道」，認為科舉出仕只是求祿，有了官俸之後，即應追求「道」，他曾對呂希哲說：「凡士未官而事科舉者，為貧也。有官矣，而復事科舉，是僥倖富貴利達，學者不由。」[5]呂希哲是呂夷簡之孫，呂公著之子，父祖皆官至宰相，故由蔭得官，呂希哲在王安石門下求學，所以王這樣對他說。呂希哲聽了之後，便不去科考，「一意古學」。「未官而事科舉者，為貧」，是士人獲取俸祿的基本途經，亦可理解為考核士人是否達到當官資格的界標，這是眼前的人事，而「志於道」則是遠大的精神追求。余英時論《宋初儒學的特徵及其傳衍》中說：「科舉制度本身在價值上是中立的，它既可以是一般經生的利祿之階，也未嘗不能成為傑出之士實現其理想的跳板。以宋代為例，范仲淹、王安石如果沒有進士的資格，他們便不可能取得變法的領導權。」[6]這個論斷符合事實，對我們理解科舉人才有啟迪意義。關於北宋江西人才的顯現與評估，不能不從進士入手，本章將首先敘述「進士」的湧現，然後擇要評介一些人。

開寶六年（973 年），因主考官李昉「用情取捨」，太祖主持

4　朱熹、呂祖謙：《朱子近思錄》，卷七。上海古籍出版社 2000 年版，第 90 頁。
5　朱熹：《伊洛淵源錄》，卷七引呂氏《家傳略》。四庫全書本。
6　余英時：《朱熹的歷史世界──宋代士大夫政治文化的研究》。三聯書店 2004 年版，第 295-296 頁。

對三六〇名下第者別試詩賦，從中再錄取進士、諸科共一二七人。殿試從此成為常制。當時太祖對近臣說：

「昔者，科名多為勢家所取，朕親臨試，盡革其弊矣。」[7]

權貴在科舉中作弊，始終存在。然而，皇帝主持再來一次「殿試」，對作弊者有一定的制約作用。

北宋的私家書院興盛，中期以後逐漸開辦州縣官學，赴考舉子眾多，選官取士的門因而開得更大，每科錄取的進士人數比唐朝成倍增加。通常每榜進士幾百人，最多時達八〇五人（宣和六年），不再是唐代「桂樹只生三十枝」的稀疏景象。由於諸州所貢的人數眾多，其中仍有不少人落第，而落第者又再次應舉赴考，對其中多次不合格的老舉子，格外開恩，賜其出身。開寶三年（970 年），「詔禮部閱貢士及十五舉嘗終場者，得一百六人，賜本科出身。」由此途而得及第稱「特奏名」，從此成為例規[8]。終北宋一代一六七年，共開科六十九榜，平均約二年半舉行一次。錄進士一九〇六六名，平均每榜二七六點三名。諸科一五〇五四名，特奏名一五四五六名。三項合計取士四九五七六名，平均每榜七一八點五名[9]。

---

7   《宋史》卷一五五《選舉一》。
8   《宋史》卷一五五《選舉一》。
9   據何忠禮《宋史選舉志補正》附錄一《宋代科舉一覽表》計算。浙江古籍出版社 1992 年版。

第一節 ▶ 眾多進士的湧現

江西的鄉紳家族出資辦學，士人立志自奮，進士日益湧現。這種普遍性的文化現象，具有多方面的意義，首先，北宋一代，江西地區一千七百多名進士，這意味著社會上還有更多的落榜者，更多的舉人，比舉人更多的諸生，這是一個龐大的讀書人群體。這群讀書人的數量，從官府規定的解額中可以窺見一個大概。慶曆四年（1044 年）歐陽脩說：「凡貢舉舊法，若二千人就試，常額不過選五百人（每年到省就試及取人之數，大約不過此）。」[10] 即是進士錄取率為百分之二十五，禮部考試也是選取百分之二十五。治平元年（1064 年），時任參知政事的歐陽脩又奏稱：「今東南州軍進士取解者，二、三千人處，只解二、三十人，是百人取一人。」[11]「進士取解者」，指各地選拔參加禮部考試的人，比例是百分之一；東南州軍，包括了江西地區十三州軍。照這個比例推算，江西候選的科舉士人有多少呢？我們以袁州為例來說，「袁州自國初時，解額以十三人為率。仁宗時，查拱之郎中知郡日，因秋試進士，以黃華如散金為詩題，……惟六人不失詩意。由是只解六人，後遂為額。」[12] 這位查知州憑個人喜怒辦事的劣政暫且不說，單就解額十三人作考察，按百分之一比例算就是一三〇〇人，再乘以十三州軍，則為一六九〇〇人。

---

10 《歐陽脩全集・奏議集》卷八《論更改貢舉事件札子》。
11 《歐陽脩全集・奏議集》卷十七，《論逐路取人札子》。
12 吳曾：《能改齋漫錄》，卷五《誤認黃華作菊華》。

即便假設查某的決定推行於全江西，也還有約八〇〇〇人。這個龐大群體的形成，是社會穩定、經濟興盛、文教發達、民心向學的綜合反映。

其次，大批進士以及有學識而非進士的眾多士人，自覺地「修身、齊家」，如南城呂南公、新昌（今宜豐）蔡曾、新喻胡宗元、贛縣陽孝本、雩都王鴻、會昌賴克昌、南康田辟，等等，他們散居鄉間，與鄉民朝夕相處，時刻在傳播傳統儒學文化，灌輸官府意志；也利用其所擁有的政策、法令知識以及倫理觀念，解決民間糾紛，或與貪官污吏抗爭，對文化的普及與整體水準的提高，對社會的健康發展，都有推動作用。南城李覯，雖然得了一個國子監直講的名銜，實際仍然是一個平民，居鄉講學，著書立說，在中國思想史上寫下了不朽的篇章，貢獻不比別人差。

第三，那些為提高社會地位而讀書，為求功名利祿而習舉業的人，也是應予肯定。他們並非社會的消極因素，其言行不等於禍國殃民的劣跡。這些人有競爭向上、不甘貧弱落後的志氣，也是平民家族富而重教的成果。他們學而優則仕的驕人回報，對形成自強不息、以學為榮的民風習尚，有積極意義。

第四，進士中的官僚士大夫，大多數在「治國、平天下」的奮鬥中，各自作出了不同的貢獻。具體一些說，貢獻主要集中於三大領域：政治領域——從太宗至徽宗各朝，都有江西官員參與朝政決策，如太宗時的陳恕，真宗時的王欽若，仁宗時的晏殊、劉沆，神宗時的王安石，徽宗時的曾布。軍事領域——在軍事相對衰弱的北宋，王韶父子在河西的征戰，不亞於宋初的武將；蕭固、熊本對西南部族的經營，成效明顯突出。學術領域——經

學、文學、史學等傳統學科的著名學者，不斷湧現，或為領軍旗手，如歐陽脩、曾鞏，或者開宗立派，如晏殊、王安石、黃庭堅。我國傳統文化寶庫中的豐富內涵，離不開這大批科舉人才的辛勤勞動；社會歷史的進步，與前後相繼的科舉人才是相互促進的。

一　進士數量的評估

北宋時期江西地區為十三州軍六十五縣，按光緒《江西通志》選舉表所列名單算，共有進士一七二九名[13]。占諸路進士總數（19066 名）的百分之九點〇六。平均每縣二十六點六名。此外，有制科九十五人（未分北宋、南宋），童子科三十八名。與唐至五代江西總共才七十六名進士的劣勢相比，是沿直線上升著。在這一千七百多人之中，絕大多數都是鄉間小民，一變而金榜題名，出現在朝廷的宴會上，進而穿官服，得俸祿，對他們個人及其家族是大提升，於州縣鄰里則是極大的示範與鼓舞，其社會反響越來越大。鄱陽人彭汝礪、熊本，父親皆州衙孔目，汝礪中了狀元，饒州知州即告訴其父不必再服役，且以所乘馬及導從命州吏送他還家，鄉閭以為光榮。接著，熊本也名列進士前茅，新任知州照樣送熊本父親還家，「自是一郡欣豔，為學者益深，

13　光緒《江西通志》卷二〇至二四《選舉表》所列進士名單，制科、童子科兩部分與進士科有一些人重複計數。進士科本身也不是十分精確，有八個人名重複出現，另外崇寧四年沒有開考，但也列出了八人，這十六人如果都算在內，則進士數為一七四五名。

每科舉嘗至數十人」[14]。

　　科舉對江西社會的推動，到了真宗、仁宗時期已大見成效。黃庭堅告訴我們，分寧徐俯的祖上，「避兵亂買田於西安山中，稍稍堙替不學。」連續三代人「皆治生貨殖於田間」。到徐俯父親手上，其家「始築書館，延諸生」，讓子弟讀書習文，故而徐俯「昆弟皆為儒者」，[15]改變了家門舊貌。從鄉間農家走出來大批儒生官宦，非常令人振奮。對此興旺景象。饒州德興人汪藻是這樣評述的：

　　當唐末五季，干戈紛擾之時，衣冠散處諸邑之大川長穀間，率皆即深而潛，依險而居。迨宋興百年，無不安土樂生，於是豪傑始相與出耕，而各長雄其地。以力田課僮僕，以詩書訓子弟，以孝謹保墳墓，以信義服鄉閭。室廬相望為聞家，子孫取高科，登顯仕者，無世無之，而汪氏尤其章章者也。[16]

　　宋興百年，即是仁宗後期。以詩書訓子弟，得到進士及第的收穫。統計資料證明，汪藻的評述符合實際。各朝進士人數如下：

14　朱弁：《曲洧舊聞》
15　黃庭堅：《徐純中墓誌銘》，見同治《義寧州志》。
16　汪藻：《浮溪集》，卷一九《為德興汪氏種德堂作記》。四部叢刊初編本。

・表 8.1 北宋江西進士遞增表

時期	在位年	進士數	人/年	時期	在位年	進士數	人/年
太祖	15 年	2 人	0.13	太宗	21 年	51 人	2.4
真宗	24	110	4.58	仁宗	40	400	10
英宗	4	52	13	神宗	17	240	14.1
哲宗	14	271	19.4	徽宗	24	603	25.1

上列資料表明，進士人數持續遞增，太宗、真宗、仁宗三朝連續倍增，生動地映現出書院教育的成果。約到百年的仁宗時期，已是成效大顯。以後繼續穩定發展，到哲宗以後再翻一番。事實正是如此，一大批家族隨著富裕的步伐，同時重視文化教育，以詩書訓子弟，力求登科出仕，提高社會政治地位。有那麼多家族實現了讀書發家的願望，人們的看法和給予的評估自然跟著起變化，這就是吳孝宗所說的：家富戶羨，又當寬平無事之時，隨即形成富而好學的社會風氣，「為父兄者以其子與弟不文為咎，為母妻者以其子與夫不學為辱。」成果顯著的家族如：

宜黃樂氏：是宜黃文化世家，其家四代六人進士。樂史在南唐李煜時已為秘書郎，入北宋為平原縣主簿，太平興國五年（980 年）以現任官舉進士，先授武成軍掌書記，後賜及第。其子黃裳、黃目、黃中，淳化三年（992 年）同舉進士。咸平元年（998 年），子黃庭又中進士。天聖八年（1030 年），黃裳之孫樂滋，中進士。樂黃目官給事中兼左庶子，樂黃裳、樂黃庭皆至太常博士。祖孫四代六人並進士及第，在北前期江西地區少見。

臨川王氏：王安石一家之中，自其祖父輩至其兒子名下，從

咸平三年（1000 年）至熙寧元年（1068 年），六十九年間先後八人中進士，即其叔祖王貫之（咸平三年），父王益（大中祥符八年，1015），王安石（慶曆三年，1043），其兄王安仁（皇祐元年，1049）、從弟王沆（慶曆六年，1046）、弟王安禮（嘉祐六年，1061）、王安國（熙寧元年，1068），子王雱（治平四年，1067）。

南豐曾氏：從宋朝初年開始，子孫一代接一代在科場報捷：曾致堯太平興國八年（983 年）中進士。其弟士堯，淳化三年（992 年）進士。子易從，咸平三年（1000 年）；易占，天聖二年（1024 年）進士。嘉祐二年（1057 年），一門六人同榜及第：曾鞏（易占子）及其弟牟、布；從弟阜；妹婿王無咎、王幾同時赴京應考，皆榜上有名，無有遺者。此外，曾致堯家族中還有曾易則、曾舜舉、曾叔卿、曾罕、曾庠（易占侄）、曾宰（易占子）、曾覺、曾肇（易占子）八人到元豐年間都已中進士。

分寧黃氏：黃庭堅家族，祖孫四代人，從大中祥符八年（1015 年）至宣和三年（1121 年）的一〇五年間，進士蟬聯不綴，現在知道名字的進士三十三人。黃中理築書館於芝台、櫻桃洞，長子黃茂宗才高篤行，致力教授於兩館，故諸子十人之中，有進士六人。黃家這兩所書館還接納外族士子，「四方遊學者嘗數千百人」。黃氏富而重教，子弟讀書出仕的事蹟，帶動了分寧縣四方，「凡分寧世家學問之原，蓋皆出於黃氏」[17]。

17　同治《義寧州志》卷一九《選舉・進士》。又，《山谷別集》卷八，《叔

高安劉氏：劉渙、劉恕、劉羲仲祖孫三代人，博學而特立，高節尚義氣，稱高安三劉。劉渙，天聖八年（1030年）登進士第；恕，皇祐元年（1049年）進士。恕之弟格，雖然鄉舉不第，卻「以文學顯」，黃庭堅說他「胸中崢嶸書萬卷」。恕長子羲仲，從小隨侍，繼承家學，讀書數千卷，無不貫穿。因《資治通鑒》書成，賜官郊廟齋郎，後入史館為檢討，人們評他「志操文義，早知名於士大夫」[18]。

新喻劉氏、孔氏、蕭氏：劉氏的一支由盧陵遷新喻，其家開創讀書中舉傳統的人是劉式，他在南唐後主時去盧山借書苦讀，五六年不歸，考中明經科第一；其子劉立之，中大中祥符元年（1008年）進士，孫劉敞、劉攽，慶曆六年（1046年）同時中進士，曾孫劉奉世，嘉祐六年（1061年）進士，與其父敞、叔攽合稱「三劉」。

孔氏故居地在今峽江縣羅田鄉，先祖自唐末避亂定居於此，其後代到宋仁宗時接連中進士，嘉祐元年（1056年）孔文仲中進士，嘉祐八年（1063年）孔武仲中進士，治平二年（1065年）孔平仲中進士，兄弟三個皆以文名於世，人稱「三孔」，黃庭堅贊曰：「二蘇上聯璧，三孔立分鼎；天不墮斯文，俱來集台省。」

父給事行狀》。

18 晁補之：《漫浪閣辭》，見《三劉家集》。劉渙寓居星子三十餘年，而且他們祖孫身後均安葬星子，實際已是星子人。

蕭氏從宋初至神宗時期，家族中不斷有人中舉，載入進士名錄的有：蕭賀、蕭方、蕭貫、蕭賁、蕭固、蕭贄、蕭泳、蕭注、蕭從、蕭褒等。其中蕭貫、蕭賁是兄弟；蕭贄，後改名煥。

　　所有這大批進士人才，都來自平民，或者說普通富裕戶，他們沒有世襲的政治特權，全憑個人才學上進。由出身低微這個特點，再生發出數量多、來源廣、更新快等優點。一科又一科的新進士，來自許多個州縣，各有自身的個性與品位，催化出知識交流的活力，造成了對朝廷的巨大向心意識，使北宋統治日益穩定起來。另一方面，科舉取士官僚制度使這批新生的進士——官僚，誰都沒有世襲特權遺留下來，於是，不見「四世三公」的門閥貴族，倒是有不少大起大落之家，如臨川晏殊、王安石，新喻王欽若，廬陵歐陽脩，永新劉沆……，他們官至宰執，壽終正寢，而子孫卻很快低落，失去父輩尊顯的政治地位。這大概就是黃庭堅《家誡》中所說豪族很快衰敗的景象。這種富貴與貧賤的和平衰變，有利於激發後輩「千萬強學自愛」的志氣，使人才處於生生不息，後浪推前浪的活水之中。

二　進士的地域分布

　　北宋時代江西進士的地域分布很不平衡，多數集中於贛江中下游地區，周邊縣份除分寧之外，都很稀少，大致上和經濟水準一致，凡是生產興盛的地方，科舉文化就有明顯的優勢。現據《選舉表》標明的鄉貫，按前後期兩段，分類統計各州軍的進士人數如下：

· 表 8.2 北宋江西進士地域分布表

州軍名	前期進士	後期進士	合計	州軍名	前期進士	後期進士	合計
饒州	69	261	330	虔州	23	53	76
吉州	115	161	276	南康軍	18	39	57
建昌軍	64	150	214	袁州	24	33	57
撫州	70	107	177	江州	31	23	54
洪州	65	106	171	筠州	11	21	32
臨江軍	57	100	157	南安軍	2	10	12
信州	16	100	116	總計	565	1164	1729

注：表中的前後期分界，仁宗嘉祐八年科以前的進士劃在前期，以後的劃歸後期，即北宋建立 100 年間的進士數當前期科考狀況看待。

　　上表說明，北宋百年以後的進士人數大增，在約六十年內得一一六一名，占總數的百分之六十七點一，換句話說，在約三分之一之時間內，湧現了三分之二的進士。分地段看，前六名面的饒州、吉州、建昌軍、撫州、洪州、臨江軍，即是贛江中下游地區占絕對多數，共計一三一五名，占總數的百分之七十六。各州軍相互比較，饒州、吉州、建昌軍三地進士最多，都超過二〇〇名，明顯處於優勢，贛南的虔州、南安軍相對落後，十三縣共計得進士八十八人，平均每縣六點七七，遠遠低於江西平均數（26.6）。依道光《寧都州志》、同治《贛州府志》、《南安府志》所載，贛南十三縣共為九十二人，而三分之一集中於虔州治所的贛縣（32），其下依次為虔化（今寧都，13）、興國（10）、南康（9）、雩都（7）、石城（7）、信豐（5）、會昌（3）、龍南（2）、

大庾（2）、瑞金（1）、上猶（1），安遠（0）[19]。

　　深入到縣一級，進士多寡懸殊的狀況更厲害。前三名都超過一百，比一個州軍還要多。前二十個縣的次序是：南城（148）、臨川（121）、德興（106）、樂平（72）、廬陵（66）、南豐（66）、清江（62）、貴溪（57）、吉水（57）、新淦（54）、鄱陽（52）、分寧（50）、浮梁（49）、南昌（44）、永豐（44）、宜春（42）、新喻（41）、宜黃（37）、德安（36）、泰和（33）。另一頭，是科舉文化落後的諸縣。前期不見有進士的十四縣：進賢、靖安、上饒、永豐（今廣豐）[20]、萬安、上高、新昌（今宜豐）、分宜、萬載、瑞昌、瑞金、龍南、安遠、上猶。後期沒有進士的縣還有四個：永豐（今廣豐）、上高、德化（今九江）、安遠。通北宋一代來看，無人中進士的縣三個：永豐（今廣豐）、上高、安遠；僅得一名進士的縣八個：靖安、新昌（今宜豐）、分宜、萬載、瑞昌、瑞金、龍南、上猶。

　　南城、臨川、南豐三縣連在一片，居於尖端位置，比各州軍之中進士人數最多的饒州還多，這是當地農耕經濟振興、土地開發早已比較充分的最好證明。所以，前後期的人數差別不大，有

19　分別據道光《寧都州志》卷二〇、同治《贛州府志》卷四六、《南安府志》卷一二資料統計。

20　信州的永豐縣，與吉州的永豐縣，在《江西通志》中均寫「永豐人」，未注所屬的州，有可能混淆二縣，現統計時都作吉州永豐計算。1988年版《廣豐縣誌》第63章《人物表》列出元豐至宣和年間有進士8人。又，原注「袁州人」、「瑞州人」，可能不僅是宜春縣人、高安縣人，現統計時都計入此二縣。

均衡而快速的優勢。從所列出的姓名看，這裡的曾氏、王氏、吳氏進士相對更多，但並不是集中於少數家族，而是分散在許多個姓氏之中，例如政和五年南城十三個進士，分別為童、鄧、黃、陳、朱、周、姚、李、劉九姓，呈現出科舉文化的群體水準高的態勢。因而，評議才子之鄉，不宜停留在高官顯宦層面。

　　饒州德興縣在贛東北地區，表現凸出。該縣與樂平、浮梁連成一片，組成一個經濟文化單元，德興的農耕雖然差一些，但銅礦的開採冶煉早已發達，又都處在贛皖交接的邊沿地帶，是唐末五代以來避難民眾樂於安身之地，故而書院與科舉勃興，有後來居上的勁頭。前期百年中僅得十四名，後來的六十年卻奪得九十二名，躍居領先之列。其中以張氏、董氏兩族最多，分別得二十九、二十八名[21]。德興的科舉文化前後差別如此明顯，正是汪藻所論宋興百年而後群豪競起的典型地區。

　　洪州分寧縣地處贛西北角上，是周邊縣份中的佼佼者。其進士人數不僅遠非鄰境可比（萍鄉 13，武寧 8，萬載 1），甚至超過江西首府南昌縣。分寧地當贛湘鄂三地的交通交叉點上，人文交流比較活躍，農耕種植中的茶葉生產素來興盛。大家族中的黃氏，重視書院教育，以出色的科舉人才影響鄉鄰。縣內的漫江鄉是茶業中心基地，不少人因茶致富，也能富而重教，從乾德三年（965 年）至政和二年（1112 年），這個鄉出了十六名進士。

21　1993 年版《德興縣誌》卷二九《人物表一》所記進士人數為 114 名（前期 20，後期 94）。

盧陵、清江、吉水、新淦四縣也是一個經濟文化區，它們在贛江中游兩岸，農業基礎好，航運交通便捷，商貿活躍，是江西全境開發歷史最早的一個區域。這裡的科舉文化興起比較早，基礎厚實，進士人數增長前後期比較平衡。其進士數量雖然不是最多，但解試及格的舉人卻是一大群。例如，嘉祐三年（1058 年）以後連續十九次解試，全江西的舉人共計五七三名，其中洪、饒、信等州得十九名，情況不明者二十四名，餘下的五三〇名全部是吉州人，幾乎是吉州人包場的局面。

　　吉水縣的進士人數，一九八九年版《吉水縣誌》的統計，從淳化三年（992 年）至宣和六年（1124 年）的一三二年間，共為九十五名，比光緒《江西通志》記錄的五十八名多了一大節。其中董氏一族尤多，占十五名；景祐元年（1034 年）一次，董家五人俱中，皇祐元年（1049 年）又是四人登科，十分火爆[22]。縣誌與省志相差的這三十七名，究竟是什麼原因造成？是《江西通志》漏登，抑或是行政區劃變異所致，還是統計口徑不一，都有待查考。

　　虔州、南安軍的進士人數明顯更少，科舉事業比較落後，然民間習文重教的風氣不弱。贛縣曾氏，一門皆文學之選。曾准，刻勵嗜學，登嘉祐八年（1063 年）進士，子弼、梀、開、幾四人，皆為名臣。賴克紹，會昌人，咸平三年（1000 年）進士，

22　《吉水縣誌》第六編附「歷代進士錄」。新華出版社 1989 年版，第397-398 頁。

不仕，以文教為己任，買書貯東門「會秀樓」，置鼓樓上，每次招集邑人講學，鼓聲四達，從遊弟子甚眾。王鴻，雩都人，皇祐中累試不中，在家耕田種桑，以足養親，間或推其所學，以教鄉閭子弟[23]。陽孝本，上猶人，後徙居贛。學博行高，與蘇軾、蒲宗孟交遊。熙寧中，為宗孟家館師，只求買書為酬。宗孟遂以二年俸金市書千卷相送。他歸隱通天岩讀書二十年。崇寧中，虔州知州評他「經行優異」薦之於朝，以直秘閣歸。他拊兒頭頂曰：「吾無以遺汝，惟有書數千卷」。田辟，南康人，嗜學能詩。嘉祐間遊上庠，二十年無成，浩然歸鄉，自號「大隱居士」，「子九人，各授一經，教法甚嚴，登第及特恩者七人。南康稱義方者，必曰田氏」[24]。這些事例皆屬他們的個人行為，但其嗜學、講學活動，超出了家族範圍。尤其是會昌賴克昌，擊鼓聚眾，公開講學，其文化影響完全不是人數衡量得了的。

三　狀元簡介

在江西的進士群體中，有一批才華橫溢者，名列進士甲等，即「高科」行列，尤以狀元居最，從尖端鋒芒點上反映了江西士子的儒學水準。北宋狀元總計六十九名（其中 6 名鄉貫不明），其中江西地區得五名[25]，即：

23　此三例見同知《贛州府志》卷五四《人物志・儒林》。
24　此二例見同治《南安府志》卷十六《隱逸》。
25　此據《續資治通鑒長編》、《宋會要輯稿》、《宋史》諸史籍。另皇祐五年（1053）狀元鄭獬，湖北安陸人，新編《寧都縣誌》人物篇為

馬適（925 ？-955 年），湖口縣人，太祖建隆三年（962 年）
榜狀元[26]；

劉輝（1030-1065 年），鉛山縣人，仁宗嘉祐四年（1059 年）
榜狀元；

彭汝礪（1041-1094 年），鄱陽人，英宗治平二年（1065 年）
榜省元、狀元；

何昌言（？-1127 年），新淦人，哲宗紹聖四年（1097 年）
榜狀元；

何渙（？-1131 年），餘干人，徽宗宣和三年（1121 年）榜
狀元。

此外，會試第一名的省元有四人：歐陽脩，天聖八年（1030
年）；黃庠，景祐元年（1034 年）；孔武仲，嘉祐八年（1063 年）；
彭汝礪，治平二年（1065 年）。

還有幾位進士與狀元失之交臂。一是新喻蕭貫，大中祥符八
年（1015 年）考試中，最後一關殿試，已列入前三、四名。真

他立傳，稱他「祖籍寧都城關西門。其祖父鄭建中往湖北安陸經商，
遂寄籍安陸。其子鄭宣義遷回寧都，並將獬以上三代骸骨遷歸，葬城
西蔚背嶺『美人獻花』，與祖墳同塋「。道光《寧都直隸州志》人物
志採兩說並存做法，既寫小傳，又出「按語」提否定的意見。這個疑
案，我未進行專題研究，難於取捨，特寫出，待考。又，吳宗慈《江
西省歷代文武科鼎甲考表》中，將太平興國三年（978 年）狀元渤
海人胡旦，記為德安人。不知何據。德安車橋鄉的「義門」陳氏宗
譜中，載有胡旦寫的《義門記》，其中絲毫沒有表示他是德安人的意
思，故不錄。

26 此據同治《湖口縣誌》卷七《進士》、卷八《儒林傳》。。

宗正在把他與蔡齊比較，樞密使寇準說：蔡齊是山東人，蕭貫的鄉貫為臨江軍新喻縣，為「南方下國人，不宜冠多士」。真宗聽了寇準意見，定蔡齊為狀元。寇準走出殿門喜形於色地對同僚說：「又與中原奪得一狀元。」[27]真宗與寇準這次在狀元人選上的決策，是輕視江南觀念的再一次流露。早在北宋初年，趙匡胤即寫下「南人不得坐吾此堂」八字訓條，刻石政事堂上，藉以警示後繼者。然而，「自王文穆（欽若）大拜後，吏輩故壞壁，因移石他處，後浸不知所在。既而王安石、章惇相繼用事，石為人竊去」[28]。此段筆記的可靠性毋需深究，它反映出人們觀念隨的形勢而變化，有參考價值的。宰相與狀元，是士大夫的兩個不同層次的最高奮鬥目標，這兩領桂冠戴在誰的頭上，顯示著皇權的傾向。經過五十餘年的演變，趙匡胤的禁令已經不起作用。此次選拔狀元以鄉貫為取捨，是殘存舊觀念的最後一次得逞。

二是分寧黃庠，博學強記，聰敏過人，在景祐元年（1034年）考試中，奪得國子監、開封府、禮部三次考試第一名，名震汴京，他的應試文章，「傳誦天下，聞於外夷，近世布衣罕比也。」人們認定他已是狀元了。但是，他體質虛弱，最後的殿試前夕病倒，無力起床，仁宗特為他推遲一天殿試，並派內侍送藥，表示慰問。可惜無濟於事，他仍然不能上場，結果狀元被山

27　《續資治通鑒長編》卷八四，大中祥符八年三月癸卯。

28　《宋人軼事彙編》卷一，輯自王暐《道山清話》，中華書局 1981 年版。

東人張唐卿奪得。黃庠歸家五年，病卒[29]。

三是臨川王安石，他在慶曆二年（1042 年）殿試之後，已是宰執大臣商定的第一名。但試卷送仁宗欽定時，他見王安石賦中有「孺子其朋」一句，腦子裡馬上聯繫到朝中官僚爭論的「朋黨」問題，認為「朋」有「朋黨」之意，不能魁天下，遂將他放下，更換後面的。然而第二、三名都是現任官員，按規定不能為狀元，於是把第四名楊寘提出，與王安石換位。對被調為第四名，王安石終生不談。他氣量高大，把科考名次看得很淡，不想以此來增加自己的分量[30]。

四是新喻劉敞，慶曆六年（1046 年）殿試過後，主考大臣擬定他為第一名。可是在仁宗最後決定時，編排官王堯臣說自己是他的表兄，應避嫌，堅持請求將劉敞降下來。「仁宗不得已，以為第二」，把預定的第二名賈黯升為狀元[31]。按考試制度，編排官的職責，只是將主考官所定的等第，依次排列甲乙，受成而已，無預於等第予奪，完全不用避嫌。

上述四人，雖然都是與考試本身無關的細事，丟掉狀元桂冠，但他們的名聲都很高。例如蕭貫，《宋史》為他立傳，褒其「臨事敢為，不苟合於時」。他在京東轉運使任上，敢懲治「恃功為不法」的捕盜官吏；在知饒州任上，接受審理撫州的冤案，把殺人犯撫州司法參軍孫某刑之以法，為民除害。

29　《宋史》卷四四三《黃庠傳》。
30　葉夢得：《石林燕語》，卷八，中華書局 1984 年版，第 112 頁。
31　王銍：《默記》，卷下，中華書局 1981 年版，第 38 頁。

科舉在朝廷的政治體制之內，是選拔官僚的關鍵措施，故而正史將科舉寫在「選舉志」中。與唐代相比，宋代的狀元尤為榮耀。蔡齊為進士第一，真宗詔「令金吾司給七人導從，聽引兩節。著為令」[32]。從此以後，狀元都享受這等優待。對此，不少有才學的人不服氣，說這比將兵數十萬，收復幽、薊十六州，「凱歌勞還，獻捷太廟」，還要光榮。不過，考試的優等不等於任官施治也是優等，中狀元時的榮耀只是一時，留在人們記憶中的是其對社會的回報，是其一生的德行與業績。

馬適等狀元的事蹟概況是：

馬適，字至達，江州湖口縣人。《續資治通鑑長編》卷三記曰：「權知貢舉王著奏進士馬適等合格者十五人」；《文獻通考》選舉考五：「（建隆）三年，進士十五人，榜首馬適」。都沒有說明馬適的鄉貫，無任何事蹟介紹。同治《湖口縣誌・人物志》則寫馬適祖居在湖口縣治南面的鍾子磯，說他聰穎嗜學，以文學高等狀元及第，「乾德五年（967 年）與竇公儀等並官翰林」。馬適是個孝子，不願為官，「性篤孝，曰：吾束讀書，幸不愧科名足矣，安能忘老母溫清耶？致官歸養，朝夕問侍。母喪，廬場慟瘠。太平興國間，詔起不赴，北面瞻祝而已。以壽卒於家。」我們對馬適的瞭解僅此而已。《湖口縣誌》的記述很具體，但有一個情節與《宋史・竇儀傳》不符，竇儀在建隆元年（960 年）以「宿儒」被太祖招為翰林院學士，後升禮部尚書，乾德四年冬

32　《宋史》卷一五五《選舉一》。

卒，明顯與《湖口縣誌》所說不同。此外，馬適建隆三年（962
年）參加北宋的科舉考試，讓人生疑。開寶八年（975年）北宋
才滅南唐，這時的北宋才剛第三年，沒有對南唐直接用兵，江西
湖口縣還在南唐有效的管轄之下，不知馬適是怎樣到汴京去的？

　　劉輝，字之道，信州鉛山縣人。原名劉幾，字子道，好學有
才氣，在國子監讀書經常考第一，作文喜歡用險怪之語，不少人
起而仿效，形成風俗。歐陽脩深感厭惡，決意痛懲，改變這種文
風。嘉祐二年（1057年）歐陽脩知貢舉，一舉子寫道：「天地
軋，萬物茁，聖人發。」詰屈聱牙，辭意隱晦。他一見此文，即
說「此必劉幾也！」揮筆批「大紕繆」三字，並張貼示眾。啟封
後，果為劉幾之文。被黜落的劉幾沒有洩氣，及時改正文筆，更
換名字，於嘉祐四年（1059年）第二次應舉。這次歐陽脩是殿
試主考，表示「除惡務力，今必痛斥輕薄子，以除文章之害。」
當時試題為《堯舜性仁賦》，歐陽脩看到一士人寫道：「主上收
精藏明於冕旒之下」，生澀彆扭，毫不猶豫地刷了它，對同僚
說：我又逮著了劉幾！接下去他讀到一份試卷曰：「故得靜而延
年，獨高五帝之壽；動而有勇，刑為四罪之誅。」平實自然，緊
扣題意，他大加讚賞，遂評為第一。唱名時見此人是劉輝，有認
得的人告訴歐陽脩：他即是劉幾，改了名。歐陽脩驚愕了很
久[33]。劉輝不愧為狀元，有才學，更有見識，善於克服缺點，徹

33　沈括：《夢溪筆談》，卷九，胡道靜校注本，中華書局1958年版，第
　　98頁。

底改變文風，終於走到潮流前頭，奪得文魁。

劉煇初任河中府（今山西永濟縣西南）節度判官，不久，因祖母不服水土，請求歸養。獲准移任建康（今南京）。嘉祐七年（1062年）他祖母去世，歸葬鉛山，回家守孝。居喪期間，四方來求學者眾多，他特築學舍接待。又買田數百畝作「義田」，供貧窮族人耕種。由於哀傷與操勞過度，治平二年（1065年）三月，他守喪未滿便去世了。民眾感激劉煇的義行，將其故里改名「美榮社」，學館名為「義榮齋」。人們議論說，范仲淹、吳奎置義田，是在官居宰執之後，而劉煇的義舉行於出仕之初，「家無餘資，能力為之」，尤為難得[34]。惜其年僅三十六歲，未能有更多的建樹。

彭汝礪，字器資，饒州鄱陽人。自小立大志，行大義，為世所重。治平二年（1065年）中狀元後，初為幾任地方官，後為國子監直講，大理寺丞。神宗命為監察禦史裡行，他首先上奏十事：正己，任人，守令，理財，養民，賑救，興事，變法，青苗，鹽事。他指摘利害，多人所難言者。神宗命宦官統兵，他直言「不當以兵付中人」，並以漢、唐宦官之禍為戒。元豐初年（1078年）出任江西轉運判官，向神宗辭行，又說：「今不患無將順之臣，患無諫諍之臣；不患無敢為之臣，患無敢言之臣。」

---

34 王闢之：《澠水燕談錄》卷四。吳奎，山東濰州北海人，宋仁宗、英宗時樞密副使、參知政事，「以錢二千萬買田北海，號曰義莊，以賙親戚、朋友之貧乏者。」

元祐二年（1087 年），召為起居舍人，宰相問他對熙豐新法的意見，他答：「政無彼此，一於是而已。」認為「取士及差役法，行之而士民皆病，未見其可」。遷中書舍人。吳處厚等人將蔡確的一首詩「附會解釋，以為怨謗」，欲治其罪。汝礪曰：「此羅織之漸也」。有諫官指他搞「朋黨」，遂落職，逐出朝廷，為徐州知州。汝礪辨救蔡確，是以直報怨，毫無「朋黨」干係。十多年前，汝礪任監察禦史的時候，辯論呂嘉問的事情，與蔡確意見不合，被蔡確攻擊，從朝中趕出，在地方待了十年。這次為救蔡確，又得罪，「人以此益賢之」。此後，加集賢殿修撰，拜吏部侍郎，進權吏部尚書。還是因爭論熙豐新法而受牽連，出知成都府，未行，改知江州，將行之時對哲宗說：「政唯其是，則無不善；人唯其賢，則無不得矣。」在江州數月，病卒。遺表中有言：「土地已有餘，願撫以仁；財用非不饒，願節以禮。佞人初若可悅，而其患在後；忠言初若可惡，而其利甚博」。[35]他是懷著對朝政的深切關注離開人世的。

彭汝礪一生讀書為文，志於大者，言動取捨，必合於義。平素與人交往，必盡誠敬，親朋師友中孤貧者，他始終全力照顧。

何昌言，臨江軍新淦縣人，《宋史》無傳，《哲宗紀》記了紹聖四年（1097 年）賜六〇九人進士及第出身，卻沒有點狀元人名。南宋人趙與時《賓退錄》中則有如下記錄：

35　《宋史》卷三四六，《彭汝礪傳》。洪邁《容齋隨筆》卷四《浮梁瓷器》條，記彭汝礪寫詩表彰在饒州、浮梁當州縣官的人不貪瓷器、不謀私利。

紹聖四年殿試，考官得胡安國之策，定為第一。將唱名，宰執惡其不詆元祐，而何昌言策云：『元祐臣僚，不知君臣之義，父子之恩。』擢為首選。……昌言，新淦人，仕至工部侍郎。張邦昌之僭，昌言為事務官。既又改名善言，以避邦昌名。南都中興，昌言已死，遂追貶。**36**

據此，知道何昌言為狀元是因緊跟朝廷政治鬥爭需要，對哲宗元祐的九年時間內，司馬光等人全面否定神宗熙豐改革，明確表示反對，批評他們「不知君臣之義，父子之恩」。在金兵滅北宋，扶起張邦昌傀儡政權的時候，他又去當「事務官」，而且改名，表示對張邦昌尊敬，故而被追究從偽之罪。這個何狀元人品不佳，尤其是國難當頭之時失節，不能不被後人鄙夷。

何渙，饒州餘干縣人，宣和三年（1121 年）中狀元以後，官承事郎、太學博士，紹興元年（1131 年）或建炎間卒**37**。同治《餘干縣誌》卷十二記何渙「以文章名世，著有《四書注解》。」其他事蹟不詳，待考。

四 《宋史》列傳中的江西人物

登顯仕的人士很多，名列《宋史》列傳的計八十六人，完全

36　趙與時：《賓退錄》，卷十，上海古籍出版社 1983 年版，第 126 頁。

37　據李心傳《建炎以來朝野雜記》甲集卷九《狀元特任子》：「紹興元年六月，利州通判何洙言其弟渙死於承事郎、太學博士，請予一子官。許之。」故知何渙大約的卒年。

改變了前代正史中江西人寥寥無幾的落後情狀。他們絕大多數是進士出身，個別少數人不是。按其活動的主要朝代次序分布如下：

太宗朝三人：陳恕（南昌）、魏羽（婺源）、劉式（袁州）；

真宗朝七人：王欽若（新喻）、陳彭年（南城）、李諮（新喻）、袁抗（南昌）、樂黃目（宜黃）、曾致堯（南豐）、曾叔卿（南豐）；

仁宗朝十七人：晏殊（臨川）、夏竦（德安）、子安期、陳執中（南昌）、劉沆（永新）、歐陽脩（永豐）、子發、棐、劉敞（新喻）、弟攽、子奉世、曾鞏（南豐）、弟肇、李覯（南城）、蕭貫（新喻）、黃庠（分寧）、彭思永（廬陵）；

神宗朝十三人：王安石（臨川）、子雱、王安禮、王安國、王韶（德安）、子厚、子寀、劉瑾（永新）、餘良肱（分寧）、劉恕（高安）、王無咎（南城）、呂南公（南城）、劉弇（安福）；

哲宗朝十四人：徐禧（分寧）、熊本（鄱陽）、蕭注（新喻）、鄧潤甫（南城）、吳居厚（進賢）、李常（建昌，今永修）、孔文仲（新喻）、弟武仲、弟平仲、彭汝礪（鄱陽）、弟汝霖、弟汝方、黃廉（分寧）、黃庭堅（分寧）；

徽宗朝十五人：蕭服（廬陵）、張汝明（廬陵）、洪彥昇（樂平）、陶節夫（鄱陽）、王寓（德化，今九江）、聶昌（臨川）、許幾（貴溪）、董敦逸（永豐）、郭知章（龍泉，今遂川）、張根（德興）、弟朴、程振（樂平）、陽孝本（贛縣）、鄧考甫（臨川）、曾布（南豐）。

編入「孝義」的有十七人：許祚（德化）、李琳（信州）、

俞㒞（信州）、胡仲堯（奉新）、弟仲容、陳兢（德安）、洪文撫（建昌，今永修）、易延慶（上高）、江白（建昌）、瞿肅（南城）、彭瑜（安福）、毛洵（吉水）、李籌（吉水）、楊沛（吉水）、申世寧（鉛山）、王珠（龍泉，今遂川）、顏詡（永新）。[38]

以上名列國史者，皆因其政治地位較高，社會名望與影響較大，受到朝野關注。不計「孝義」諸人，僅從選入國史的六十九位官員分析，占進士人數一七二九的百分之三點九九。這批官員登上政治舞臺的時間，大多數在宋仁宗以後，此前為十人，占百分之十四點七；此後有五十九人，占百分之八十五點三。這種人才發展形勢，恰恰與宋興約百年，豪傑相與出耕，富而重教的潮流相適應。在這批官員之中，位居宰執大臣的十八人[39]，占百分之二十六點五。按《宋史·宰輔年表》統計，北宋居相位者總計七十二人，江西得六人，占百分之八點三。他們是：新喻王欽若（真宗朝樞密使、同平章事）、臨川晏殊（仁宗朝同平章事）、南昌陳執中（仁宗朝同平章事）、永新劉沆（仁宗朝同平章事）、臨川王安石（神宗朝同平章事）、南豐曾布（徽宗朝尚書右僕射兼中書侍郎），

---

38 《宋史》「列女」中的人沒有標出。標出了子、弟的，均為附傳；王安禮等沒有標的，是自有傳。不知縣名的只注州軍名，一般作州軍官衙所在縣理解。「孝義」中的江白鄉貫「建昌」，可能是建昌縣，但難於確定，故不注。楊沛至顏詡四人生活在南宋。

39 據《宋史·宰輔年表》統計。按宋代官制，文官在中書位任參加政事，武官在樞密院為簽書、同簽書樞密院事，都是「執政」官，即為副相級的朝官。

為執政者總計二三八人，江西得十二人，占百分之五。他們是：南昌陳恕[40]（太宗朝為參知政事）、南城陳彭年（真宗朝參知政事）、德安夏竦（仁宗朝樞密使）、新喻李諮（仁宗朝知樞密院事）、廬陵歐陽脩（仁宗朝參知政事）、德安王韶（神宗朝樞密副使）、臨川王安禮（神宗朝尚書左丞）、新喻劉奉世（哲宗朝簽書樞密院事）、南城鄧潤甫（哲宗朝尚書左丞）、進賢吳居厚（徽宗朝為中書門下侍郎，知樞密院事）、臨川聶昌（欽宗朝同知樞密院事）、江州程寓（欽宗朝為尚書左丞 42 天），

　　江西這些執政大臣，有的父子接連執政，如陳恕、執中；有的兄弟前後高居相位，如王安石、安禮，閃現出耀眼的才智光芒。但是，他們顯赫過後，既沒有演化成豪霸與世襲門第，也沒有交結為「朋黨」。宰執之外的其他五十一人絕大多數是中下級官僚，然而他們中不少傑出學者的學術造詣，遠在其官爵之上，

40　關於陳恕的鄉貫，此從他的兒子陳良器《神道碑》及《宋史·陳恕傳》的記載。乾隆《石城縣誌》據陳羽慶《系譜》云：恕曾祖父葬石城迎恩石下，生三子，長嵩，次禪，幼勝。嵩即恕祖父，嵩子光嗣生恕，後徙據南昌。但未言何時遷居南昌。王安石為恕幼子良器寫《司農卿分司南京陳公神道碑》說：陳氏「世居洪州之南昌縣，當唐末五代之亂無仕者，魏公（按，指陳恕）布衣起閭巷，明敏諒直稱天下。」陳恕卒後葬河南祥符縣，陳良器亦葬「祥符縣西韓村皇考魏公之塋。」（見《王安石全集》卷 88）。據此，陳恕應是南昌人，《宋史》卷 267 陳恕傳即寫他為「洪州南昌人」。乾隆《石城縣誌》該是注意到王安石寫的史事，故又說「陳恕者，籍則留南昌，而人故本邑人，不妨各載其志也。」後來的道光《寧都直隸州志》也說：陳恕「其果為石城人南昌籍，正不妨兩處各載也。」人口處在遷徙的歷史長河之中，只能以其戶籍所在地為主要依據，既然承認陳恕「世居洪州南昌縣」，則遠追先代來歷，便只有人口遷徙流變的意義。

如李覯、劉恕、曾鞏、黃庭堅；還有幾位既不是進士出身，也沒有官位，如呂南公、陽孝本、曾叔卿，卻以其優秀人品，高風亮節，讓世人永志不忘。（個別僅以官大而名列其中者，另當別論。）

將這69位名流擺在江西13州軍之中，其分布狀況和進士分布相同，也很不均衡。各州軍的數據是：

臨江軍10人：新喻；　　　　　　　南康軍1人：建昌；

建昌軍10人：南城5、南豐5；　　　筠州1人：高安；

吉州11人：永豐4、盧陵3、永新2、安福1、龍泉1；

虔州1人：贛縣；

洪州9人：分寧5、南昌3、進賢1；　信州1人：貴溪；

饒州9人：鄱陽5、樂平2、德興2；　袁州1人；

撫州8人：臨川7、宜黃1；　　　　婺源1人；

江州6人：德安5、德化1；　　　　南安軍0人。

上列分布數字說明，絕大多數集中在贛江中游的中心州縣，人數在5名以上的縣7個，新喻最多（10人），其次臨川（7人）。將臨江軍與吉州合一，建昌軍與撫州合一，人才密集的傾向更加明顯。首府洪州的優勢不突出，總數雖不算少，但遠在西北角的分寧縣卻獨得一半以上，超過南昌。

一般說來，選入了國史的官員都是進士中的佼佼者，他們具有很高的文化素質人才，進入官僚隊伍以後，參與國家以及州縣的管理，在廣泛的範圍中發揮作用，其功利性價值大大超出了江西地域界限。把握這批科舉精英人才的政治業績，以及他們在學術領域作出的貢獻，有助於瞭解北宋歷史的整體進程，由此也可

以看出江西士大夫的才藝，他們在國家舞臺上所扮演的角色。下面按宰執大臣和中下級官僚兩組，依時序擇要介紹這批入傳者的社會政治活動。

第二節 ▶ 推動朝政的宰執大臣

一　北宋前期

　　這裡所指的北宋前後期，以仁宗朝為分界，太祖至仁宗為前期，英宗開始為後期。這樣處理，不涉及對北宋政治與社會的發展階段性判斷，只是從江西人物狀況來考慮，便於按年代順序敘述而已。宰執大臣，位於權力中樞，參與朝廷大政決策，他們的才識品德，對北宋政局的演進，有直接的影響。所以，總體上看，凡是官居宰執高位者，都是推動朝政的一份子。

　　通常政壇出現前所未見之事，必定有人詫異。當真宗賜晏殊同進士出身的時候，寇準諫阻說「殊江外人」。此話雖是這位陝西官僚的偏見，卻反映出國家政治、經濟重心南移以後，文化與人才的優勢也在跟著轉移，舊觀念指導下的政策不得不拋去。細看江西顯宦的出身，絕大多數「起州縣凡流，無閥閱勳庸」[41]。他們沒有世代傳承的家族勢力可以依賴，沒有皇親國戚關係作靠山，也沒有藉師友同道之誼結成「朋黨」以謀私利，全憑著自身

41　《宋史》卷三四三《吳居厚傳》。

的學識才幹競爭上去。在北宋的朝政決策之中，他們雖然出場稍晚，不久便接踵而來，扮演著重要角色，大力推動社會車輪向前滾動。太宗時期財權的集中、財政制度的全面整頓；真宗蠲免五代以來的舊欠賦稅，以及大搞天書迷信、崇奉道教的系列活動；仁宗時期州縣學校的興辦，慶曆改革與「朋黨」論爭的劇烈較量；神宗支持的熙豐變法全面推行，以及此後反覆出現的黨派傾軋；還有學術文化領域，貫穿整個北宋時代的詩文革新運動，經學拋棄繁瑣注疏轉而闡釋義理的儒學新階段的開創，以及史學、科技等方面，無不有江西士大夫的一份勞積，在史冊上留下了他們的印記。

陳恕（946-1004），字仲言，洪州南昌縣人，以精於吏治，善於理財著稱。出身縣吏，刻苦讀書，太平興國二年（977）考中進士，任大理評事，通判澧州（今湖南澧縣）。那時正值削藩鎮的時代，而澧州自唐末以來為藩鎮兼領，吏多借簿書吞沒錢財。陳恕到任摘發其弊，譽為「強明」，以能幹聞名。召入朝中，充度支判官，升度支員外郎。再遷工部郎中，知大名府。召入為戶部郎中、戶部副使，又出知澶州、代州。再入朝為鹽鐵使。他素有心計，注意清除財政宿弊。太宗對他格外器重，於殿柱親題「真鹽鐵陳恕。」淳化二年（991）四月升參知政事。不久，出知江陵府，大治群吏奸黠，使郡內惕息。

淳化四年（993 年），分三司為十道，置左右計使，召陳恕為工部侍郎，充總計使，判左右計之事。陳恕認為官署分置，政令互出，難以經久，極言於事不便。一年之後，採納他的意見，罷左右計使，複以恕為鹽鐵使。當時太宗留意金穀，召三司官員

議財賦利害，陳恕參與議決十九件事可否。至道二年（996年），又命分析勾院、磨勘、理欠、憑由、支收、行帳、提點等司的存留利弊，多從陳恕所奏。太宗命宰相召集陳恕和劉式等人制定茶葉專賣政策，他們向數十個茶商徵詢利害，陳恕歸納眾人意見為上、中、下三等，奏請採取中等措施，讓公私皆獲利。頒行之後，貨財流通（又見下節「劉式」）。遷禮部侍郎。真宗咸平二年（999年），充行在轉運使，拜吏部侍郎。

咸平五年（1102年），陳恕知貢舉，「自以洪（州）人避嫌，凡江南貢士悉被黜退」[42]。古有舉賢不避親，陳恕特謹慎，不免過於偏激。

陳恕因母亡而哀傷致病，請求改任清閒館職，並舉薦寇準以自代。寇準任三司使之後，檢出陳恕前後改革興立之事，分類成冊，請陳恕判押。恕亦不讓，一一押之，「自是計使無不循其舊貫。至李諮為三司使，始改茶法。」陳恕定下的財政大計沿用了二十多年，至仁宗以後才適時改變。陳恕頗涉史傳，多識典故，前後執掌財權十餘年，強力幹事，胥吏畏服，有稱職之譽。

王欽若、陳彭年兩人，是真宗時期的執政大臣，有相同的際遇與作為。王欽若（962-1025），字定國，臨江軍新喻縣人。淳化三年（992年）中進士甲科，三任判三司理欠憑由司，清理出五代以來賦租欠款，奏報真宗蠲免逋欠一千餘萬，釋囚三千餘人。升任西川安撫使，巡歷所至審系囚，為死罪以下者減刑；凡

42　《宋史》卷二六七《陳恕傳》。

當辦之事，多所施行。咸平四年（1001 年）為參知政事。景德年間，與判史館楊億同總修《冊府元龜》[43]。大中祥符初（1008年），為封禪經度制置使，兼判兗州，為天書儀衛副使。真宗「密諭欽若」，夢見神人「賜天書於泰山」，他遂精心安排封禪泰山，祭祀汾陰，崇奉道教，而天下爭言符瑞，充分滿足真宗借神權提高威望的需求。大中祥符五年（1912 年）升樞密使、檢校太傅、同中書門下平章事。幾年後，拜左僕射兼中書侍郎，同平章事。他奏請讓張君房編撰《雲笈七簽》，又從《道藏》中搜集到趙姓神仙四十人事蹟，繪於景靈宮壁上。後出判杭州等地。

仁宗即位，王欽若複拜司空、門下侍郎、同平章事、玉清昭應宮使、昭文館大學士，監修國史。《真宗實錄》修成，進司徒。以郊祀恩，封冀國公，兼譯經使。天聖三年（1025 年）病卒，諡「文穆」，其親屬、親信得恩蔭者二十餘人，北宋建立以來「宰相恤恩，未有欽若比者」[44]。

王欽若自以深達道教，多所建明，領校道書，凡增六〇〇卷。所著書有《鹵簿記》、《彤管懿範》、《天書儀制》、《聖祖事蹟》、《翊聖真君傳》、《五嶽廣聞記》、《列宿萬靈朝真圖》、《羅天大醮儀》。

王欽若死後，宰相王曾對仁宗說，王欽若、丁謂、林特、陳

---

43 據《宋史・楊億傳》，《冊府元龜》的「序次體制，皆億所定；群僚分撰篇序，詔經億竄定方用之。」

44 《宋史》卷二八三《王欽若傳》。

彭年、劉承珪五人是「五鬼」；《宋史‧王欽若傳》寫「天下爭言符瑞，皆欽若與丁謂倡之」，這些評議失之公允。王欽若順從真宗旨意辦事，朝中大臣無人異議，事後追究罪責，板子怎能只打臣下？所謂「五鬼」之說，是狹隘的地方偏見。丁是長洲（今江蘇蘇州）人，林是順昌（今福建順昌縣）人，陳是撫州南城人，皆屬寇準等北方官僚歧視的江南士人。劉承珪是楚州山陽（今江蘇淮安）人，才德俱佳，是宦官中的傑出者，《宋史‧劉承珪傳》無一字批評。真宗接連說夢見神仙的時候，雙方同為執政，都參與佞道活動，事後卻說南方人是鬼。各人的行事，均具優劣兩面。醉心於造神迷信，大量蛀耗資財，製造了社會災難，理應抨擊，但罪責不在王欽若一人身上。《宋史》不將王欽若列入《奸臣》《佞幸》傳，是恰當的。

陳彭年（961-1017），字永年，撫州南城縣人。年幼好學，篝燈於密室，夜讀不休。十三歲，著《皇綱論》萬餘言，為江左名家讚賞。後來拜徐鉉為師，學習作文，在士林中「頗有雋名」。雍熙二年（985）中進士。出任地方官不久，被舉薦為大理寺詳斷官。坐事謫監湖州鹽稅，尋又停官。真宗即位，複為秘書郎。咸平三年（1000），召試學士院，遷秘書丞，知金州（今陝西安康市）。上疏言五事：置諫官、擇法吏、簡格令、省冗員、行公舉，認為「此五者，實經世之要道，致治之坦途也。」景德初，直秘閣，大臣薦其該博，命直史館兼崇文院檢討，修起

居注。又預修《冊府元龜》[45]。景德三年（1006年）遷右正言，充龍圖閣待制，加刑部員外郎。奉命與戚綸參定考試條例，多革舊制，專務防閑，杜絕請托。編次《閤門、客省、禦使台儀制》。

大中祥符年間，他建議封禪，參與詳定儀注。三年（1010年），遷右諫議大夫兼秘書監。因奏事之間，請真宗寫《崇儒術》、《為君難為臣不易》二文，刻石立碑於國子監。六年（1013年），召入翰林，充學士兼龍圖閣學士，同修國史。真宗稱賞他的詞筆優長，說彭年「平居日寫萬餘言，複精詳典禮，深明法令。人或請益，應答如流，皆有依據。常令檢討典故，質正文義，每一事必具載經史子集所出，備而後已」[46]。大中祥符九年（1016年）拜刑部侍郎、參知政事，判禮儀院，充會靈觀使。在真宗封泰山、祀汾陰、造天書期間，他應答諮問，無有疑滯，皆合真宗旨意。奉詔與人同編《景德朝陵地裡記》、《封禪記》、《汾陰記》。由於事務叢聚，他形神皆耗，勞瘁而卒，年五十七歲。真宗親臨其家弔唁，見所居陋弊，歎息數四。諡曰「文禧」。《宋

---

45 據《四庫全書總目提要》在《冊府元龜》一千卷提要中寫道：「張耒《明道雜誌》稱：『楊億修《冊府元龜》數卷成，輒奏之；每進本到，真宗即降付陳彭年。彭年博洽，不可欺毫髮，故謬誤處皆簽貼，有小差誤必見，至有數十簽。億心頗自愧，乃盛薦彭年文字，請與同修。』其言雖不可盡信，然亦足見當時校核討論，務臻詳慎，故能甄綜貫串，使數千年事，無不條理秩然也。」由此，可見陳彭年在《冊府元龜》編修中的重要作用。

46 《續資治通鑒長編》卷八〇，大中祥符六年六月甲戌。

史》評彭年性敏給，博聞強記，詳練儀制，「貴至通顯，奉養無異貧約。所得奉賜，惟市書籍」[47]。比較那些豪侈享樂的同僚，人們對陳彭年不能不肅然起敬。他學問淵博，不僅熟諳禮儀沿革，刑名之學，還精通音韻訓詁之學，有《重修廣韻》五卷、《重修玉篇》三十卷傳世。又受詔編禦集及宸章，集歷代婦人文集。所著《文集》一○○卷，《唐紀》四十卷。

夏竦（985-1051），字喬年，江州德安縣人。父夏承皓，太平興國初，上平晉策，補右侍禁，在大名府地方抵抗契丹兵的戰鬥中，力戰陣亡，贈崇儀使。因此，錄夏竦為丹陽縣主簿。景德四年（1007）他應制舉，中賢良方正，得進士資格。擢光祿寺丞，通判台州。召直集賢院，累遷右正言。未幾，同修起居注，再遷禮部郎中。因家庭糾紛，降為職方員外郎，出知黃州、鄧州、襄州。在襄州任內，正值饑荒，他大開官倉，糧不足，又勸大姓富室出粟，得二萬斛，由此全活者四十餘萬人。夏竦在州郡有治績，喜好作條教，於閭裡立保伍法，使盜賊不敢發。

仁宗朝，夏竦先是遷戶部郎中，知壽州、安州、洪州。治洪州巫覡，大見成效，致使仁宗下詔江、浙以南悉禁絕之。天聖五年（1027年）遷諫議大夫，為樞密副使、修國史，遷給事中。七年（1029年）改參知政事。提請開制舉，增設賢良方正等六科；恢復百官轉對；置理檢使。寶元元年（1038年）以戶部尚書入為三司使。西夏趙元昊反叛時期，夏竦出知永興軍、涇州，

47 《宋史》二八七《陳彭年傳》。

後改判永興軍，兼陝西經略、安撫、招討使。他分析宋夏雙方形勢，反對發兵追討，提出十條強化邊防的對策：教習強弩以為奇兵；羈縻屬羌以為藩籬；詔唃廝囉父子並力破賊；度地形險易遠近、砦柵多少、軍士勇怯，而增減屯兵；詔諸路互相應援；募土人為兵，州各一二千人，以代客兵；增置弓手、壯丁、獵戶，以備城守；沿邊小砦毋積芻糧，賊攻急則棄小砦，入保大砦，以保全兵力；關中民許入粟贖罪，以贍邊計；減損沿邊冗兵、冗官及裁減騎軍，以舒饋運。對這十條對策，「當時頗採用之」**48**。

慶曆三年（1043）任樞密使。仁宗本欲任為宰相，因台諫官反對而作罷。封英國公。後因京師「同日無雲而震」五次，翰林學士張方平上言「夏竦奸邪，以致天變如此，宜出之。」遂罷知河南府，進鄭國公。皇祐三年（1051年）病卒，諡「文莊」。

夏竦好學博覽，自經史、百家、陰陽、律曆、佛老之書，無不通曉，文章典雅藻麗。以文學起家，有名一時，朝廷大典策屢以屬之。治軍尤嚴，敢誅殺，於疾病死喪者，「拊循甚至」。然性貪，數商販於州郡中，積家財累巨萬，自奉尤侈。多識古文，學奇字，至夜以指畫膚。熟諳音韻，著有《古文四聲韻》五卷。

李諮（968-1036），字仲詢，唐太宗第三子之孫李峘之後。李峘，於代宗寶應二年（763）貶死袁州，因家新喻，遂為新喻人。李諮幼年以孝道聞名，中進士，宋真宗表彰其孝行，擢第三名，任大理評事、通判舒州。三次召入朝廷，又多次出為地方

48 詳見《續資治通鑑長編》卷一二三，寶元二年六月丙子。

官，任開封府判官、淮南轉運副使、江東轉運副使等。再入為翰林學士。

仁宗即位以後，李諮權知開封府，數月後權三司使。他向兩宮[49]奏言裁減冗兵浮費，遂與禦史中丞劉筠等同議冗費，以景德（1004-1007 年）比較天禧（1017-1021 年）裁減十分之三。天聖元年（1023）正月，因陝西緣邊軍食不給，而度支的錢不足支月俸，章獻太后命李諮與參知政事呂夷簡等人經度其事。李諮派人去西北調查，發現「（陝西）鎮戎軍入粟直二萬八千，（河北）定州入粟直四萬五千，給茶皆直十萬。蘄州市茶本錢視鎮戎軍粟直，反亡本錢三之一」。即是商人運去邊境的糧食，與其從官府得到的茶價值相差太大，比官府向園戶購茶本錢還少三分之一。為此，他奏請變更茶法，改為「使茶與邊糴各以實錢出納，不得相為輕重，以絕虛估之弊」[50]。新法執行之後，商人失厚利，怨謗蜂起，逐漸復舊。不久，李諮因病出知洪州、杭州、永興軍（治今西安），依法懲治豪強，對「衣冠子弟恃蔭無賴者，諮悉杖之，境內肅然」。由於他周知世務，州吏不敢欺漫。

明道二年（1033）李諮進禮部侍郎，拜樞密副使。景祐二年（1035 年）二月，加戶部侍郎，知樞密院事。這時，茶葉專賣與

49　「兩宮」指仁宗皇帝、章獻皇太后。乾興元年（1022 年）二月，真宗崩，遺詔十一歲的太子繼位，即仁宗；尊皇后為皇太后（即章獻皇太后），權處分軍國事。章獻太后崩於明道二年（1033 年）三月，主持朝政將近十年。

50　《續資治通鑑長編》卷一〇二，天聖二年七月壬辰。

邊糧入中的弊病重新嚴重，李諮受命與參知政事蔡齊等合議，再次實行他上次的實錢出納法。李諮說：「今一旦複用舊法，恐豪商不便，依託權貴，以動朝廷，請先期申諭。」仁宗遂下詔戒敕[51]。樞密院內早有濫賞現象，李諮專務革除，抑制僥倖，大家讚賞他稱職。景祐三年（1036年）十二月病卒，諡「憲成」。

晏殊、陳執中、劉沆三人，是仁宗朝的宰相，地位顯赫，都留下了重大影響。晏殊（991-1055），字同叔，撫州臨川縣（今為進賢縣）人。七歲能屬文。景德元年（1004年），他十四歲，以神童應考，真宗賜同進士出身，升至翰林學士。仁宗即位，遷右諫議大夫，兼侍讀學士，加給事中。天聖三年（1025年）遷樞密副使。因事以笏撞人折齒，出知宣州。數月後，改應天府。延請范仲淹教府學生徒，「自五代以來，天下學校廢，興學自殊始」[52]。明道元年（1032年）複為樞密副使，旋除參知政事。翌年，罷知江寧府。改亳州，徙陳州。後召入為三司使。康定元年（1040）三月，自三司使升知樞密院事。這時陝西正與西夏交戰，晏殊上言「罷內臣監兵，不以陣圖授諸將」，讓前線將領能及時靈活應戰；請募弓手訓練，以備戰鬥；清理宮中多餘物資，資助邊境軍費。這些建議，皆獲批准施行。慶曆二年（1042）自樞密使加同平章事，明年再加同中書門下平章事、集賢殿大學士，兼樞密使。晏殊一貫好賢才，善於獎掖年輕人，位居宰相以

51　《宋史》卷一八四《食貨下六》。
52　《宋史》卷三一一《晏殊傳》。

後，益務舉薦俊彥，文學如歐陽脩，功業如范仲淹、富弼、韓琦，氣節如孔道輔，咸出其門。

慶曆四年（1044 年）九月，諫官孫甫、蔡襄彈劾晏殊寫李宸妃墓誌，不說她是仁宗生母，又論殊「役官兵治僦舍以規利」，即役兵建房出租牟利。因此被降知潁州。對此，朝臣多不贊同。《宋史・晏殊傳》稱：當年章獻皇后無子，取李宸妃之子為己子；現在章獻太后垂簾聽政，「殊以章獻太后方臨朝，故（墓）志不敢斥言；而所役兵，乃輔臣例宜借者，時以謂非殊罪」。既然「非殊罪」，為何受罷黜？據蘇轍記載，這是仁宗對晏殊所寫墓誌心存怨恨，授意諫官發難，至於宋祁起草的譖詞說「廣營產以殖貨，多役兵而規利」，是有意避重就輕，好讓「殊免深譴」[53]。

此後，晏殊一直在地方，歷知陳州、許州、永興軍、河南府。後以病重請歸京師訪醫藥。他奉養清儉，雖病仍篤學不倦。至和二年（1055 年）正月病卒，謚「元獻」。範蜀公為作挽詞云：「生平欲報國，所得是知人」。

關於晏殊廣營資產之事，宋代人已提出懷疑。吳曾得到晏殊一封家信，據此信得出結論：「晏元獻節儉」。晏殊的信是寫給十一哥、嫂，內中說：

　　知置得宅子。大抵廉白守分為官，須隨宜作一生計。且安泊

53　詳見蘇轍《龍川別志》卷上：「章懿之崩……殊免深譴，祁之力也」。

親屬，不必待豐足。……果置得一兩好莊及第宅，免於茫然，此最良圖。況宦游有何盡期，兼官下不可營私（原注：魏四工部可為戒也）。然須內外各具儉嗇為先，方可議此。殊家間僕使等，直至今兩日內，破一頓豬肉。此持久之術，是以常為宗親及相知交遊言之。」殊一生不曾干求，且不能效人幹請結託，「古今賢哲有識知恥者，量力度德，常憂不能任者，不妄當負，以重愧責，是以終無僥求。其更識高者，非親耕不食，非親蠶不衣，孺子（徐稚）之類是也。蓋功利不能及人，而坐受竊其膏血，縱無禍，亦須愧赧也。殊從來多介避者，理在此。

對這封晏殊親筆信，吳曾讀後很是感慨說：「大抵善觀人者，不於其顯，必於其幽；不於其外，必於其內。以書規兄嫂，守官必曰廉，曰官下不可營私，當以魏四工部為戒，首尾大約本於節儉。」吳曾又聯繫到另外兩件事：東坡跋歐陽公與其子書，戒其在官欲附致朱砂，「乃知歐陽公所養，不無所自」；曾鞏元豐間被命史館，寫晏殊傳，云：「雖少富貴，奉養若寒士」。吳曾將曾鞏所寫傳文與晏殊家信合勘，說「則曾傳可謂得實」。可是為什麼謚詞那樣說呢？吳曾提出：是否執筆人「當時有不得已」之苦衷？他又引證沈括筆記：晏殊「對章聖語：臣非不樂游燕，直以貧，無可為之具；臣若有錢，亦須往。」最後，吳曾說：「予乃知小說不足信類如此。」[54]

54 吳曾：《能改齋漫錄》，卷十二《記事・晏元獻節儉》。沈括所記見

晏殊是否豪富，還有一個事例可以說明。他的墓在陽翟（今河南禹縣），二十多年後其墓和近旁的張侍中墓同時被盜，「張墓得金寶珠玉甚多」，而殊墓槨中「無所有，供設之器皆陶甓為之」，內棺之中「惟木胎金裹帶一條，金無數兩，餘皆衣服，腐朽如塵矣」。盜墓賊非常氣惱，打碎了屍骨。人們說「張以厚葬完軀，晏以薄葬碎骨，事有不可知如此者！」[55]

　　陳執中（990-1059），字昭譽，陳恕之子，以父蔭官秘書省正字，知梧州。真宗晚年，未立太子，大臣莫敢言，而執中進言「早定天下根本」，受真宗賞識，擢右正言。後遷三司鹽鐵判官、三司戶部副使。明道中（1033 年），累遷同知樞密院事。西夏元昊攻掠延州，執中奏上攻守方略，認為「今賊勢方張，宜靜守以驕其志，蓄銳以挫其鋒，增土兵以備守禦，省騎卒以減轉餉。然後徐議蕩平」[56]。遂被命為陝西同經略安撫招討使，後改知青州。執中請築沿海州城，朝廷以工役繁重不許。他不奉詔，堅持築起青州城牆。慶曆三年（1043 年），沂州軍卒王倫反叛，所向莫敢當，青州幸賴有城，寇不得入。陳執中受命為京東安撫使，遣都巡檢傅永吉追至淮南，制置發運使徐的督諸道兵合擊，

　　《新校正夢溪筆談》卷九，《人事一》，第 146 條。沈括記晏殊是對真宗說，前面還有 6 行文字，大意是當時侍從文館之人各為燕集，而殊「是時貧甚，不能出，獨家居，與昆弟講習」。恰值選東宮官，中批除晏殊，執政不解所因，真宗說：館閣皆嬉遊，唯殊杜門讀書，如次謹厚，正可為東宮官。召對，殊說完，「上益嘉其誠實」。

55　魏泰：《東軒筆錄》，卷七。
56　《宋史》卷二八五《陳執中傳》。

於和州曆陽縣將王倫捕殺。

慶曆四年（1044 年），拜參知政事。第二年拜同中書門下平章事、集賢殿大學士兼樞密使。皇祐初（1049 年）八月，因足疾辭位，以兵部尚書出知陳州、判大名府。商胡河堤潰決，前任判大名府的宰相程琳，也曾想修堤，但是失敗而去。執中乘豐年食足，調丁夫築起河堤二百里，障住了洪水氾濫。皇祐五年（1053 年）七月，加吏部尚書複拜同平章事、昭文官大學士。執中對三司勾當公事及監場務官，凡「權勢所引者，皆奏罷之，內外為之肅然」。既而禦史趙抃扐劾陳執中寵妾笞小婢致死等八事，諫官範縝又言執中「不病而家居」，遂於至和二年（1055 年）六月罷判亳州。逾年，封英國公，改歧國公致仕。嘉祐四年（1059 年）卒，諡曰「恭」，仁宗篆其墓碑曰「褒忠之碑」。

陳執中在中書八年，「人莫敢幹以私，四方問遺無及門者」[57]。其女婿求官，他斷然拒絕說：「官職是國家的，非臥房籠篋中物，婿安得有之，」竟不與。仁宗對他的感覺是：「不昧我者，唯陳執中耳。」禮官韓維論他「因緣一時之言，遂至貴顯」，為宰相不能「秉道率禮以弼天子，正身齊家以儀百官」。其子陳世儒，官至國子博士，妻李氏與群婢殺世儒所生母，世儒參與合謀，「皆棄市」。此為執中治家無足言者之一例。官居一

57　《續資治通鑑長編》卷一八九，嘉祐四年四月癸末。關於陳執中一生清謹廉潔事蹟，參見黃長椿《陳執中》，載《江西歷代名人傳》，百花洲文藝出版社，2002 年版第 111-118 頁。

品而不能治家，給後世留下一個深刻的教訓。

　　劉沆（995-1060），字沖之，吉州永新縣人，是長於吏治，勇於作為的宰相。其父不仕，以財富稱雄鄉里。天聖八年（1030年）劉沆中進士第二，為大理評事、通判舒州（今安徽舒城）。州內有大案幾年未決，劉沆數日審結。景祐二年（1035年），知衡州（今湖南衡陽），他注重教育，修建石鼓書院，竣工之後，奏請賜額。仁宗寫「石鼓書院」匾賜之，石鼓書院由此名聲振起[58]。慶曆三年（1043年）十月，劉沆累遷至龍圖閣直學士、知潭州，兼湖南安撫使。當時爆發桂陽瑤人叛亂，殺官吏，朝廷允許劉沆便宜從事，以求迅速鎮壓。慶曆四年十月，他大發官兵，分八路進攻，破蕩挑油坪、能家源等巢穴，斬殺甚眾，招降二千餘人，把他們分散居住[59]。又募土兵分捕其餘黨，對投降的酋領皆奏請授官。後有瑤賊複出，在蘭山縣華陰峒隘口殺禮賓副使胡元、右侍禁郭正、趙鼎等，慶曆五年十二月，責罰原主要長官，劉沆坐降知鄂州。後改徙知洪州、知永興軍、權知開封府。

　　皇祐三年（1051年）除參知政事。至和元年（1054年）八

58　光緒《湖南通志》卷六七《學校》。

59　《續資治通鑑長編》卷一五二。這次桂陽瑤民的叛亂規模很大，與湖南、江西兩地官府「非禮配率人戶錢物上供，以圖進用」，有直接關係。江西吉州人巫師黃捉鬼兄弟往來期間，他們盜販鹽，殺官軍，逃匿峒中，暴亂延續六、七年，波及的地域達湖南、江西、廣東、廣西交界州縣。這次受命前往鎮壓的官員不少，主要的還有潭州提點刑獄楊畋、知衡州陳執方、廣勇副都頭夏吉等，劉沆奏請獎賞的達八百多人。劉沆調離湖南以後，又命別人取代其事。《長編》卷一四三至一六一陸續有記載。

月，拜同中書門下平章事、集賢殿大學士。他奏言朝政三弊：一是近臣保薦之弊，大臣保薦動逾數十，皆浮薄權豪之流交相薦舉，遂使「華資要職」多出私門；二是近臣乞請親屬之弊，近臣親屬務得京城美官，當入川、廣，務求近地，當在近地，又求進京；三是敍勞干進之弊，官僚們敍勞請賞之際，僥倖實多，依法則賞輕，沿例則賞重，執政者不能持法，多沿例給予。他建議按制度辦，不能沿例。施行不久，朝中官僚不悅，又恢復舊的做法。劉沆又言：「自慶曆後，台諫官用事，朝廷命令之出，事無當否悉論之，必勝而後已。」他堅持執行禦史滿二年即出任知州的輪遷制度，招致禦史中丞等人反對，說他挾私排擠禦史，並接連論奏不已。嘉祐元年（1056）底劉沆罷相，知應天府，又徙陳州。嘉祐五年（1060 年）病卒。知制誥草詞詆毀劉沆，其家因此不敢請諡。仁宗篆其墓碑曰「思賢之碑」；所作挽詩有曰：「立朝無黨勢，為國盡公忠。」仁宗最看重的是臣下「無黨」，此外的都可以權宜處之，如慶曆新政一晃而過。

劉沆墓在永新縣埠前鄉三門前村後，與其夫人合葬，據一九六三年冬江西省文物管理委員會發掘得知，墓室券頂結構簡陋，東西兩個墓室，西室早已倒塌，沒有清理。東室保存完好，隨葬品多為女性裝飾品，計有：帶狀飾品二對，金質，長短各一對，長的重十九點三克；短的重六點三克。耳環一件，金質，重四點九克。發簪一對，銀質。水晶墜一對。水晶飾品一件。木梳三

件。銅鏡一件。小陶罐一件。銅錢五十六枚[60]。如此簡約的宰相墓葬，當時少見。

　　歐陽脩（1007-1072），字永叔，晚年號六一居士，吉州永豐縣人。[61]四歲父死，母鄭氏守節自誓，必將幼子撫育成人，她教子認字讀書，因貧困，「至以荻畫地學書」[62]。自勵苦學，天聖八年（1030）省試第一，殿試擢甲科，調西京推官。與尹洙、梅堯臣交遊，作古文議論當世事，寫詩歌相唱和，遂以文章名冠天下。召入朝，為館閣校勘。景祐三年（1036 年），知開封府范仲淹以言事忤逆了宰相，謫降知饒州。朝中官員多論救，司諫高若訥獨以為當黜。歐陽脩寫信責備高「不復知人間有羞恥事」。權貴們指歐陽脩為「狂邪」，高若訥將其信交給仁宗，遂被貶知夷陵（今湖北宜昌市）。後複為校勘，進集賢校理。慶曆三年（1043 年），知諫院。歐陽脩、尹洙、餘靖等論救范仲淹之事，被指為結成「黨人」，「樹黨背公」、「顯露朋奸之跡」。慶曆四年（1044）四月，仁宗問富弼、韓琦、范仲淹等輔臣：「自昔小人多為朋黨，亦有君子之黨乎？」其潛臺詞是你們不應該結黨。范仲淹對曰：君子也有，「苟朋而為善，于國家何害也！」大約

60　江西省文物管理委員會《江西永新北宋劉沆墓發掘報告》，載《考古》1964 年 11 期。

61　歐陽脩生於綿州（今四川綿陽），長於隨州（今湖北隨縣），父祖故里為吉州吉水縣瀧岡。至和元年（1054）割吉水縣報恩鎮置永豐縣。瀧岡改隸永豐縣，他自稱「廬陵歐陽脩」，是用古郡名。吳充《歐陽脩行狀》作：「本貫吉州永豐縣明德鄉。」

62　《宋史》卷三一九《歐陽脩傳》。

為了將這個問題說透，歐陽脩寫《朋黨論》上奏，其略曰：

君子以同道為朋，小人以同利為朋，此自然之理也。臣謂小人無朋，惟君子則有之。小人所好者利祿，所貪者財貨，當其同利之時，暫相黨引以為朋者，偽也。及其見利而爭先，或利盡而反相賊害，雖兄弟親戚，不能相保，故曰小人無朋。君子則不然，所守者道義，所行者忠信，所惜者名節。以之修身，則同道而相益，以之事國，則同心而共濟，始終如一，故曰惟君子則有朋。……故為君但當退小人之偽朋，用君子之真朋，則天下治矣。[63]

仁宗欣賞歐陽脩論事切直，對所謂君子之黨卻依然存有戒心。當年十一月己巳，下詔戒朋黨相訐：「朕聞至治之世，元、凱共朝，不為朋黨，……而承平之弊，澆競相蒙，人務交遊，家為激訐，更相附離，以沽聲譽，至或陰招賄賂，陽托薦賢。」熟諳帝王統治術的宋仁宗，就是要緊抓「朋黨」這個話題，隨心所欲的制約臣下[64]。

「朋黨論」開啟了宋代政壇上的大話題，「朋黨」鬥爭長期

63　《續資治通鑑長編》卷一四八。又，《歐陽脩全集・居士集》卷一七《朋黨論》。中國書店 1986 年版。

64　《續資治通鑑長編》卷一五三。當時尹洙上疏說：「今世所謂朋黨，甚易辨也」，「或謂之公論，或謂之朋黨，是則公論之與朋黨，常系於上意，不系於忠邪，此禦臣之大弊也。」

貫穿在宋朝權力集團之中。繼歐陽脩之後，蘇軾說：「君子不得志則奉身而退，樂道不仕；小人不得志則僥倖複用，唯怨之報，此所以不勝也。」將君子之退，與小人的進，說得更直白。秦觀也說：「君子小人，不免有黨，人主不辨邪正，必至兩廢；或言兩存，則小人卒得志，君子終受害。」[65]點出「人主不辨邪正」在朋黨問題中的決定性作用。仁宗、神宗兩朝是皇帝把握「朋黨」駕馭臣下比較順暢的時期，哲宗、徽宗兩朝則是朋黨鬧得最凶，紹聖指元祐為黨，崇寧指元符為黨，朝政於是鬧得最糟糕，「始以黨敗人，終以黨敗國」，北宋滅亡，朋黨之禍遺留至於南宋。究其禍根，問題出在「人主」，正像尹洙所說：「公論之與朋黨，常系於上意，不系於忠邪」，在君主絕對專制體制內，才德低下，乃至小人的皇帝，必然「不辨邪正」。以「朋黨」當帝王之術，「此馭臣之大弊也」，符合宋朝實際。

慶曆以後十多年時間內，歐陽脩都在地方任職，先是奉使河東（今山西一帶），奏罷賦斂過重、民所不堪之事十數件。繼為河北都轉運使，及時制止富弼屠殺保州兵亂中二〇〇〇名協從者的決定。這時期，杜衍、韓琦、范仲淹、富弼相繼以「朋黨」罷去，脩又上疏說：自古小人「欲廣陷良善，不過指為朋黨，欲動搖大臣，必須誣以專權」，因為，指以為黨，「則可一時盡逐」，「唯有專權是上之所惡，必須此說，方可傾之」。於是，小人益嫉恨他，致使歐陽脩不能回朝廷。他繼任滁州（今安徽滁縣）、

65　《宋史》卷三五六《劉昺等傳論曰》。

揚州、潁州（今安徽阜陽）、同州（今陝西大荔）知州，以及南京（今河南商丘）留守。然後遷翰林學士，主修《唐書》。

嘉祐二年（1057 年）權知禮部貢舉，黜落用詞險怪奇澀的舉子，扭轉崇尚此種文體的「場屋之習」，以及「論卑氣弱」的文風。三年，知開封府。五年（1060），歐陽脩拜樞密副使，與曾公亮一起考核兵籍、屯戍、地理，重新編制圖籍。六年，為參知政事，與韓琦同心輔政，尤其是妥善調解英宗和皇太后之間的矛盾。

歐陽脩平生與人盡言無所隱。及執政，士大夫有所幹請，必當面直說可否；雖台諫官論事，必以是非論爭。因此，怨誹益多。一貫以風節自持的歐陽脩，在污蔑不時出現以後，連乞謝事。治平四年（1067 年）出知亳州（今安徽亳縣），一年後改知青州（今山東益都），後遷蔡州（今河南汝南）。熙寧四年致仕，歸潁州。五年（1072）七月卒，年六十六。贈太子太師，《制詞》稱修「以文章革浮靡之風，以道德鎮流競之俗；挺節強毅而不撓，當官明辯而莫奪」。諡「文忠」。葬開封府新鄭縣旌賢鄉[66]。

歐陽脩平日對求教的學者，多談吏事，注重教人關心民間疾苦，消除弊政，體現了「以天下為己任」意識。他晚年對友人說：

大抵文學止於潤身，政事可以及物。吾昔貶官夷陵，彼非人

66　《歐陽脩全集・年譜》。

境也。方壯年，未厭學，欲求《史》《漢》一觀，公私無有也。無以遣日，因取架閣陳年公案，反復觀之。見其枉直乖錯，不可勝數，以無為有，以枉為直，違法徇情，滅親害義，無所不有。且以夷陵荒遠偏小，尚如此，天下固可知矣。當時仰天誓心：自爾遇事，不敢忽也。……今日以人望我，必為翰墨致身；以我自觀，亮是當年一言之報也。[67]

　　歐陽脩貶為夷陵縣令，時年三十，從案牘文書中學到了《史記》《漢書》中學不到的知識，知道了應該怎樣為官做人。所謂「仰天誓心」，是激發了「先天下之憂而憂」的情懷。他的前言往行，在世人心目中留下了深遠的印記。宋人傳頌說「歐陽文公，本朝第一等人也」。讓人銘記不忘的，不僅是他的文學，首先是他為政仁恕，多活人性命。他曾講：漢法惟殺人者死，後世死刑多矣；故凡於死，非已殺人者多活之。他在河北都轉運使任上制止殺人即是典型事例。先是，保州屯兵閉城叛亂，朝廷命田況、李昭亮等討之不克，遂命招撫。屯兵出降之後，田況等把作亂的二千餘人處死，投於八口井中；脅從的二千餘人不殺，分隸河北諸州。事已定，而宣撫使富弼怕他們再叛，密令諸州同日誅之。歐陽脩來，富弼告知其事，他大以為不可：「禍莫大於殺降，朝廷已降敕榜，許以不死而招之，八井之戮已不勝其冤。此二千人者本以脅從，故得不死，奈何一旦無辜就戮？」兩人爭至

最後，歐陽脩說：「今無朝旨而公以便宜處置，若諸郡有不達事機者，以公擅殺，不肯從命，事既參差則必生疑，是欲除害於未萌，而反趣其為亂也。且某至鎮必不從命。」富弼不得已放棄原議。一場大屠殺就這樣消除於無形。

二　北宋後期

仁宗以後的英、神、哲、徽、欽五朝，共計六十三年。期間英宗病重，只得四年；神宗大有作為，繼承慶曆革新之客觀需求，推進改制浪潮洶湧發展；哲宗、徽宗兩朝，延續著熙豐變法招致的政治紛爭，官僚集團之間的傾軋厲害，而徽宗在崇信道教同時，過「豐亨豫大」日子，朝政急劇衰敗，終於連同欽宗一起被金人俘虜，北宋滅亡。在這六十多年期間，各地湧現的士大夫增多[68]，江西人士也不甘示弱，繼續有一批傑出者在權力中樞效力。

王安石（1021-1086），字介甫，撫州臨川縣人。父王益，任至都官員外郎。安石少好讀書，過目終身不忘。屬文動筆如飛，眾皆服其精妙。慶曆二年（1042年）中進士，初任簽書淮南判官，再知鄞縣（今浙江），精心「起堤堰，決陂塘，為水陸之利；

68　據何忠禮《宋史選舉志補正》附錄一《宋代科舉一覽表》統計：英宗至徽宗時期共計進士10805名，按64年計，平均每年168名餘；太祖至仁宗共計進士8261名，按164年計，平均每年50名餘。進士、諸科、特奏名三項合計，前者為18472名，年平312名餘；後者合計30852名，年平299名餘。

貸穀於民，立息以償，俾新陳相易；興學校，嚴保伍，邑人便之」[69]。繼為通判舒州（今安徽潛山）。宰相文彥博推薦他，建議朝廷「不次進用」，即破格提拔；歐陽脩又舉薦他為諫官。這兩次他都辭了，仍在地方任職，知常州，嘉祐三

· 王安石像

年（1058）二月，移提點江東刑獄（衙署在饒州鄱陽）。十月，命為度支判官。這時，王安石已有十五、六年州縣官的實踐經驗，體察到北宋統治積累起來的問題與弊端，結合自己讀書治學、經世致用的志向，向仁宗呈獻了《言事書》。在長達萬言的奏疏中，歷陳苟且因循之弊，建議實施合於當世之變，展示出了他的政治改革理想。他指出當時局勢非常嚴峻，並點明局勢嚴峻的根源：「顧內則不能無以社稷為憂，外則不能無懼於夷狄；天下之財力日以困窮，而風俗日以衰壞。四方有志之士諰諰然常恐天下之久不安。此其何故？患在不知法度故也。」（圖版 18）

接著，提出改革法度：「今朝廷法嚴令具，無所不有，而臣以謂無法度者何哉？方今之法度多不合先王之政故也。……然臣以謂今之失患在不法先王之政者，以謂當法其意而已。」

69　邵伯溫：《聞見錄》，卷十一。《宋史》卷三二七《王安石傳》轉引此文，但刪去了「興學校，嚴保伍」。

要使法度符合先王之意，關鍵是人才。他說：「今以一路數千里之間，能推行朝廷之法令，知其所緩急，而一切能使民以修其職事者甚少，而不才、苟簡、貪鄙之人至不可勝數，其能講先王之意以合當世之變者，蓋闔郡之間往往而絕也。」「方今之急，在於人才而已。」

為此，他提出解決人才缺乏的四個方面：教之之道，養之之道，取之之道，任之之道。教、養、取、任四個方面是依次推進的四個步驟，每個方面的具體改革措施，他都提出了要求，這實際上就是對現行教育、科舉與官僚體制的改革方案。

在《言事書》中還特別表述了他的「理財」主張。即是：「因天下之力以生天下之財，取天下之財以供天下之費。自古治世未嘗以不足為天下之公患也，患在治財無其道耳。今天下不見兵革之具，而元元安土樂業，人致己力以生天下之財。然而公私常以困窮為患者，殆以理財未得其道，而有司不能度世之宜而通其變耳。誠能理財以其道而通其變，臣雖愚，固知增吏祿不足以傷經費也。」[70]這個調動所有勞動者發展生產，增加財富的思想，適合社會發展要求，是唯物主義哲學觀的體現。

最後，他以漢、唐政權滅亡的教訓來警醒仁宗：「社稷之托，封疆之守，陛下其能久以天幸為常而無一旦之憂乎？」

這份《言事書》是王安石矯世變俗志向的一次集中表現。聯

70　《王安石全集》卷三九，《續資治通鑑長編》卷一八八，熙寧三年十月甲子也有摘要。

繫他以後大力推行變法的實際，看出他的思想特色是「尚變」，故而反復強調「尚變者，天道也」[71]；聖人「因其變而制之法」[72]；「聖人所以貴乎權時之變者也」[73]。《言事書》流傳開之後，人們給予他極高的讚譽，但沒有受到仁宗及宰輔大臣的重視，故而沒有引發出實際的改革行動。

嘉祐五年（1060 年）冬，王安石在推辭七次而未獲准之後，受命為同修《起居注》。六年七月，為知制誥，承擔為皇帝起草詔誥之類的文字工作。八年（1063 年）八月，他母親去世，遂辭官，奉母柩歸葬金陵[74]。治平二年（1065 年）十月，王安石守喪期滿，覆命為知制誥，但他未去上任，留在金陵講學、著述。

治平四年（1067 年）正月英宗逝世，十九歲的兒子繼位，是為神宗。神宗瞭解並信任王安石，閏三月以王安石知江寧府，九月命他為翰林學士，召回汴京。第二年四月，王安石向神宗奏《本朝百年無事札子》，概述「累世因循末俗之弊」，人君未嘗「與學士大夫討論先王之法以措之天下」，勸告神宗立志做「大有為之君」。對神宗的要求，也是王安石自己的設想，若能有神宗支持，自己的改革意圖就可能實施。稍後，他們又有對話，神宗說：「此非卿不能為朕推行，朕須以政事煩卿。」安石答：「臣

71　《王安石全集》卷六三《河圖洛書義》。

72　《王安石全集》卷六七《夫子賢于堯舜》。

73　《王安石全集》卷六七《非禮之禮》。

74　王安石父親王益，寶元二年（1039 年）二月卒於通判江寧府任上，葬在江寧牛首山，故王安石奉母柩至金陵，與其父合葬。

所以來事陛下，固願助陛下有所為」。神宗問「所施設以何為先」，安石答：「變風俗，立法度，方今所急也。」[75]他們二人在變法改制的目標下，志向完全一致。

熙寧二年（1069）二月，為參知政事，開始政治改革。設置「制置三司條例司」（簡稱條例司）作為改革指揮機關，安石與知樞密院事陳升之為長官，蘇轍、程顥等為屬員[76]。為了把握社會實情，分遣劉彝、蘇轍、程顥、侯叔獻等八人到各路調查，「相度農田、水利、稅賦、科率、徭役利害」，力求使變革符合社會實際，去除弊端[77]。三年十二月，王安石拜同中書門下平章事，變法改革進入高潮。變法的最終目標是富民、富國、強兵，改革的主要內容是經濟與財政、強兵與國防兩大方面。通過條例司，陸續制訂頒布農田水利、均輸、青苗、免役、市易、方田均稅、保甲、保馬、將兵等諸種新法，強力推行於天下[78]。新法實施結果，在一定程度上獲到了富國強兵之效。

75　《續通鑑長編記事本末》卷五九《王安石事蹟（上）》。

76　制置三司條例司運行一年另幾個月。《宋史》卷一六一《職官一》稱：條例司「掌經劃邦計，議變舊法以通天下之利。熙寧二年置……三年，判大名府韓琦言：『條例司雖大臣所領，然只是定奪之所。今不關中書而逕自行下，則是中書之外又一中書也。』五月，罷歸中書。」

77　《宋會要輯稿·職官》五之一。

78　關於各項新法的具體內容、實施的效果、存在的問題及對其評價，專門研究的論著極多，有代表性的專著如梁啟超《王安石傳》（商務印書館，1930 年；海南出版社 1993 年版）、漆俠《王安石變法》（河北人民出版社 2001 年增訂版）、鄧廣銘《北宋政治改革家王安石》（人民出版社 1997 年版）。

富國、強兵，是國家兩件大政，孰先孰後，關係巨大。強兵必須以充實的財力作後盾，而財力來自生產。當神宗認為「先措置得兵乃及農」，王安石即予糾正，他說：「農亦不可以為在兵事之後，前代興王知不廢農事乃能並天下。興農事自不廢國財，但因民所利而利之，則亦因民財力而用也。」[79]所以，新法中如興修農田水利，推行青苗、免役等政策，都是為發展農業生產，增加社會財富，既富民又富國，決非司馬光所說「善理財者不過頭會箕斂耳」。這些新政策的貫徹，較好地解決了興修農田水利所需的勞動力和經費問題。當時動用了一部分常平錢、方場錢、免役錢；也採取以工代賑、按戶等出錢、鼓勵富戶出資以及政府低息或無息借貸等辦法籌措。這體現了「因民所利而利之，則亦因民財力而用」的原則。在河北，由於主管官員盡力，因而收到了「自秦以來水利之功，未有及此」的建設成效[80]。

熙寧新法的內容很全面，有的專案開創了歷史先例。胥吏過去沒有官俸，全由他們自己設法謀取，故而敲詐民眾的劣跡層出不窮。王安石力主革除此弊。熙寧六年（1073 年）十二月壬申，三司言：「新法所增吏祿，除舊請外，歲支錢一十七萬一千五百五十三緡有奇。詔以熙寧四年後坊場稅錢撥還，不足則以市易、市例等錢補之。」十幾天以後，神宗和大臣們談起此事：「異時吏不賦祿，而受賕輒被重劾，今朝廷賦祿而責人，可謂忠恕

79　《續資治通鑒長編》卷二一三，熙寧三年七月丙申。
80　《續資治通鑒長編》卷二六三，熙寧八年閏四月乙巳。

矣。」參知政事馮京曰：「太宗時嘗宣諭州縣官，有道理少取訾錢，無道理莫取。」神宗曰：「當是時接五代財用不足。」王安石曰：

縱財用不足，吏亦人，非不衣不食而治公事，既衣食即必有所出，自可以法收斂，以此賦給。[81]

凡人都要衣食，胥吏應該得薪俸，今人看來這是一個極為普通的常識，但在北宋兌現這個道理的時候，卻是經過一場頗不容易的鬥爭，既是行政制度的創置，也是觀念習慣的更新，如果沒有王安石「執拗」，這點進步就不能得到。曾任三司使的沈括說：「天下吏人素無常祿，惟以受賕為生，往往有致富者。熙寧三年始制天下吏祿，而設重法以絕請托之弊。」給了俸祿，然後治請托之弊，這就是神宗所言的「忠恕」之法。支付吏祿的錢從何而來？李燾告訴我們：「皆取足於坊場、河渡、市例、免行、役剩、息錢等，而於縣官歲入財用，初無少損，且民不加賦，而吏祿以給焉。」[82]這，就是王安石所稱的「以法收斂，以此賦給」的改革措施。

關於熙寧新法的優劣，實施過程之中的利弊，評議者意見紛繁，莫衷一是。司馬光在哲宗繼位以後執政，全盤否定新法，恢

81　《續資治通鑑長編》卷二四八，熙寧六年十二月乙酉。
82　《續資治通鑑長編》卷二四八，熙寧六年十二月壬申。

復舊制。元祐五年（1090），蘇轍根據社會實際予以反駁：嘉祐以前，衙前差役使鄉民常有破產的禍患，「熙寧以後，出賣坊場，以雇衙前，民間不復知有衙前之苦。及元祐之初，務於復舊，一例復差。」雖然官府依然收取坊場錢，卻不用來雇役，還是要民戶承擔衙前重役。又，熙寧免役法規定，三等人戶都要出役錢，上戶以家產高強，出錢很多；下戶原來不派差役，現在也要出錢，「故此二等人戶不免諮怨。至於中等，昔既已自差役，今又出錢不多。雇法之行，最為其便。及元祐罷行雇法，上下二等欣躍可知，惟是中等，則反為害。」蘇轍對畿內地區中等人戶的前後負擔調查發現，在熙寧雇役之時，大約一年出錢三貫，經十年為三十貫；現今當差，諸縣「手力」，最為輕役，每天最少用一〇〇錢，一年便是三十六貫。「二年役滿，為費七十餘貫。罷役而歸，寬鄉得閒三年，狹鄉不及一歲。以此較之，差役五年之費，倍於雇役十年所供。賦役所出，多在中等。如此，安得民間不以今法為害，而熙寧為利乎？」基於無可辯駁的事實，蘇轍總結性的說，「故天下皆思雇役而厭差役，今五年矣。」[83]

　　為什麼王安石以知縣身份在鄞縣推行新政，能獲得顯著成效，後來有宰相大權，在各路實施新法，卻困難重重？關鍵是在鄞縣他能全權作主，且一縣之中人少地小，社會情況比較趨同，容易做到政策劃一，管理到位。而一國的地區差別大，社會情況複雜，政策的適宜程度大為不同；更因官僚眾多，良莠不齊，貪

83　蘇轍：《三論分別邪正札子》，《三蘇全書・蘇轍集》卷四八。

求利祿者從中作梗。他偏信了呂惠卿等人，拒絕了不少正確建議和批評。誠如司馬光所說：「皆吏不得人，故為民害」；[84]王安石門生陸佃也說：「法非不善，但推行不能如初意，還為擾民，如青苗是也。」[85]這種情況，絕不只是青苗法一項而已。還有，在改革之中受損的權貴，其反抗的力度，遠大於王安石推行變法的努力。於是，對王安石及其變法的稱讚和責罵並起。

「安石本楚士，未知名於中朝」，陡然成了權力頂峰人物，已經招致猜疑；更由於他強力推行變法，官僚們因厲害關係不同，見解各異，故而對他的非議與紛爭蜂起。雖然王安石博引經義，別出己意，「辯論輒數百言，眾不能屈」。他對神宗說：「陛下欲以先王之正道勝天下流俗，故與天下流俗相為重輕。」[86]大力宣傳「一道德」，統一思想議論，推動神宗堅持變法，不為「流俗」阻擾而動搖。但是，新法本身的缺陷，變法官員中乘機牟利者的存在，加劇了反變法者抗爭的力度，也增加了平民百姓的負擔。神宗對王安石支持的態度日見動搖，熙寧七年（1074）四月，罷王安石知江寧府，又詔「依舊提舉詳定國子監修撰經義」。經義局隨他去江寧，故此他請求「以經義檢討官余中等往江寧府，吏人給食錢外，依例與大將驛料」，得到批准[87]。明年二月復相位。九年十月，再罷判江寧府，此後未再起用。

84　《續資治通鑒長編拾補》卷六，熙寧二年十一月壬午。
85　《宋史》卷三四三《陸佃傳》。
86　《宋史》卷三二七《王安石傳》。
87　《續資治通鑒長編》卷二五三，熙寧七年五月癸卯。

王安石退居江寧，建宅於半山（自城至鐘山在此得路之半，因以得名），自號「半山老人」。所居之地甚是荒涼，「四無人家，其宅僅蔽風雨，又不設垣牆，望之若逆旅之舍。有勸築垣，輒不答」[88]。屋後有謝公墩，是晉代謝安石居東山之地。他因人而及地，戲作詩云：「我名公字偶相同，我屋公墩在眼中；公去我來墩屬我，不應墩姓尚隨公。」後來他捨宅為報寧寺[89]。

他十年隱居，旁觀世態，思索人生，創作詩文。生平著述除詩文以外，還有《周官新義》十六卷、《老子注》二卷、《字說》二十四卷等。元豐元年（1078）正月，封舒國公，三年九月改封荊國公。

元豐八年（1085年）三月，神宗病逝。九歲的太子繼位，是為哲宗，太皇太后高氏權同處分軍國事。高太后本就反對變法，現在她召回司馬光為宰相，隨即廢罷新法。至元祐元年（1086）三月，保甲、方田均稅、市易、保馬、青苗、免役諸法，全都被廢除。熙寧變法到此完全結束。四月癸巳，王安石在病痛和憂憤中去世。墓葬金陵。贈太傅，諡「文」。

蘇軾起草的《王安石贈太傅制》曰：「其名高一時，學貫千載。智足以達其道，辯足以行其言。瑰瑋之文，足以藻飾萬物；卓絕之行，足以風動四方。用能於期歲之間，靡然變天下之俗。」「少學孔孟，晚師瞿聃。網羅六藝之遺文，斷以己意；糠

88　魏泰：《東軒筆錄》，卷十二。
89　張邦基：《墨莊漫錄》卷四。

秕百家之陳跡，作新斯人。屬熙寧之有為，冠群賢而首用；信任之篤，古今所無。」清代金溪學者蔡尚翔認為「此皆蘇子由衷之言，洵為王公沒世之光」[90]。王安石的道德文章，受到世人普遍頌揚。

王安石變法，是北宋也是中國歷史上的大事，對王安石及其變法的研究、評議，是宋史也是中國歷史領域的大題目。九○○多年來有關的論著極多，而又始終是褒貶、毀譽莫衷一是，在相當大的程度上反映著各個時代的「社會氣候」[91]。人們由此得到的啟迪，仁者見仁，智者見智。近代政治家文廷式的見解，別有新義，他說：

荊公論治，洞見本原之處多，荊公行事，能得本原之意少。然中國政黨之風，惟于荊公一見之，非唐之牛李，明之齊楚浙黨，徒以恩怨相報復者可同日而語也。[92]

《宋史・王安石傳》寫他將《春秋》看作為「斷爛朝報」，這是誤解。當時人周麟之為孫覺《春秋經解》寫的《序》中說：荊公弟子陸佃、龔原治《春秋》，各有撰述，凡遇疑義，輒以為有缺文，荊公笑曰：「缺文如此之多，則《春秋》乃斷爛朝報

90　蔡尚翔：《王荊公年譜考略》，卷二四，上海人民出版社 1959 年版。

91　詳見李華瑞《王安石變法研究史》，人民出版社 2004 年 6 月版。

92　《文廷式集》卷六《羅霄山人醉語》，中華書局 1993 年版，第 815 頁

矣。」可見，此話本是對陸、龔之文的批評，非是貶損《春秋》，不應曲解。

王安石在中國文化上的貢獻是多方面的。儘管他的改革實踐受到多種批評，但是他在學術文化上的造詣，仍然為社會普遍重視，即便是不同政見者也不例外。據朱熹記述，程頤對王安石的評論是：「伊川最說得公道，云『介甫所見，終是高於世俗之儒』」[93]。這是針對朝廷眾官關於禮制的議論而發的。程頤還就讀書之事對門人說：「《易》有百餘家，難為遍觀。如素未讀，不曉文義，且須看王弼、胡先生（瑗）、荊公三家。」[94]他如書法亦享譽很高，南宋初張邦基說：「王荊公書，清勁峭拔，飄飄不凡，世謂之橫風疾雨。黃魯直謂學王濛，米元章謂學楊凝式，以餘觀之，乃天然如此。」[95]

王韶（1030-1081），字子純，江州德安縣人。起孤生，善謀略，留意兵家著作。嘉祐二年（1057 年）進士及第，調新安縣主簿，建昌軍司理參軍。參加制科考試，不中，遂遊歷陝西，採訪邊事，瞭解宋與西夏交戰經歷，體驗邊境前線的社會民情。

西夏，是在今寧夏一帶的地方政權，由羌族党項部的拓跋氏所建立。唐五代時期，他們屬於割據一方的藩鎮勢力，受唐朝皇帝賜姓李。北宋建立以後，趨附於遼、宋兩邊，利用宋遼之間的

93　朱熹：《朱子語類》，卷一〇七《內任・寧宗朝》。嶽麓書社 1997 年版。
94　《二程遺書》，卷一九《伊川先生語五》。上海古籍出版社 1992 年版。
95　張邦基：《墨莊漫錄》，卷一。

矛盾，對北宋時戰時和，逐步擴張勢力。宋真宗「姑務羈縻，以緩爭戰」，於景德三年（1006年）與西夏訂立和約，封其首領李德明為西平王，賜姓趙。宋仁宗寶元元年（1038年），趙德明之子元昊稱帝，建都興州（今寧夏銀川市），國號大夏，史稱西夏。慶曆初年，元昊連續攻宋，在延州（今陝西延安）三川口、鎮戎軍（今寧夏固原）好水川、定川砦三次大敗宋軍，但自己也死亡相半，只好休戰。英宗治平年間，西夏當權者又接連侵擾宋境。神宗繼位以後，邊境形勢依然嚴峻。

王韶在宋夏邊境實地考察之後，於熙寧元年（1068）進京獻《平戎策》三篇，主旨是「西夏可取。欲取西夏，當先複河、湟，則夏人有腹背受敵之憂」。河，指河州（今甘肅臨夏）；湟，指湟水兩岸地區（今青海東北部），地當西夏右側，為眾多羌人部落的生活區域，夏人控制了這裡，就可威脅秦、隴、蜀郡；若歸宋朝管轄，則斬斷西夏右臂，對宋「有肘腋之助，且使夏人無所聯結，策之上也」[96]。神宗讚賞其策，認為符合變法改革之中制服遼夏的「強兵」大目標，於是命他為管幹秦鳳經略司機宜文字，參與對西夏的軍事指揮。

王韶上任以後，瞭解到青唐地方蕃族部落眾多，勢力最大的是俞龍珂部，決定對他採取招撫政策。王韶到他的營帳中開導說服，使其明白了成敗厲害，他遂率屬下十二萬口內附。王韶又建議在邊境設置市易司，開放商貿，取其贏利作屯田開支。這個以

96　《宋史》卷三二八《王韶傳》。

商補農、實邊強兵的策略，得到神宗和王安石的支持。於是築古渭城，設通遠軍，以王韶知軍事。熙寧五年（1072 年）七月，王韶領兵破蒙羅角、抹耳水巴等族，築武勝城，建為鎮洮軍。大敗羌人瞎征，降其部落二萬人。改鎮洮軍為熙州，以熙、河、洮、岷州、通遠軍置熙河路。升王韶龍圖閣待制、知熙州。六年三月，王韶率軍行五十四日，涉一八〇〇里，力戰瞎征等部，斬首數千級，獲牛、羊、馬以萬計，取得河、宕、岷等五州。熙寧七年（1074）入朝，加資政殿學士，賜第崇仁坊。還回熙州。得知瞎征圍攻河州，王韶用打援救圍的策略，出其不意，直擊定羌城，切斷瞎征與西夏的通路，瞎征失去後援，撤圍而去。王韶揮兵追擊，迫使瞎征窮蹙投降。神宗大喜，七年十二月升王韶觀文殿學士、禮部侍郎，召為樞密副使。

熙河路在沿邊荒涼之區，軍食皆仰給別地。大臣對此有異議，王韶辯解說：「臣本意不費朝廷而可以至伊吾盧甘，初不欲令熙河作路，河、岷作州也。」[97]將「勤兵費財」的責任歸咎朝廷，神宗豈能高興？熙寧十年（1077 年）二月，遂罷職，出知洪州。他在謝表中又流露「怨慢」情緒，改知鄂州（今湖北武昌）。元豐二年，複知洪州。元豐四年（1081）病卒，諡「襄敏」。

王韶以書生起家，孤單無援，踏實研學軍事，用兵有機略，精於決策，部署完畢，不復更問，每戰必捷。「不著名於近，乃

顯效於遠」。他在戰事之後，注意建設，《宋史‧兵志》記載，王韶招納沿邊蕃部，「自洮、河、武勝軍以西，至蘭州、馬銜山、洮、岷、宕、疊等州，凡補蕃官、首領九百三十二人，首領給餐錢、蕃官給俸者四百七十二人，月計費錢四百八十餘緡，得正兵三萬，族帳數千。」拓建熙河路，所轄「地千二百里，招附三十餘萬口」。又擴建軍隊，募蕃兵弓箭手，每砦三指揮或五指揮，每指揮二五〇人，人給田百畝，蕃官二〇〇畝，大蕃官三〇〇畝，「仍募漢弓箭手為隊長，稍眾則補將校，暨蕃官同主部族之事」。這些制度性的建設，有利於蕃部社會進步。所以，王安石進一步解釋說：「今以三十萬之眾，漸推文法，當即變其夷俗。……且什伍其人，獎勸以武藝，使其人民富足，士馬強盛，奮而使之，則所向可以有功。」[98]一時的戰事勝負事小，影響淺近，而文化風俗的轉變事大，具有長遠的價值。《宋史》論王韶為「一時良將」，不是虛詞。

其子王厚，字處道，少年即隨父生活，熟悉兵情、羌事。在哲、徽兩朝經營河、湟，多次領兵戰敗羌人，官至武勝軍節度觀察留後。卒諡「莊敏」。《宋史》論他「降隴拶、瞎征，取湟、鄯、廓州，功足繼韶」。

王安禮（1034-1095），字和甫，安石之弟。嘉祐六年（1061）進士。熙寧中，在河東帥府為幕僚，正值徵調四萬農民運輸糧餉，支援鄜延路築囉兀城。陝西宣撫使韓絳不習兵事，下令民夫

---

98 《宋史》卷一九一《兵志五》。

隨軍前進。王安禮提出反對：「民不習武事，今敺之深入，此不為寇所乘，則凍餓而死爾，宜亟罷遣。」繼任的宣撫使呂公弼接受他的意見，讓民夫回去，「而他路遇敵者，全軍皆覆」。一言而救了四萬人命，呂公弼拉著安禮手說：「果有陰德，相與共之。」公弼推薦安禮於朝，神宗欲驟用他，他以安石執政，辭，只為著作佐郎、崇正殿校書。遷直集賢院，出知潤州、湖州，開封府判官。召為同修起居注。

蘇軾因言事獲罪，沒有人敢救援，安禮獨言：「自古大度之主，不以言語罪人。」神宗聽從他的勸告，蘇軾因此得從輕發落。安禮進官知制誥。又以翰林學士知開封府，事至立斷，有積案牽連約萬人，他剖決二月餘，將府屬十九縣滯訟全部審結，系囚皆出。遼國使者得知，歎息而贊異。神宗以安禮「能勤吏事，駭動殊鄰」，特給他升一級官階。

元豐五年（1082 年）拜中大夫、尚書右丞。六年升尚書左丞。朝議重新發動對西夏戰事，安禮以為準備不足、將兵不強，不能戰。神宗採納了他的意見。安禮平素議論時政，明辨切實，但疏於細謹，數遭禦史詆言。元豐七年，罷出知江寧府。元祐中，歷知揚、青、蔡、舒州。紹聖初，知永興軍。二年（1095年），知太原府，不久，病風痹，臥帳中決事，下屬不敢欺。卒，年六十二。

鄧潤甫、劉奉世、曾布、吳居厚四人，執政於北宋朝廷「黨爭」禍亂時期，起落多變，是非不一。

鄧潤甫（1027-1094），字溫伯，建昌軍南城縣人。皇祐元年（1049 年）進士，為上饒縣尉、武昌縣令。熙寧中，為編修中書

條例、檢正中書戶房事。神宗閱覽其文，除集賢校理、知制誥，擢禦史中丞，他對神宗說：變法之初，排斥異論，勢必當然，但塞了言路，出現「論恤民力，則疑其違道干譽；論補法度，則疑其同乎流俗；論斥人物，則疑其訐以為直」，導致天下發生事變，不能全部知道。「今法度已就緒，宜有以來天下論議」[99]。又諫阻用宦官李憲統兵，去負責處理熙河路邊境戰事。他反對蔡確借覆議相州命案之機，大肆誅連，毒刑逼供。元豐元年（1078年）四月，鄧潤甫獨奏：「相州獄事甚冤，大理（寺）實未嘗納賄，而蔡確深探其獄，枝蔓不已。竇蘋等皆朝士，榜掠身無完膚，皆銜冤自誣。乞早結正。」權監察禦史裡行上官均也奏：蔡確「不考情實，以必得奸弊為事」。神宗命人勘查，只有大理寺詳斷官竇蘋一人翻供，驗拷掠之痕則無；其他三十餘人「畏吏之酷，不敢不承」。神宗於是不滿意鄧潤甫等所說，蔡確「從而攻之，故皆坐貶」。潤甫遂以「奏事不實，奉憲失中，言涉詆欺，內懷顧避」，落職出知撫州。[100]後移杭州，知成都府。元豐末，召複翰林學士，兼掌皇子閣牋記，「一時製作，獨倚潤甫」。

哲宗繼位，鄧潤甫進為翰林學士承旨，修撰《神宗實錄》。後以起草制詔用辭不準確，出知亳州。移蔡州、永興軍。元祐

99　《宋史》卷三四三《鄧潤甫傳》。

100　《續資治通鑒長編》卷二八九。相州殺人案情及其覆議過程，情節複雜，涉案官吏眾多，蔡確藉以打擊宰相吳充等人，抓住當事法官希圖解脫、怕因更改結論而受罰的僥倖心理，大搞刑訊逼供，因為此案而起落的辦案官吏也不少。相關文字很長，不具錄，詳見《長編》卷二八七等處。

末，召為兵部尚書。紹聖元年（1094 年），哲宗親政，潤甫首先陳述「武王能廣文王之聲，成王能嗣文、武之道」，首開「紹述」神宗新政之議，改變了宣仁太后（神宗母親）垂簾聽政的元祐期間全廢新法的政局。遂拜尚書左丞。然而，他堅持反對章惇過分懲治元祐大臣。「無何，暴卒」，年六十八。諡「安惠」。

　　劉奉世（1041-1113），字仲馮，史學家劉敞的兒子，優於吏治，文辭雅贍，最精《漢書》學。嘉祐六年（1061 年）進士。熙寧三年（1070 年），以太子中允為樞密院吏房檢詳文字，神宗稱其「奉職不苟」，加集賢校理、檢正中書刑房公事。元豐元年（1078 年）正月，進直史館、國史院編修官。相州搶劫殺人案，大理寺詳斷官請奉世「檢正」，奉世曰：「君為法官，自圖之，何必相示。」因此受罰，於當年六月落直史館，免勒停，監陳州糧料院[101]。多年以後，為吏部員外郎。元祐初（1086 年），為度支左司郎中，漸升至樞密都承旨、權戶部尚書。元祐七年（1092 年），拜樞密直學士，簽書樞密院事。他說服哲宗，放棄用內侍為押班的任命。後不滿章惇當政，求外任，於紹聖元年（1094 年）出知定州，一年後，知成都府。曾布說：「元祐變先朝法，無一當者」，劉奉世出了力，「最為漏網」；禦史中丞邢恕又彈劾他參與「傾害大臣」。於是，責居郴州，再貶隰州（山西隰寧）團練副使。徽宗繼位，盡還劉奉世原有官職。崇寧元年（1102 年）十月，「劉奉世等二十七人坐元符末黨與變法，並罷詞

祿」[102]，再責居沂、兖等地，後「以赦得歸」。劉奉世處於如此困頓打擊之中，心態安靜，常說：「家世唯知事君，內省不愧，恃士大夫公論而已。得喪（失），常理也，比如寒暑加人，雖善攝生者不能無病，正須安以處之。」[103]政和三年（1113），複為端明殿學士。病卒，年七十三。

曾布（1036-1107），字子宣，曾鞏之弟。十三歲時父去世，學於曾鞏，嘉祐二年（1057 年）兄弟倆同時中進士。熙寧二年（1069 年），由懷仁縣令徙開封，上書言為政之本有二：厲風俗，擇人才；其要點有八：勸農桑，理財賦，興學校，審選舉，責吏課，敘宗室，修武備，制遠人。神宗召見，論說合意，授崇政殿說書，加集賢校理，判司農寺，檢正中書五房。與呂惠卿共創青苗、助役、保甲、農田水利等法。一批大臣議論反對新法，曾布上疏建議神宗「奮威斷以屏斥小人而消其萌，使四方曉然皆知主不可抗，法不可侮，則何為而不可，何欲而不成哉！」擢為修起居注、知制誥，為翰林學士兼三司使。韓琦上疏極論新法之害，曾布逐條反駁，堅持新法，全力贊襄王安石變法改革。

熙寧七年（1074 年），曾布揭露京師市易法執行中的弊端，由此可見他對新法的基本態度。該年大旱，詔求直言，曾布於是對判官呂嘉問盤剝商人的劣跡進行批評。大意是：財源匱乏，由於貨不流通；貨不流通，因商賈不行；商賈不行，是受兼併之家

---

102 《宋史》卷十九《徽宗紀》。
103 《宋史》卷三一九《劉敞傳附劉奉世》。

摧抑。

故設市易於京師以售四方之貨，常低昂其價，使高於兼併之家而低於倍蓰之值，官不失二分之息，則商賈自然無滯矣。今嘉問乃差官於四方買物貨，禁客旅無得先交易，以息多寡為誅賞殿最，故官吏、牙駔惟恐裒之不盡而息之不夥，則是官自為兼併，殊非市易本意也。[104]

對這次爭論，魏泰《東軒筆錄》卷四也記曰：「曾布為三司使，極論京師市易不便。」在這個爭議中，顯然曾布堅持了市易法本意，而呂嘉問等乘機舞弊，極大地汙損了新法的信譽。然而，王安石信任的呂惠卿又借此排擠曾布，於是，當年八月，曾布出知饒州，後徙潭州，再知廣州。元豐初年，改知桂州，又歷知秦、陳、蔡、慶等州。元豐末，複翰林學士，遷戶部尚書。

哲宗繼位，司馬光主政，令曾布修改役法，他辭絕：「免役

104 此見《宋史》卷四七一。《續資治通鑒長編》卷二四九至二五五的記事中有多處敘述此事，涉及到神宗初以布言為是，已而中變，改為支持呂惠卿；呂惠卿又與曾布有隙，乘此擠布；王安石在此爭議中請求罷相，出知江寧。當時，判西京留守司禦史台司馬光上疏集中論新法之害，將青苗、免役、市易、保甲等作為六大朝政闕失來抨擊。這次市易法利弊之爭，實際上是熙寧改革中各種政治勢力的一次大較量。又，關於曾布批評市易法等問題，俞兆鵬教授有精到的研究，見《論所謂曾布「反市易法」的問題》，原載《中國史研究》1985 年第 4 期，後收入俞兆鵬《求真集》，江西教育出版社 2004 年版，第 135-155 頁。

一事，法令纖悉皆出己手，若令遽自改易，義不可為」。曾布不趨炎附勢，拒絕做出爾反爾的事，是堅持熙寧變法初衷，把免役法本意與執行之中的偏差區別開來。於是，他又離開朝廷，出知太原府，再徙真定、河陽、青、瀛等府州。

紹聖元年（1094），哲宗命曾布為翰林學士承旨兼侍讀，拜同知樞密院，進知院事。曾布讚賞章惇「紹述」主張，提出「甄賞元祐臣庶論更役法不便者，以勸敢言」。鼓勵議論研討，期使政策趨於完善，這本是真誠而務實的好事。可是，章惇卻「興大獄，陷正人」，排擠打擊異己。在這場政治傾軋之中，《宋史‧曾布傳》寫「布多陰擠之」，但未說事實。

元符三年（1100 年）正月，徽宗即位，罷去章惇，拜韓忠彥為左僕射，曾布為右僕射，所謂「東西分台，左右建輔」。君臣們認為元祐全盤否定新法，紹聖全盤否定元祐，都有偏執，聲言要「大公至正，消釋朋黨」，定年號為「建中靖國」。不久，「紹述之說」又起，改年號為「崇寧」，表示要貫徹神宗的變法方針。崇寧元年（1102 年）五月，韓忠彥罷去；六月，曾布與尚書左丞蔡京政見不合，亦被罷知潤州。七月，蔡京為右僕射，一人獨相。蔡京對曾布「積憾未已，加布以贓賄，令開封呂嘉問逮捕其諸子，鍛煉訊鞠。誘佐證使自誣而貸其罪。」於是，曾布一再責降，連續四年之後，才複太中大夫，提舉崇福宮。大觀元年（1107）八月，卒於潤州，年七十二。後諡「文肅」。《宋史》以其贊助章惇懲辦元祐黨人，將他列入《奸臣傳》。

吳居厚（1035-1113），字敦老，撫州臨川縣人[105]，嘉祐八年
（1063 年）進士。熙寧初為潭州武安軍節度推官，在湖南奉行新
法，盡力核查閒田，均給梅山瑤人耕作。記勞績，遷大理丞。元
豐間，在河北提舉常平倉，增損役法措施五十一條，使徭役征派
合符民情。升為京東轉運副使。居厚精心於財計，鉤稽籌措，收
羨餘息錢數百萬。在萊蕪監、利國監鑄鐵錢，歲得十萬緡。神宗
褒揚其能，擢天章閣待制、都轉運使。與河北塞周輔等議定鹽
法，「搜剔無遺」。又請以鹽息錢買絹，資助河東買馬；支撥大
鐵錢二十萬貫，佐陝西軍費；並募民養保馬。元祐年間廢除新
法，居厚被治罪，安置黃州。「安置」，是活動受監視限制處罰。
紹聖以後，重提熙豐新法，居厚複起為江淮發運使。他主持疏通
支家河，以便漕運，使楚州（今江蘇淮安市）、海州（今江蘇連
雲港市）地區獲益。

　　崇寧二年（1103）由開封府尹拜尚書右丞，進中書門下侍
郎。以老避位，再出為亳州、洪州，徙太原府。複還京，遷知樞
密院。政和三年（1113）知洪州，卒。《宋史》評居厚「起州縣
凡流，無閥閱勳庸，徒以言利得幸」，「在政地久，以周謹自媚，
無顯赫惡，唯一時聚斂，推為稱首」。平心而論，吳居厚出身凡
流，憑才幹與謹慎，為政府理財稅，為社會辦實事，全都應予肯

105 崇寧二年（1103 年）析建進賢縣，故新修《進賢縣誌》將晏殊、吳
　　居厚都定為進賢人。又，據光緒《江西通志》選舉表，吳居厚原名居
　　實，後改名。

定，不能以「聚斂」、「最為掊克」貶損他。

聶昌（1079-1127），撫州臨川縣人，本名聶山。為人疎雋，喜周人之急。大觀三年（1109年）由太學上舍出仕，為相州教授，薦為秘書郎，擢右司員外郎。以直龍圖閣為湖南轉運使，還為戶部侍郎，開封府尹。為王黼所劾，安置衡州。欽宗立，聶昌以猛厲徑行，遇事敢為，拜兵部侍郎，進戶部尚書，領開封府。靖康元年（1126）八月，拜同知樞密院事。李綱罷相，太學生陳東等抗議，「士庶十餘萬人，撾鼓伏闕下，經日不退，遇內侍輒殺之，（開封）府尹王時雍麾之不去。」聶昌出面勸說，群眾聽命散去。制止王時雍捕治陳東等人。京城惡棍乘亂搶劫，聶昌悉彈治正法，維護社會秩序。欽宗稱讚他「有周昌抗節之義」，乃更其名曰「昌」。靖康二年（1127年）正月，聶昌奉命往河東割兩河之地與金人，昌言：「兩河之人忠義勇勁，萬一不從，必為所執，死不瞑目矣。儻和議不遂，臣當分遣官屬，促勤王之師入衛。」[106]事實正是「民堅守不奉詔，凡累月」[107]。他爬繩索登上絳州城，被憤怒的軍民殺害，「抉其目而爨之」，時年四十九。其父聶用之，年九十，憂傷而死。建炎四年（1130年）追贈觀文殿大學士，諡「忠湣」。

王寓，生卒年不詳，字元忠，江州人。父易簡，資政殿大學士兼侍講。王寓在徽宗時官至中書舍人兼蕃衍宅直講。欽宗立，

---

106 《宋史》卷三五三《聶昌傳》。
107 《宋史》卷二三《欽宗紀》。

升禮部尚書、翰林學士。靖康元年（1126 年）九月，康王趙構赴金軍營中談判，丁醜，命王寓為尚書左丞、副使。他害怕，假託得惡夢，凶兆，求免，易簡亦上書以請。欽宗怒，十月戊午，追毀左丞任命，降新州（今廣東新興縣）安置，並黜易簡。建炎四年（1130 年）流寇馬進破江州，易簡等三百人俱被害。王寓得尚書左丞任命僅四十二天，官高人卑，該為歷史唾棄。

第三節 ▶ 實幹的中下級官僚

名列《宋史》列傳的人，主要是在朝廷或州縣任職的各級官員，其次是比較聞名的學者（包括道學、儒林、文苑三類）等。以下選擇其中政治事蹟比較突出的，依次表述。

一 北宋前期

劉式（949-997），字叔度，袁州新喻縣（北宋改隸臨江軍）人。在廬山借書閱讀，專治《左傳》《公羊》《穀梁》，兼顧其他經籍，積五六年不歸，故學業益精，於南唐後主李煜時期以明經考第一。歸北宋以後，曾經監通州（今江蘇南通市）利豐監，主管煎海鹽。在太宗時期久居財計官署，配合陳恕著力進行財政制度建設。為求健全對財政官吏的業績考核，端拱二年（989 年）十二月，詔置三司都磨勘司，以左贊善大夫劉式主之[108]。他任此

---

108 《續資治通鑒長編》卷三十，端拱二年十二月辛亥。

職十餘年，稱其任，人皆以其官名其家。所謂「磨勘」，即是審查資歷，稽核功過，以勘驗官員簿籍檔案作為主要考核手段，後來發展成為對所有文武官員的考績法。又建議設置主轄支收司，嚴謹財賦出納。至道中（996年），合併三勾院為一，命劉式主管。再遷刑部員外郎。由於他深究簿籍帳冊之中的弊病，揭發出江、淮地區舊有的橫賦、積欠的舊稅，奏請豁免，人皆稱便。「然多所條奏，檢校過峻，為下吏所訟，免官，卒」[109]。真宗追錄劉式勞績，賜其子劉立本學究出身。其孫輩有劉敞、劉攽。

曾致堯（947-1012），字正臣，撫州南豐縣人[110]。太平興國八年（983年）進士，初仕符離主簿、梁州錄事參軍，三遷著作佐郎、直史館，改秘書丞，出為兩浙轉運使。他上言：「去歲所部秋租，惟湖州一郡督納及期，而蘇、常、潤三州悉有逋負，請各按賞罰。」[111]太宗認為江淮頻年水災，蘇、常特甚，致堯所言刻薄，不可行。徙知壽州，轉太常博士。

咸平初，遷主客員外郎、判鹽鐵勾院。西夏入寇，靈武危急，張齊賢為涇、原等州安撫經略使，選致堯為判官，遷戶部員外郎。既受命，上疏不願接受章紱之賜，詞旨狂躁，被黜為黃州副使。未幾，復舊官，改吏部員外郎，歷知泰、泉、蘇、揚、鄂五州。

---

109 《宋史》卷二八七《陳恕傳附劉式》。
110 南豐縣於淳化二年（991年）從撫州割屬建昌軍，故曾致堯在太平興國八年（983年）考進士填報的鄉貫，仍只能是撫州南豐縣。
111 《宋史》卷四四一《曾致堯傳》。

大中祥符初，遷禮部郎中。坐知揚州日冒請一月俸，降為監江寧府酒稅。轉戶部郎中。五年（1012 年）卒，年六十六。遺囑「無以佛汙我」，家人如其言[112]。平生好撰著，有《仙鳧羽翼》三十卷、《廣中台記》八十卷、《清邊前要》三十卷、《西陲要紀》十卷、《為臣要紀》十五篇，均不存。其子易占，其孫鞏。

袁抗，字立之，南昌人，真宗大中祥符元年（1008 年）考進士，得同學究出身。調陽朔縣（今廣西陽朔）主簿，薦補桂州（今廣西桂林市）司法參軍。西南地區少數部族中的撫水蠻興兵寇融州（今廣西融安一帶），袁抗受命權融州推官，督兵糧並參謀軍事。

樂黃目（972-1027），字公禮，撫州宜黃縣人。樂史之子，淳化三年（992 年）進士，補伊闕尉，遷大理寺丞、知壽安縣。咸平中，徙知壁州（今四川通江縣附近），未行，上章言邊事，召對，拜殿中丞。後為直史館、知浚儀縣（今河南開封市），上言選拔州縣官制度曰：「從政之原，州縣為急；親民之任，牧宰居先。今朝官以數任除知州，簿尉以兩任入縣令，雖功過易見，而能否難明。」建議參照唐朝開元年間的經驗，今後審官院差知州，銓曹注縣令，候及三、二十人，一次引見，「試時務策一道，察言觀行，取其才識明於吏治、達於教化者充選；其有不分曲直、罔辨是非者，或黜之厘務，或退守舊資」[113]。真宗頗為嘉

112 《歐陽脩全集・居士集》卷二一《尚書戶部郎中曾公神道碑》。
113 《宋史》卷三〇六《樂黃目傳》。

賞。歷度支、鹽鐵判官，遷太常博士、京西轉運使。大中祥符中（1012 年），出使契丹，回來以後改廣西轉運使、陝西轉運使。永興軍（今陝西西安市）知軍陳堯諮驕恣不法，詔黃目檢察，得實上奏，堯諮坐罷知鄧州。八年（1015 年），黃目入判三司三勾院。事繁，「職事不舉」，遂分三勾院，以三人掌之。遷知制誥，但他文思不敏，屬辭淹緩，改權知開封府。再改知荊南府（今湖北江陵），徙潭州。天聖五年（1027 年），召還，知審官院，自以患風疾辭，改知通進銀台司兼門下封駁事。數月後，出知亳州。黃目為人，面柔簡默，為吏處劇，亦無敗事。聞幼子死，慟絕而卒，年五十六。

夏安期，生卒年不詳，字清卿，夏竦之子，以父任為將作監主簿，召試，賜進士出身。他才幹出色，憑自己的政績而遷升，仁宗時期西北邊防緊張，在處置當地軍政事務中，夏安期出力不少。歷任太常博士，提點湖南刑獄，開封府推官、判官，判三司鹽鐵勾院，京西轉運使。慶曆三年（1043 年），京西路發生盜賊剽劫州縣，而光化軍（今湖北西北部）戍卒相繼叛亂，與盜賊將聯通呼應，夏安期果斷指揮，督將吏進剿，「捕斬殆盡」[114]。改河東轉運使，江、淮發運使，入為三司戶部副使。慶曆四年（1044 年）六月，西夏與北宋議和，元昊以「夏國主」的名義向宋稱臣，邊境罷兵，安期受命往陝西與諸路經略安撫司議損邊費，奏省吏員及淘汰邊兵之不任役者五萬人。擢為天章閣待制，

---

114 《宋史》卷二八三《夏竦傳附安期》。

進兵部郎中。當時夏竦為樞密使，安期避嫌辭去所遷官，出為江、淮發運使。再進為吏部郎中、知渭州（今甘肅平涼一帶）。他在這裡簡練弓箭手，得驍勇者為步兵一萬，騎兵五千；又教以戰陣兵法，於是這裡的土兵勝過其他路分。此外，他登記邊塞開田，募人耕種，歲得谷數萬斛，儲存以備賑發，名曰「貸倉」。再以龍圖閣學士複知延州（今陝西延安）。延州東北面阻山，無城郭，往往為西夏騎兵進犯所利用，夏安期瞭解此情之後，即大舉築城。時方暑熱，士卒有怨言，他更要增廣城牆數百步，並命令：「敢言者斬！」安期親自督工，不逾月而築完。「暴得疾，卒」

蕭貫，生卒年不詳，字貫之，臨江軍新喻縣人。大中祥符八年（1015 年）進士。他俊邁能文，尚氣概，臨事敢為，懲治奸豪，伸張正義。初任大理評事，通判安州、宿州，遷太子中允、直史館。仁宗即位，進太常丞、同判禮院。歷吏部南曹、開封府推官、三司鹽鐵判官，為京東轉運使。有善於捕盜的提舉捉賊劉舜卿，外號「劉鐵彈」，恃功驕傲，多為不法，長吏畏其兇悍，都不敢依法懲治他。蕭貫到任後，揭露他的罪過，把他廢為民[115]。

徙江東轉運使，再改知洪州，累遷尚書刑部員外郎。這時江東官吏收受賄賂之事被揭發，而時間正是蕭貫為江東轉運使任內，坐不察，降知饒州。他在這裡審結了一樁撫州官吏騙人殺子

的案件。撫州司法參軍孫齊，以明法得官，卻知法犯法，他把妻杜氏留在家，騙娶周氏，帶入蜀。後周氏知道了實情，欲訴於官，孫齊斷髮為誓，定要「出杜氏」——離婚。後來，他又納倡陳氏，攜周氏所生子至撫州。不到一月，周氏來了，孫齊將她打倒在地，拿出偽券曰：「若傭婢也，敢爾耶！」並殺周氏所生子。周氏到知州、轉運使衙門去控訴，都不受理。有人對她說：到江南東路饒州蕭知州那裡去，冤案將能申雪。周氏將冤情寫在布衣上面，沿路乞討至饒州。撫州隸江南西路，不屬饒州管，但蕭貫特例外受理此案，雖然遇到赦令，仍將孫齊編管濠州。

遷兵部員外郎，將試知制誥，遇營建二位皇太后陵，未及試而卒。

劉敞（1019-1068），字原父，號公是，臨江軍新喻縣人，不僅是經學家，也是有膽識，敢於主持正義，能為民辦事的中級官僚。父劉立之（985-1048），大中祥符元年（1008年）進士，歷官瀘州通判，對西南夷人「明約束，止侵欺」，樹立了官府的誠信形象。為福建路提點刑獄，察知獄囚有冤死者，奏黜泉州知州、通判，福建七州全都震慄。選為荊湖路轉運使，體察辰、鼎、澧三州蠻人民情，沒有輕易「加兵」，「蠻亦卒無事」。慶曆八年（1048年）遷益州路轉運使，其年十一月卒於官，年六十四。

劉敞中慶曆六年（1046）進士，通判蔡州，歷遷至三司使。一再對朝廷禮樂事宜直言諫諍，規勸仁宗「收攬威權，無使聰明蔽塞」。同修起居注，未一月，擢知制誥。仁宗以宦者石全彬為觀察使，劉敞封還除書，不草制。嘉祐中，出使契丹，契丹伴使領著走彎路，「自古北口至柳河，回屈殆千里，欲誇示險遠」。

劉敞素習山川道裡，於是質問：自松亭趨柳河，甚徑直且易走，不數日可抵契丹京城，為何故意這樣走？契丹人既駭又愧，承認是實情，「但通好以來，置驛如是，不敢變也」[116]。使還，求知揚州。

揚州有雷塘，舊為民田，後官府瀦水以為漕渠，但不補償其它田，致使二十六戶田主失業，二〇〇餘口備受饑寒。然而塘堤破決，不可漕運，複變成田。劉敞查對舊田契，將塘田悉歸還原主。發運使反對，劉敞仍堅持還民。徙鄆州（今山東鄆城），召為糾察在京刑獄。營卒桑達等人酒醉爭鬥，指斥乘輿（按，指皇帝），開封府將桑達不審就處死，棄屍。劉敞質問：為何不經審訊？開封府回報：「近例，凡聖旨及中書、樞密所鞫獄，皆不慮問。」劉敞遂奏請一律按法律審判，樞密院不肯，他力爭，終於按他的意見，「著為令」。

嘉祐四年（1059年）六月，宰相率百官五次上表要為仁宗加尊號，劉敞則三次上奏反對，他說：陛下已有十二個字的尊號，盡善極美了，再加「大仁」，不足增光；曰「至治」，「則有若自矜」。實況是：「今百姓多困，倉廩不實；風俗未清，賢否混淆；獄訟繁多，盜賊群輩；水旱繼有；雖四夷初定，然本以重賂厚利羈縻而服之，非畏威慕義者也。未可謂至治。」[117]正當

---

116 《宋史》卷三一九《劉敞傳》。
117 劉敞：《公是集》，卷三二《上仁宗乞固辭徽號》。據《續資治通鑑長編》卷一八九，嘉祐四年六月己巳記事，當時劉敞知制誥兼領禮部名表，應起草表文，先勸宰相富弼不宜為此事，「弼憮然曰：適已奏

畏天命，深自抑損，豈可於此時以虛名為累。仁宗遂不受。同年八月，劉敞上疏論龍昌期學術乖僻，則是絕對維護宋朝皇帝尊嚴的。龍昌期，陵州（今四川仁壽）人，白首窮經，誨人甚廣的老教書先生，由於文彥博等人舉薦，得到「益州州學講說」的位置，在年將九十的時候，他向朝廷獻出所著書百餘卷，官員們看後上言「昌期詭誕穿鑿，指周公為大奸，不可以訓。乞令益州毀棄所刻板本。」歐陽脩、劉敞等劾他「異端害道，當伏少正卯之誅」[118]。現在學者研究發現，龍昌期「指周公為大奸」，有影射趙普偽造憑據、替宋太宗趙匡義纂奪皇位之事遮掩的用意，而仁宗是趙匡義的孫子。故此，劉敞說懲處龍昌期，「斷天下之疑義，毋使有識之士，窺朝廷之淺深」[119]。看來，劉敞等人的話是有深意，但能夠公開說的只能如此。

由於多次議論與眾人相背，劉敞求出朝廷，拜翰林侍讀學士、知永興軍（今陝西西安市）。有大姓范偉牟取奸利，冒同姓戶籍五十年，糾纏府縣短長，多次犯法。劉敞窮治其事，范偉服罪，長安人歡喜。

英宗繼位，劉敞召還朝，每次侍講讀，必據經論事，因以諷諫，調解英宗與皇太后之間的矛盾。多年苦學，病「眩瞀」，可

聞，乃是上意欲爾，不可止也。敞不得已為撰五表，仍密奏三疏罷之。」

118 《續資治通鑒長編》卷一九○。
119 《公是集》卷三二《上仁宗論龍昌期學術怪僻》。吳天墀《龍昌期──被埋沒了的『異端』學者》，《宋史研究論文集》河北教育出版社，1989 年版，第 414-440 頁。

能是很重的大腦與眼睛疾病，屢次告假，複求外出，遂知汝州，旋為判南京禦史台。熙寧元年（1068年）卒，年五十。

蕭注（1010？-1070？），字岩夫，臨江軍新喻縣人。磊落有大志，平日喜談兵事，嘗言：「四方有事，吾將兵數萬，鼓行其間，戰必勝，攻必取，豈不快哉！」日後的經歷，居然與其戲言大致吻合。慶曆六年（1046年）中進士。

皇祐四年（1052年）四月，廣南西路西南邊境山區的儂智高複入寇，攻破邕州（今廣西南寧），執殺知州、官兵千餘人。「嶺南州縣無備，一旦兵起倉卒，不知所為，守將多棄城遁」。儂智高連破九州，沿西江東下，以數百舟船攻廣州城南。當時，蕭注攝廣州番禺令，自城中出，募土丁及海濱壯士，得二千人，乘大船於上流，候颶風起，縱火而下，焚賊舟，破其眾。隨即開城門接納援兵，鄉民攜牛酒、芻糧相繼入城，城中人氣大振。「轉運使王罕亦自外至，益修守備。智高知不可拔，圍五十七日，七月壬戌，解去。」[120]以功擢禮賓副使、廣南駐泊都監。儂智高西退，複占邕州，嘯誘諸峒少數民族。安撫使余靖遣蕭注處置諸峒事，他挺身進入山砦，「施結恩信」。宣撫使狄青率諸將進討儂智高，聞蕭注廣州破敵之功，即以他知邕州。儂智高敗走大理國，其母與二弟入據特磨地區，收集殘眾得三千餘人，企圖再入寇。至和初（1054年），蕭注率兵往討，將他們「悉擒送

---

120 《宋史》卷四九五《蠻夷三》。同書《蕭注傳》作「圍州數月」，但都沒有具體月日，不確實。

闕下」。又招募死士「入大理取智高，至則已為其國所殺，函首歸獻」[121]。升為西上閤門使（此為官階，非「差遣」——官職）。

蕭注在邕州數年內，「陰以利啖廣源群蠻，密繕兵甲」，上疏攻取交趾：「交趾雖奉朝貢，實包禍心，常以蠶食王土為事。……臣已盡得其要領，周知其要害。今不取，異日必為中國憂。願馳至京師，面陳方略。未報。」他的請求沒有獲准，卻又發生蠻人入寇，諫官認為是蕭注「不法致寇」，遂罷為荊南鈐轄、提點刑獄。還有人劾他「略智高閣民為奴，發峒丁採黃金，無籍帳可考。中使按驗頗有實」。貶泰州團練副使。泰州屬淮南，淮南轉運使說蕭注擅長「招集遊士，部勒為兵」，要求將他「徙大州以縻之」——害怕這位有軍事才能的人。於是，改為鎮南軍節度副使。大臣中有人再次提起蕭注廣州破敵之功，遂起為右監門將軍、邠州（今陝西邠縣）都監。

熙寧初，移知寧州（今甘肅東北寧縣）。三年（1070 年）八月[122]，西夏侵犯大順城，環慶路李信兵敗，附近「列城皆堅壁」，蕭注「獨啟關夜宴如平時」。於是，命他管幹麟府軍馬。

---

121 此據《宋史》卷三三四《蕭注傳》。同書《蠻夷三》所記則完全不提蕭注，只說「餘靖督部吏黃芬、黃獻珪、石鑒、進士吳舜舉發峒兵入特磨」，獲智高母、弟、子等，檻至京師；「然智高卒不出，其存亡莫可知也。」但是，《續資治通鑑長編》嘉祐二年五月戊戌記曰：「廣西轉運使王罕言，右江丁壯隨蕭注擊賊而未經賞者，乞特免夏稅一年，從之。」這是蕭注至和初擊賊的確證。

122 據《宋史》卷十五《神宗二》、卷四八六《外國二》，這次夏人犯邊均作熙寧三年。《蕭注傳》則在「熙寧初」之後記錄一連串的事情，難於判別。

他辭謝，說：「身本書生，差長拊納，不閑戰鬥，懼無以集事。」這時傳說「交人挫於占城，眾不滿萬，可取也」。遂再命蕭注知桂州。神宗問如何攻取交趾？他答：「昔者臣有是言。是時溪峒之兵，一可當十，器甲堅利；親信之人皆可指呼而使。今兩者不如昔，交人生聚教訓十五年矣，謂之『兵不滿萬』，妄也。」他否定目前攻取交趾的主張。到了桂州之後，酋領們皆來拜謁，他「延訪山川曲折，老幼安否，均得其歡心」。因此，對交趾主李乾德的動靜都知道，但是，「有獻征南策者，輒不聽。」恰逢沈起以平蠻自任，正合神宗心意，即以沈起代蕭注。蕭注從桂州歸來，卒於半途。年六十一。

蕭固，生卒年不詳，臨江軍新喻縣人，天聖五年（1027 年）進士。他在《宋史》中無傳，生平事蹟在《宋史·蠻夷三》中看到的兩點，足以引起人們注意。

皇祐元年（1049 年）九月，廣源州蠻儂智高[123]既怨恨交趾侵害，又企圖北向擴張，遂入寇邕州。明年，交趾發兵討智高，不克。廣西轉運使蕭固遣邕州指揮使亓贇去「刺候」，是要他去偵探情報，但他擅自發兵攻打，卻被俘，智高「問中國虛實，贇頗為陳大略，說智高內屬。」儂智高放還亓贇，「奉表請歲貢方物，未聽。又以馴象、金銀來獻，朝廷以其役屬交趾，拒之。後複齎金函書以請，知邕州陳珙上聞，不報。智高既不得請，又與

---

123 廣源州，在廣西 江源頭，地峭絕深阻，產黃金、丹砂，頗有邑居聚落。儂氏割據其地，號為邕州羈縻之地，實際役屬於交趾。

交趾為仇，且擅山澤之利，遂招納亡命」。皇祐四年，他發兵內侵，暴殘兩廣，最後為狄青所滅。

至和二年（1055年）正月，蕭固從吉州知州徙為廣東轉運使。

嘉祐二年（1057年），廣源州火峒蠻儂宗旦，是儂智高的族人，也比較桀黠，他據險聚眾，嘗入寇。時任邕州知州蕭注要大發峒丁擊之，而桂州知州蕭固「獨請以敕招降」[124]。結果以儂宗旦為忠武將軍，補其子為三班奉職。幾年後，宗旦父子以所領諸峒「屬縣官」，「永為王民」。僅此兩次事件看出，蕭固在廣西處理少數族事務，開明得體，有利於社會進步。皇祐年間仁宗對待儂智高政策不當，一再失誤，導致廝殺，城鄉破壞，民眾遭殃。

彭思永（1000-1070），字季長，吉州廬陵人。中進士，知南海縣、分寧縣，通判睦州。值台州大水，毀壞城牆，人多溺斃，他往攝治。即以代理知州的身份，他盡葬死者，作文祭奠。砍伐樹木，幫助貧民修建居室。幾個月後，台州公私房屋皆已修建，修復了城牆，比前加高，而堅固如舊。改知潮州、常州。入為侍御史。他對仁宗在內廷降授官賞的做法，提出批評，又抗議仁宗祭祀明堂之時，濫賞外戚、宦官，說「陛下覃此謬恩，豈為天下孤寒哉！」「外戚秉政，宦侍用權，非社稷之福也。」仁宗惱怒，

---

[124] 《續資治通鑑長編》卷一八五，嘉祐二年四月甲戌。夾註「王安石銘固墓亦雲，固招宗旦補西頭供奉官。補官不同，不知孰是。」今查王安石文集，不見此墓銘。

將他出為湖北轉運使。

思永巡按湖北州軍，威服下溪蠻彭仕羲，使其不敢作亂。加直史館，為益州路轉運使。成都府吏盜公錢，雖已入獄三年，卻出入自由。思永攝府事之第一天，即將其拘系於獄。成都民使用交子（楮券），藏在衣帶中，偷者置刀刃於手指間，敏捷竊取，總能得手。思永捕得一小偷，審知其情，將其同夥經黥面配隸兵間。中使（宦官）每年來祭祀峨嵋山神，都在成都索取珍玩，值數百萬錢，皆百姓負擔。思永削去其三之一，使者惱怒，卻不能對他如何。改為河北都轉運使，知瀛州。當地民眾以桑麻為產業，卻因怕加賦不敢多種，故日益貧窮，思永上奏更改這種政策。徙知江寧府。

治平中（1065 年），召為禦史中丞。朝中大臣爭議濮王禮儀，皆被英宗斥去，思永仍論曰：「濮王生陛下，而仁宗以陛下為嗣，是仁宗為皇考，而濮王於屬為伯，⋯⋯」。英宗欲聽其意見，而中書大臣爭議厲害，卒不果。神宗即位之後，禦史蔣之奇糾彈歐陽脩個人私事，要思永相助，他不願談此「帷薄之私」，但認為歐陽首建「濮議」，犯眾怒，不宜留在朝中。神宗問他事情由來，思永不肯回答，轉而論大臣朋黨問題。神宗乃將其出知黃州，改知太平州。熙寧三年（1070 年）以戶部侍郎致仕，卒，年七十一。

思永為人仁厚廉恕。少年時，早晨去上學，在門外拾得金釵，他默坐原地，待失主前來認領。其人感謝，付給錢，思永笑曰：我若要錢，就藏匿金釵了。參加科考之日，他帶數個釧（手鐲）作旅費，同時參加考試的人在他那裡玩，一起觀賞釧子，有

人不慎跌落一個於袖筒內，眾人相互尋找。思永曰：只有這幾個，不要找。朋友散去，揮手告別，釦子墜於地，大家恍然，佩服思永寬宏度量。兒子彭衛，忠厚孝謹，以父年老，棄官家居十餘年，族閭無不稱讚。

二 北宋後期

余良肱，生卒年不詳，字康臣，本名貫，洪州分寧縣（今修水）人。天聖二年（1024 年）進士，初任荊南司理參軍。屬縣捕得殺人者，已自誣服，良肱驗屍與刀生疑：豈有刃長一尺餘而傷不及寸？他向荊南府說明情況，須自捕兇犯，未幾，果獲真殺人者。有失竊逾十萬者，逮捕平民數十人，時值盛夏，搒掠慘烈，呼號聞於獄外；良肱見有附吏耳語者，疾捕詰審，盡得賊贓。改大理寺丞，再出知湘陰縣。縣積欠稅糧數千石，每年責令裡胥代輸，良肱提出論訴，遂予蠲免。通判杭州，累石築江堤二十里，以障江潮泛溢，官民廬舍無漂溺之害。

知虔州，士大夫死嶺外者，喪車北返過虔州，多弱子寡婦，良肱悉力賑護，孤女無依靠者，出俸錢嫁之。以母老，移知南康軍。丁母憂後，召為三司使判官。朝議向京城居民貸錢，以供關陝軍費，良肱以為不可，力爭之。大臣亦以為言，貸錢之議遂格。

朝廷方治汴渠，命良肱提舉汴河司。執政以汴渠岸闊水漫，滯緩漕運，主張束狹河面，限以六十步闊，植木樁築堤，扼束兩

岸，令水深流速；椿木則伐岸樹為之[125]。良肱提議：善治水者不與水爭地，只需在冬季浚治河床，使水復行地中；沿渠樹不能伐，「江淮漕卒接踵，暑行多病喝，藉蔭以休。又其根盤錯，與堤為固，伐之不便」[126]。他屢爭不能得，乃請不與其事，出知潤州、宣州。以年老，提舉洪州玉隆觀。卒，年八十一。

　　劉瑾（1023-1086），字元忠，吉州永新縣人，劉沆之子。皇祐五年（1053 年）進士。為人素有操尚，遇事抗爭。瑾初為館閣校勘，嘉祐五年（1060 年）父亡，得褒贈，但知制誥張環起草的制詞中卻有譏貶之語，瑾哭泣憂憤，穿著孝服找宰相訴說。朝廷為之改寫，黜降張環，而他也以穿孝服入官署被罷職。後端明殿學士王素替他請求，以伸孝子之志，得復職，歷為淮南轉運副使、河北轉運使。熙寧八年（1075 年）十二月，知廣州。因爭論戍兵問題，與樞密院意見不合，九年二月改江南西路安撫兵馬鈐轄、知虔州。戰權都監楊從先奉旨來虔州募兵，無人應募，擅自遣其子楊戀糾集諸縣巡檢兵充數。瑾怒責之，激憤中說出「悖謬語」，被戀告於朝，遂廢瑾於家。一年後，復知江州。元豐四年（1081 年）正月知福州、兼本路兵馬鈐轄，後改秦鳳路經略安撫使、知秦州。元豐七年（1084 年）為真定府路安撫使、馬步軍都總管、兼知成德軍府事。元祐元年（1086 年）閏二月

125　《宋史》卷九三《河渠三》，此事記於嘉祐六年，依照狹河之議，「遂下詔興役，而眾議以為未便。」
126　《宋史》卷三三三《餘良肱傳》。

卒於任所，年六十四。

劉瑾出身相門，然知曉民間利病。執政曾問他：捕盜官有巡檢、縣尉，而縣尉獲盜常多，巡檢獲盜常少，這是為什麼？瑾答：縣尉所領的弓手土人，熟習地理險易，耳目相通，非巡檢更戍之兵可比。倘若招土人隸隸巡檢，則其獲盜將與縣尉相等。按其議施行，果如其言。知虔州日，有安南之役，虔為過兵要道，而贛水湍悍，渡舟多覆溺，瑾亟建浮梁，官兵賴以速濟。在福州，遇巡檢康誐以所部兵叛，航海而南，閩廣震恐。瑾即遣押隊程建率牙兵追擊，並告誡曰：誐乃首亂者，所部皆協從，疾趨而攻，則眾潰而誐擒；如若慢行逗留，必斬你。程建日夜兼行，不擇夷險，果如所料，擒誐歸[127]。平日多周濟貧乏，四方士人之困頓失職者，多往歸之。其施治剛方不撓，視憸巧人不寬待。《宋史》稱劉瑾「所蒞以能稱。然禦下苛嚴，少縱舍。好面折人短，以故多致訾怨」[128]。

曾鞏（1019-1083），字子固，建昌軍南豐縣人，嘉祐二年（1057 年）進士。任地方官十二年，所到除害興利，多辦實事。熙寧變法時期，他於四年（1071 年）通判越州（今浙江紹興）。當地過去取酒場錢募人充「衙前」。錢不足，向鄉戶派錢助役，以七年為期。後酒場錢有餘，但應募者圖多得錢，到期了照舊向

127 呂惠卿：《劉瑾墓誌銘》，見陳柏泉《江西出土墓誌選編》，江西教育出版社 1991 年版，第 48 頁。

128 《宋史》卷三三三《劉瑾傳》。

鄉戶要錢。曾鞏知道後，立即免除出錢者二〇〇餘戶。遇春季饑荒，考慮常平倉儲糧不足賑濟，而鄉民不能都進城，且饑民群聚，可能發生疫病，他發公文給所轄各縣，勸富人出糧，得十五萬石，以稍高常平價賣，讓農民不出田裡能買到糧；又出錢粟五萬貸給農民為種糧，秋收後償還，使春播不受影響。

五年（1072 年）知齊州（今山東濟南市），以鋤強暴、治盜賊、寬貧弱為治本，他說：「為人害者不去，則吾人不寧」。官紳周氏，以財雄裡中，其子周高素來橫蠻，賊殺平民，汙人婦女，服器僭越，勢力能動權貴，州縣衙門不敢干預。曾鞏到任，首先將他法辦。曆城、章丘兩縣有人結夥號稱「霸王社」，橫行鄉里，「椎埋盜奪，篡囚縱火，無敢正視者」。曾鞏將其首惡三十一人發配充軍，同時實行保伍制度，使民眾互相稽察，來往住宿者皆登記，有盜則擊鼓聲援。對自首者給予一定的優待，使其同夥攜貳，不能複合。「齊俗悍強，喜攻劫。至是豪宗大姓斂手莫敢動，寇攘屏跡，州部肅清。」[129] 河北疏浚河道，要徵調齊州民工二萬名，縣衙按籍須三丁出一，曾鞏清理隱漏人口，結果九而取一；又節省無名渡錢，用於建橋；又調整驛站傳舍，減少六驛，人皆獲益。

六年（1073 年）秋，徙知襄州（今湖北襄樊市）。州內有大案久不決，因有當論死者，曾鞏審閱其案狀，曰：「是當勿論，

129 曾肇：《亡兄行狀》，見《曾鞏集》附錄一、傳記資料。中華書局 1984 年版，第 792 頁。

何得留此。」吏不能對。即釋放當死者，緣此而釋者百餘人。民眾得悉，叩頭曰：「吾州前坐死者眾矣，寧知非冤乎！」[130]

八年（1075年）九月，知洪州。時值大饑，疫病流傳，曾鞏下令自州至縣、鎮、亭、傳，皆備藥以給病者。窮民、軍卒無力自養者，住於官舍，供給飲食衣被，派醫診治，並記錄其治癒狀況、人數多寡，評定殿最。熙寧九年初，交阯侵陷邕州（今廣西南寧），神宗命郭逵為安南道招討使，率軍進討，詔所過州準備一萬人馬的供應。別地官吏聞訊，急征暴斂，芻粟湧貴，百姓不堪。曾鞏獨能預先籌辦，安排好房舍井爨器皿，計畫周到而有條理，兵過而市里不擾。

十年（1077年）春，授直龍圖閣、知福州、兼福建路兵馬鈐轄，八月到任。福建負山瀕海，有銅鹽之利，故大盜數起。曾鞏來時，南劍州將樂縣盜魁廖恩獲赦出降，但其餘眾觀望，十百為群，既潰復合，陰相推附，連接數州。其尤桀驁者，仍聚於將樂縣，有繼廖恩而起之勢，居民大恐。曾鞏想，對此餘黨從緩則其勢滋大，急了將促其作亂，遂用智取。前後出降或自歸者約二〇〇人，自殺者五人，老奸宿偷相繼縛致者數十人，又擒海盜八人。吏士以此受賞。同時奏請加強海防，在沿海增加巡檢員，以便壯大聲威。此後毋敢竊發者，商民山行海宿，如在郊郭。

福州多佛寺，寺皆多田產，為僧者利其富饒，爭著當住持，

---

130 林希：《中書舍人曾鞏墓誌銘》，見陳柏泉編《江西出土墓誌選編》，江西教育出版社1991年版第39頁。

為此賄請公行。為杜絕寺僧舞弊，曾鞏要僧眾互相推舉，登記其名，依次替補。在公堂頒給文書，卻其私謝，消除左右徵求之弊。過去對出家者三年登記一次，每次近萬人，全福州的賄賂約得錢數千萬，現在住持僧選補公開，這些徵賄也不禁而自止。對「囊橐為奸」的兩座佛寺，下令禁廢。同時，禁止婦女走進寺舍，以防不測。福州無職田，每年向賣蔬菜的人收錢，常有三四十萬的收入，曾鞏獨不取，認為：「太守與民爭利，可乎？」他把這些錢用佐公費，開了先例，後來者亦不敢取。

元豐二年（1079 年），改知明州（今浙江寧波）。主持修築城牆，仔細審核原定工程計畫，節省工料費用甚多，「而力出於役兵、傭夫，不以及民。城成，總役者皆進官，而公不自言」[131]。再移亳州、滄州。曾鞏所任六州，多號難治，然鞏令行禁止，巨細畢舉，庭無留事，囹圄屢空。吏民初或憚其嚴，已而皆安其政。

元豐三年（1080 年）冬，過京城，神宗召見，留判三班院。上疏議經費，神宗曰：「鞏以節用為理財之要，世之言理財者，未有及此。」四年七月，為史館修撰。五年（1082 年）四月，拜中書舍人。六年（1083 年）四月，卒於江寧，年六十五。南宋理宗時，追諡「文定」。

徐禧（？-1082），字德占，洪州分寧縣人。少年而有大志，氣度不凡，力學而不事科舉，博覽周遊，求知古今事變、風俗利

---

131 曾鞏：《亡兄形狀》。

病。以學識超卓，受到破格任用。熙寧初，王安石行新法，禧作《治策》二十四篇以獻，獲賞識，以布衣充經義局檢討。神宗見徐禧所上《治策》，曰：「禧言朝廷用經術變士人，十已八九變矣，然盜襲人之語而不求心通者，亦十八九。此言是也。觀禧文學，曉政事，宜試之於有用之地。」王安石建議，於中書五房分別配置見習官員，以便今後選用人才，神宗以為然。於是，以徐禧為中書戶房習學公事。中書五房設習學公事，從此開始。

歲餘，召對良久，神宗曰：「朕多閱人，未見有如卿者。」擢監察禦史里行。與禦史中丞鄧綰、知諫院范百祿共審趙世居獄。術士李士寧與世居有交往，以仁宗寫的詩贈世居之母，而王安石也與士寧友善。范百祿劾士寧以妖妄惑世居，而徐禧奏：士寧給世居母之詩實仁宗制，「今獄官以為反，臣不敢同」。范百祿說徐禧在「媚大臣」（指王安石）。神宗命禦史雜知、樞密承旨參治此案，結果范百祿坐報上不實，貶；徐禧進集賢校理、檢正禮房。

王安石與呂惠卿關係惡化，徐禧陰右惠卿，出為荊湖北路轉運副使。元豐初，召知諫院，再試知制誥兼禦史中丞。新官制頒行，專為禦史中丞。因疏劾鄧綰，左遷給事中。元豐四年（1081年）秋冬，鄜延經略使沈括、副使種諤率兵擊敗西夏，得銀、夏、宥三州，但難於防守，沈括欲沿橫山築城，在永樂建築寨城。五年（1082年）五月，遣徐禧與內侍李舜舉節制鄜延邊事，沈括總兵隨從，陝西轉運判官李稷負責餽餉。徐禧至邊境巡視後上言：永樂形勢險阨，在此築城可使銀、夏、宥三州處於腹心，已與沈括議築寨堡各六座。永樂城築完後，徐禧與沈括、李舜舉

還駐米脂。夏人數千騎兵來至新城，禧與李舜舉、李稷前往巡視，沈括獨守米脂。副使種諤極言城永樂非計，禧怒，奏他「跋扈異議」，朝命諤守延州。九月，夏人二十萬來攻永樂城[132]。徐禧得報，曰：「彼若大來，是吾立功取富貴之秋也。」大將高永亨曰：「（永樂）城小人寡，又無水，不可守。」禧以為沮眾，將他械送延州獄。他執刀自率士卒拒戰。永亨兄永能請乘夏人未及站穩時出擊，禧反對，曰：「王師不鼓不成列。」鄜延副總管曲珍率兵與夏人戰，敗奔入城，「死及棄甲南奔者幾半」。永樂城被圍，「士卒渴死者太半」。從丁亥至戊戌，僅十二日，城陷，徐禧、李舜舉、李稷俱死，高永能戰沒於陣。神宗聞徐禧等死，涕泣悲憤，贈禧金紫光祿大夫、禮部尚書，諡「忠湣」，官其家二十人。

《宋史》評論徐禧「疎曠有膽略，好談兵，每雲西北可唾手取，恨將帥怯爾。」他這次「狂謀輕敵，猝與強虜遇，至於覆沒。」永樂全軍覆沒之後，神宗深自悔咎，遂不復用兵，無意於西伐夏人。

黃廉（1030？-1088？），字夷仲，洪州分寧縣人。嘉祐六年（1061年）進士，歷任州縣官。熙寧初，受舉薦至朝廷，王安石和他談役法事，他對舊役法說得很詳細。安石認為此人熟悉實情，必能執行新法，上奏神宗。召對，他答：「陛下意在便民，法非不良也，而吏非其人。朝廷立法之意則一，而四方推舉

132 《宋史》卷三三四《徐禧傳》。

（行），紛然不同，所以法行而民病，陛下不盡察也。河朔被水，河南、齊、晉旱，淮、浙飛蝗，江南疫癘，陛下不盡知也。」[133]一番平實真切的言論，博得神宗對他的信任，即命為體量賑濟京東道，除司農丞。他的巡察報告神宗滿意，擢利州路轉運判官，召為監察禦史裡行。黃廉上言：「成天下之務，莫急於人才」，請令大臣及轉運使各自舉薦，由中書審核其能力而後任用。又言：近幾年水旱，民眾得到減免寬緩賦稅的恩惠，今幸歲豐，有關官司都要去催繳；久饑之民，剛有收穫，就要交納累年欠賦，是使民遇豐年而仍過災年，請令各地逐漸催欠。

黃河決堤，京東曹村一帶沖毀農田三十萬頃，民廬舍三十八萬家，詔黃廉安撫京東。他發廩賑饑，遠處饑民分派吏員去辦理；選擇高地建房舍安頓饑民；凡有流民的地方不徵稅，經過的流民給糧，租用私人耕牛的給其租錢，收養被遺棄的男女，丁壯年人則派其勞作，「凡所活二十五萬」。

加集賢校理、提點河東刑獄。遼朝要求割給代北之地，黃廉認為這將使雁門關暴露，失去地理之險，不該割。王中正調發西部駐兵，用一調二，雙倍征取，黃廉反對。後戰事失敗，王中正歸咎轉餉，黃廉去辯析，坐貶秩。

元祐元年（1086 年），召為戶部郎中。奉命按察蜀中茶法。他奏罷過於有害的措施，建議熙、秦二州仍由官府禁榷，東路則放開通商，禁江南茶進入陝西，以利蜀茶銷售；確定博買馬年額

---

133 《宋史》卷三四七《黃廉傳》。

一八〇〇〇四。朝廷批准其議，並命他以直秘閣官銜提舉此事。明年，還朝，遷集賢殿修撰、樞密都承旨。被論曾附和蔡確，改陝西都轉運使。卒，年五十九。

孔文仲（1038-1088），字經父，臨江軍新喻縣（今峽江縣羅田鄉）人。嘉祐六年（1061 年）進士[134]。禮部考試時，考官呂夏卿稱其辭賦贍麗，策論深博，文勢似荀卿、楊雄，建議主司擢第一。初任餘杭縣尉，轉檯州司戶參軍。熙寧三年（1070 年），集賢殿修撰范鎮舉薦文仲參加制舉，寫對策九千餘言，力論王安石理財、訓兵之法為非是。主考官宋敏求列他為第三等。王安石反對，神宗批：「大抵意尚流俗而後是非，又毀薄時政，援正先王之經而輒失義理」。神宗「讀文仲試卷，至『專任德』，上曰：『德、刑不可偏』」[135]。遂罷歸故官。詳定官韓維等皆力言不當黜，不聽。范鎮又言：文仲「小官疏外，不識忌諱。且以直言求之，而以直言罪之」，恐為聖明之累。亦不聽。

熙寧九年（1076 年）宰相吳充欲將文仲召入館閣，又有忌之者，僅得國子直講。是時學者正用王安石三經新義進取，而文仲不習其書，換為三班主簿，出為保德軍（在今山西嵐縣一帶）通判。元豐後期，與西夏交戰，軍民數十萬經由境上，久不解，邊民厭苦。文仲上言三不便：「大兵未出，而丁夫預集；河東雇

---

134 據光緒《江西通志》卷二一《選舉表二》。1995 年版《峽江縣誌》人物傳記在孔文仲名下作「嘉祐元年（1056）進士」。但查宋代科舉年表，嘉祐元年不開科，前一科為皇祐五年，後一科為嘉祐二年。

135 《續資治通鑑長編》卷二一五。

夫，勞民而損費；諸路出兵，首尾不相應。」他建議對夏人採取懷柔政策。

元祐初年，哲宗召為秘書省校書郎，進禮部員外郎。遷起居舍人，擢左諫議大夫。日食，他上言察五事以消災祥：邪說亂正道，小人乘君子，遠服侮中國，斜封奪公論，人臣輕國命。前兩條是對熙寧變法而言，第三條說與西夏等王朝的關係，第四條是指朝廷制度混亂（凡不經中書或三省，徑由內廷批授官職稱「斜封」），第五條是強調朝廷權威，不能讓臣民輕視朝命。他堅持全面否定熙寧新法，說：「青苗、免役，首困天下，保甲、保馬、茶鹽之法，為遺蟄留蛀。」[136]改中書舍人。三年（1088年），同知貢舉。他原有寒疾，現又晝夜不廢職事，於是病加重，由貢院還家，卒，年五十一。

孔文仲與弟武仲、平仲皆以文聲起江西，時號「三孔」。武仲，字常父，嘉祐八年（1063年）進士。元祐初，官秘書省正字，遷升秘書省校書、集賢校理、著作郎、國子司業。他評議科舉之弊，詆毀王安石新學，請求恢復詩賦取士。在否定熙寧變法的環境中，他與其兄都是激進的。進起居郎兼侍講邇英殿，除起居舍人，拜中書舍人，直學士院。再升給事中，遷禮部侍郎，以保文閣待制知洪州。徙宣州。紹聖以後，被定為反對神宗改制的元祐黨人，奪職，居池州。卒，年五十七。

平仲，字義甫。治平二年（1065年）進士，又應制科。用

136　《宋史》卷三四四《孔文仲傳》。

呂公著薦，為秘書丞、集賢校理。其兄文仲卒，歸葬南康軍，朝廷命他為江東轉運判官護葬事。提點江浙鑄錢，京西提點刑獄。紹聖中，以其在元祐時附會當權者，「譏毀先烈」，削去校理，知衡州。湖南提舉常平董必彈劾平仲不推行常平法，陷失官米價值六十萬。平仲疏辯：「米貯倉五年半，陳不堪食，若非乘民闕食，隨宜泄之，將成棄物矣。儻以為非，臣不敢逃罪。」妥善處理開始變質陳米，減少官府損失，不該受罰。乃徙知韶州。後被貶惠州別駕，安置英州（今廣東。徽宗即位，復為朝散大夫，為戶部郎中、金部郎中，出為永興路（今陝西西安）提點刑獄、鄜延路、環慶路安撫使。元祐黨論再起，平仲罷官，主管兗州（今山東曲阜）景靈宮，卒。

李常（1027-1090），字公擇，南康軍建昌縣（今永修縣）人，黃庭堅舅父。皇祐元年（1049年）進士。曾在廬山五老峰下白石庵讀書，舉進士後，將所抄九千卷書留庵中，供人閱讀，蘇軾撰文贊之。初任江州判官，再為宣州觀察推官。發運使楊佐將推薦他提升，他謙讓其友劉琦，楊佐說：「世無此風久矣。」遂都推薦。

熙寧初，為秘閣校理。王安石變法以李常為三司條例檢詳官，改右正言、知諫院。熙寧三年（1070年）四月，他對新法的內容提出不同意見，主張青苗不要收息，說「條例司始建，已致中外之議。至於均輸、青苗，斂散取息，附會經義，人且大駭，何異王莽猥析《周官》片言，以流毒天下。」王安石托人給他解釋，不聽。又疏言：「州縣散常平錢，實不出本，勒民出息。」神宗為了「行遣違法官吏」，五、六次要李常說出官吏姓

名，他以不合諫官體例，「終不肯分析」。曾公亮曰：台諫官許風聞言事，難令分析。王安石曰：「許風聞言事者，不問其言所從來，又不責言之必實……今所令分析，止欲行遣官吏，何妨風聞。」[137]於是，降李常通判滑州。一年多後，復升鄂州知州，徙知湖州、齊州。齊州多盜，案情報告無虛日，屬重法統治的區域。李常將一點盜黥刺為兵，安置在麾下，由此得知盜賊窩點，於是「髮屋破柱，拔起根株，半歲間，誅七百人，奸無所匿」[138]。李常以非常的手段打擊了齊州盜賊，遷官淮南西路提點刑獄。元豐六年（1083 年），召入為禮部侍郎。

哲宗即位，改吏部侍郎，再進戶部尚書。有人懷疑他不熟悉財政，恐怕不勝任，司馬光認為正是看中他這點：「用常主邦計，則人知朝廷不急於征利，聚斂少息矣。」然而李常勤於職事，編撰了《元祐會計錄》三十卷（已佚）。當時對役法政策未定，有人要復行差役，有人堅持免役，李常提出差、免兩用的役法方案，他說：「法無新陳，便民者良；論無彼己，可久者確。今使民俱出資則貧者難辦，俱出力則富者難堪，各從其願，則可久爾。」哲宗下詔蠲免市易逋負不滿二〇〇緡者，李常提請息過其數亦勿取。

拜禦史中丞，兼侍讀，加龍圖閣直學士。他對科舉提出修正意見。先是，熙寧四年初罷詩賦及明經諸科，以經義、論、策考

137 《續資治通鑒長編》卷二一〇。
138 《宋史》卷三四四《李常傳》。

試進士。現在，他請分詩賦、經義為兩科，以利士人各盡所長。諫官劉安世以蔡確的詩中有「謗訕」詞語，排擊蔡確。李常反對，上疏說：「以詩罪確，非所以厚風俗。」劉安世於是將李常、蔡確一併彈劾。元祐四年（1089年）五月，李常與侍御史盛陶「坐不論蔡確，改官。」李常改為兵部尚書，他辭不拜，出知鄧州。徙成都，行至陝，暴卒，年六十四。

　　熊本（1026-1091年），字伯通，饒州鄱陽縣人。慶曆六年（1046年）進士，為撫州軍事判官。治平元年（1064年）遣知建德縣。熙寧初，上書言事，頌揚神宗重用王安石變法，擢為提舉淮南常平、檢正中書禮房公事，改戶房。六年（1073年），瀘州（今四川瀘州市）羅、晏夷叛，詔熊本察訪梓州路、夔州路，以便宜治夷事[139]。熊本曾任戎州通判，熟習夷俗，王安石言熊本仔細，必能了事，遂命他體量措置。神宗贊同王安石的見解，認為漢戶到夷地居住佃種，可能變夷為漢。五月，下詔廢除「漢戶不得典買夷人田土」舊令，自今聽自便[140]。

　　熊本認為：對蠻夷「不當盛兵討之，蠻急則恃山林，官軍不

---

139 羅、晏夷，是西南諸夷之一種。慶曆初，瀘州言：「管下溪峒十州，有唐及本朝所賜州額，今烏蠻王子得蓋居其地。部族最盛，旁有舊姚州，廢已久，得蓋願得州名以長夷落。」詔復建姚州，以得蓋為刺史，鑄印賜之。得蓋死，其子竊號「羅氏鬼主」。鬼主死，子僕射襲其號，寖弱不能令諸族。烏蠻有二酋領，曰晏子，曰斧望個恕，常入漢地鬻馬。二酋寖強大，擅劫晏州山外六姓及納溪二十四姓生夷。詳見《宋史》卷四九六，《蠻夷四·西南諸夷》。

140 《續資治通鑑長編》卷二四七，熙寧六年五月辛未。

能入也。然有田以為生，若以兵擾之，使不得田，即亦自困。」彼能擾邊，是藉十二村豪為嚮導。因此，熊本設計捕到百餘人，「梟之瀘川，其徒股栗，願矢死自贖。」十月，他上書言羈縻夷人酋領，請寵以刺史、巡檢官爵，明示勸賞。諸夷聽命，獨柯陰一個酋領不至。十一月，他集合晏州十九姓兵眾，調發黔南義軍強弩，共約五〇〇〇人，遣大將王宣、賈昌言率以進討。七年正月底，柯陰兵敗乞降，「盡籍丁口、土田及其重寶善馬，歸之公上，受貢職。於是，烏蠻羅氏鬼主諸夷皆從風而靡，願世為漢官奴」[141]。當時熊本入夷界「蕩平」四十六村，於其地設置二砦、四堡，「平治險隘，開修道路，建置橋閣、裡堠。」得所獻地二四〇里，已募人耕種，並在夷人中推行保甲。神宗褒獎熊本「一旦去百年之患」，賜三品服，遷刑部員外郎、集賢殿修撰、同判司農寺。此後，為秦鳳路都轉運使，熊本鑒於剛收復的熙、河地區法禁闊略，蓄積不支歲月日用，奏省冗官一四〇員，一年減浮費數十萬。

熙寧八年（1075 年），渝州（今重慶）南川獠木鬥叛，詔熊本為體量安撫使。他率兵進入南川縣銅佛壩，擊敗木鬥，焚其積聚，木鬥舉其地五〇〇里來歸，設置四砦、九堡，以銅佛壩建為南平軍，以渝州南川縣、涪州隆化縣為其轄區。熊本升為知制誥，判司農寺。針對變法改革中的激烈紛爭，他上疏勸神宗別退

---

141 《宋史》卷三三四《熊本傳》。生卒年據 1978 年鄱陽出土彭汝礪所作《熊本墓誌銘》：元祐六年九月卒，年六十六。故為 1026－1091 年。

縮:「天下之治,有因有革,期於趣時適治而已。……陛下出大號,發大政,可謂極因革之理。然改制之始,安常習故之群圍視四起,交驊而合謀,或爭於廷,或謗於市,或投劾引去者,不可勝數。陛下燭見至理,獨立不奪,今雖少定,彼將伺隙而逞。願陛下深念之,勿使謀驊之眾有以窺其間,而終萬世難就之業,天下幸甚。」後因治河之爭,分司西京,又為提舉江州太平觀。元豐四年(1081 年),起知塗州,改廣州。

元豐五年(1082 年),召為工部侍郎,從廣州回歸,不帶海外一物。半途中被命龍圖閣待制、知桂州(今廣西桂林)兼廣西經略使,處置宜州(今廣西宜州市)蠻擾邊戰事。熊本開諭溪峒酋長,切戒邊吏勿輒生事;同時,請選將練兵,市馬以足騎兵,增強戍守力量。土人蔡寶銓煽惑龍蕃與峒戶相仇殺,然後想引兵攻討以為功。熊本質審蔡寶銓得實,當即將他投入江中。蠻夷畏服,敬以為神,宜州遂無事。

六年(1083 年)交趾國主李乾德,以追捕儂智會為辭,進犯歸化州,侵掠勿陽地;又遣其臣文盛來廣西辦理順安、歸化邊界。熊本一方面「傳檄問狀」,責問其不該侵犯,李乾德「斂兵謝本」;另一方面遣左江巡檢成卓與文盛會議,「文盛稱陪臣,不敢爭執」。於是,神宗准「以八隘之外保樂六縣、宿桑二峒予乾德。」南徼局勢轉危為安[142]。

---

142 《宋史》卷四八八《外國四・交趾》。順安、歸化在廣西西南邊境山區。

召入為吏部侍郎。哲宗即位，出知洪州。有人彈劾熊本棄宿桑八峒為失策，被降一官。元祐三年（1088年）徙杭州、江寧府。以病乞知洪州，不聽。召還，六年（1091年）九月行至真州，卒，年六十六

熊本堅持熙寧改革的表現，獲得宋人好評：「公不復顧內事，馨盡於公家，……方熙寧更定法令，以飭蠹革弊，而君臣聚精會神，趨時赴功，維日不足。睿聖之主，德義之相，一時經綸之傑如銀青者（指熊本），才三數人耳。公雖不克至輔弼而終焉，然論世尚賢者，不敢稍貶。」**143**

董敦逸（1034？-1102？），字夢授，吉州永豐縣人。嘉祐八年（1063年）進士，調連州（今廣東連州市）司理參軍。知穰縣（今河南鄧縣），正值推行農田水利法，提舉官調民鑿馬渡港，預計可灌田二〇〇頃。敦逸上奏，以為利不補害。朝廷核實，如他所言。工不興，免了役夫十六萬，保存原有田三六〇〇頃。徙知信州弋陽縣，縣有寶豐場開採銅礦，「役卒多困於誘略，有致死者」，敦逸查其原因本末，放還役卒數百人回鄉務農。遷梓州路（今四川梓潼一帶）轉運判官。

元祐六年（1091年）召為監察禦史，進入「黨爭」中心。元祐八年（1093年）五月，他同禦史黃慶基合言：「蘇軾昔為中書舍人，制誥中指斥先帝事，其弟轍相為表裡，以紊朝政。」宰

---

143 劉正夫：《龍圖閣待制熊本妻施氏墓誌銘》，見陳柏泉《江西出土墓誌選編》第68頁。

相呂大防奏曰：「敦逸、慶基言軾所撰制詞，以為謗毀先帝。臣竊觀先帝聖意，本欲富國強兵，鞭撻不庭，一時群臣將順太過，故事或失當。及太皇太后與皇帝臨御，因民所欲，隨事救改，蓋事理當然爾。」接著列舉漢朝昭帝、章帝以及宋真宗、仁宗改變前朝政策事例，「凡此皆因時施宜，以補助先朝闕政，亦未聞當時士大夫有以為謗毀先帝者也。比惟元祐以來，言事官用此以中傷士人，兼欲動搖朝廷，意極不善」[144]。蘇轍也上奏申辯，舉出蘇軾制詞原文，表明不是謗毀神宗，並說「臣聞先帝末年，亦自深悔已行之事，但未暇改爾。元祐改更，蓋追述先帝美意而已。」宣仁後（即太皇太后）、呂大防都申述神宗「追悔往事」，宣仁後並教訓尚未親政的哲宗：「皇帝宜深知。」於是，敦逸、慶基並罷，敦逸出為湖北轉運判官，改知臨江軍。

宣仁後卒，哲宗親政，改年號「紹聖」，表示要繼承神宗朝政。紹聖元年（1094 年），貶蘇軾、蘇轍，董敦逸復為監察禦史。他論常安民為二蘇之黨；凡在元祐間批評熙寧新法的人，都遭論訴斥逐。遷殿中侍御史、左司諫、侍御史。哲宗鼓勵他恪盡「糾彈之責」：「卿能言，無患朕之不能聽；卿言而信，無患朕之不能行也。」複審「瑤華秘獄」，敦逸發現有冤情，握筆不敢書。獄既成，約兩旬後，他上疏說：廢黜瑤華，「天為之陰翳，是天不欲廢之也；人為之流涕，是人不欲廢之也。」哲宗感到這是事後指責，遂以其他事將敦逸降為興國軍知軍，徙江州。徽宗

144 《宋史》卷三五五《董敦逸傳》。

即位，召為左諫議大夫，他極言蔡京、蔡卞過惡。遷戶部侍郎。卒，年六十九。

《宋史・董敦逸傳》批評他開啟紹聖、力排元祐的言行：「董敦逸於元祐末與黃慶基誣二蘇，以開紹聖之禍；及紹聖則肆詆元祐諸臣，甚至瑤華之冤不能持正，雖終悔而諫，亦何及焉。及見蔡京、蔡卞稔惡，乃論其過惡以自文，杯水不足以救車薪之火也。」

曾肇（1045-1105），字子明，曾鞏幼弟。治平四年（1067年）進士。熙寧初年，再遷知太常禮院，對殘缺的禮制文獻，多所厘正。元豐元年（1078年），遷國史編修官，後為《神宗實錄》檢討。元祐初年，為中書舍人。在圍繞熙寧變法而反覆出現的官僚黨爭、相互傾軋的哲宗、徽宗時期，曾肇周旋其間，直率地議論朝政。諫議大夫王覿以論事受罰，曾肇上言：「陛下寄腹心於大臣，寄耳目於台諫，二者相須，缺一不可。今覿論執政即去之，是愛腹心而塗耳目也。」元祐四年（1089年）春旱，朝廷準備春宴，曾肇與彭汝礪上疏諫阻：「天災方作，正君臣側身畏懼之時，乃相與飲食燕樂，恐無以消復天變。」次日，朝旨罷宴。不久，出知潁、鄧、齊、陳州、應天府。七年（1092年），入為吏部侍郎，又出知徐州、江寧府。哲宗親政，召入對，他奏言「宜於此時選忠信端良之士，置於近班」，不能只聽親近者之言。為貴近所惡，外出為知州。因追查《神宗實錄》中「譏訕」之罪，肇降為知涂州。後復知秦州、海州。

徽宗即位，復召為中書舍人，遷翰林學士兼侍讀。曾肇鑒於元祐、紹聖之偏失，建議徽宗「消弭朋黨，須先分別君子小人，

賞善罰惡，不可偏廢。」以兄曾布現為宰相，請退避，出知陳州等地。他寫信給曾布：「兄方得君，當引用善人，翊正道，……比來主意已移，小人道長。進則必論元祐人於帝前，退則盡排元祐者於要路。異時（章）惇、（蔡）卞縱未至，一蔡京足以兼二人，可不深慮。」[145]後來的形勢演變，證實了曾肇的預見，蔡京當權，他們兄弟俱遭打擊。肇貶濮州，安置汀州。崇寧四年（1105 年）歸潤州，卒。年六十一。紹興初，諡「文昭」。

歐陽棐（？-1111 年？），字叔弼，歐陽脩中子，廣覽強記，能文辭。用父蔭，為秘書省正字，登進士乙科，調陳州判官，以親老不仕。歐陽脩卒，棐代草遺表，神宗讀而愛此文，意謂脩自己所作。喪期滿，始出仕，為審官主簿，累遷職方員外郎、知襄州（今湖北襄陽）。紹聖元年（1094 年），曾布升同知樞密院事，其兒媳之兄魏泰住在襄州，倚仗聲勢規占公私田園，強買平民貨物，郡縣不敢干預制止。歐陽棐到任後，魏泰又要州衙東偏官邸舊址，說那是天荒地。歐陽棐駁斥曰：「孰謂州門之東偏而有天荒乎？」予以拒絕。州吏訴說：魏泰橫行已久，他要地，給慢了都不行，還能拒絕嗎！棐堅持不給。因此，棐徙知潞州（今山西潞城），旋又罷去。元符末（1100 年）以直秘閣知蔡州（今河南汝南）。蔡州地薄賦重，京西北路轉運使下令納賦稅要折變，「多取於民，民不堪命」。朝廷詔禁止，而州吏怕上司，不敢按詔旨行事。棐認為：州郡對不利於民眾的事，本應奏請革除，今天子

145 《宋史》卷三一九《曾鞏傳附曾 》。

下詔制止，「若有憚而不行，何以為長吏！」命即日執行[146]。崇寧元年（1102年），懲治「元祐黨人」，歐陽棐被牽連而罷廢，十餘年後卒。

郭知章，生卒年不詳，字明叔，吉州龍泉縣（今遂川縣）人，治平二年（1065年）進士。知浮梁、分寧縣。改知海州、濮州，提點梓州路刑獄。薦為監察禦史。紹聖初，上書建議增加諫官、提高監司官階：「館職無所用，朝廷設之不疑；諫官最急，乃常不足。是急於所無用，緩其所當急也。」地方官以監司最緊要，而近年任命者不過知縣資序，應是「轉運判官擇實任通判者，提點刑獄擇實任郡守者，然後考其治理，簡拔用之」[147]。

黃河決口，河水改道，歷來是朝野關注的大事。慶曆八年（1048年）河決澶州商胡，洪水北流入海。嘉祐五年（1060年）北流再決口，自大名府往東流向大海，黃河遂分為東、北二股。二股分流三十多年之後，郭知章經過河北，「見水趨東者，河甚闊而深」，「水之趨北者，才十之二三」[148]，於是上言「今水之趨東者已不可遏，順而導之，閉北而行東，其利百倍矣」。遷殿中侍御史。知章上言：神宗在西北開闢的疆土，扼制著西夏咽喉，而元祐用事諸臣委而棄之，對他們應「顯行黜罰」。紹聖恢復制舉，知章言：先朝已用策論取士，即已廢除制科，現在復

---

146 《宋史》卷三一九《歐陽脩傳附歐陽棐》。
147 《宋史》卷三五五《郭知章傳》。
148 《宋史》卷九三《河渠三》。

置，「誠無所補」。於是再罷。又請復行元豐免役法。

進左司諫，為中書舍人。坐贊同導河東流之議，以集賢殿修撰知和州。徽宗立，曾布用為工部侍郎。知太原府。召拜刑部尚書、知開封府，為翰林學士。又因論河事，罷知鄧州，旋入黨籍。數年後，復顯謨閣直學士。政和初（1111 年），卒。

張根（1061-1120），字知常，饒州德興縣人。少入太學，甫冠，於元豐五年（1082 年）第進士。調臨江司理參軍，遂昌令。當改京秩，以祖父母、父母在堂，遂致仕，時年三十一。屏處十年，曾布、曾肇等奏其行義超卓，徽宗召對，張根規勸徽宗不要「累於物」，「願陛下清心寡欲，以窒禍亂之源。」並請罷去錢塘製造局。徽宗以他為親賢宅教授。未幾，通判杭州，提舉江西常平。

在江西的走馬承受（由宦官充任）彈劾江西「一路以錢半給軍衣，非是」。自轉運使、郡守以下皆罷。張根提出異議：「東南軍法與西北殊，此事行之百五十年矣。帥守、監司，分朝廷憂，顧使有罪，猶當審處，豈宜以小閹尺紙空十郡吏哉？」詔眾官皆復還。又言：江西去年「蠲租四十萬，而戶部責償如初。祖宗立發運上供額，而給本錢數百萬緡，使廣糴以待用，比希恩者乃獻為羨餘，故歲計不足，至為無名之斂。」這是兩個涉及江西全體民眾的大問題，給予是虛，榨取是實。經張根揭出，詔令「貸所蠲租，而以糴本錢還之六路」[149]。洪州丟失錫，而錫為官

---

149 《宋史》卷三五六《張根傳》。發運使職掌東南六路（淮南、兩浙、

府禁榷、不准買賣的礦產，官府嚴厲追索，被捕按治的兵卒胥吏達千人。張根上言：這是官署失於稽察保管之過，「今羅取無罪之人，責以不可得之物，何以召和氣？」毫無道理地懲治無辜，民眾必然有反抗情緒。遂罷其獄。

大觀三年（1109 年），對「元祐奸黨」的懲治表面上有所鬆動，張根入對言：「陛下毀石刻，除黨籍，與天下更始，而有司以大臣仇怨，廢錮自如。」可見，實際並未改善。命張根為江西轉運副使，改淮南轉運使，加直龍圖閣。他對「常平」等政策提出修正意見：「常平只聽納息，以塞兼併；下戶均出役錢，以絕奸偽；市易惟取淨利，以役商賈」。這樣做名義上似乎不正，但若與「和買」比較，就有差別了，因為「和買不仇其十一，而使之倍輸額外無名無數之斂」。又以水災多奏請蠲租賦，散洛口（倉）米、常平青苗米，賑貸流民。徽宗褒諭張根，改為兩浙轉運使。張根辭不行，仍在淮南，但寫疏文直言統治危機，付驛遞上奏，大略曰：「今州郡無兼月之儲，太倉無終歲之積，軍需匱乏，邊備缺然。東南水旱、盜賊間作，西、北二國窺伺日久，安得不預為之計」。「為今之計，當節其大者，而莫大於土木之功。今群臣賜一第，或費百萬。臣所部二十州，一歲上供才三十萬緡耳，曾不足給一第之用。……其次如田園、邸店，雖不若賜第之多，亦願日削而月損之。如金帛好賜之類，亦不可不節也。又其次如賜帶，其直雖數百緡，亦必斂於數百家而後足，今乃下被僕

江南東西、荊湖南北）上供糧額，故羅本錢歸還六路。

隸，使混淆公卿間，賢不肖無辨。」這份歷數時弊的奏疏，讓權幸奸貪們不舒服，不斷找事中傷他。

不久，張根對花石綱的禍害上奏說：運花石占用了漕舟，買一根竹耗費五十緡，而多進入官僚之家。益加深了權幸對他的惱怒，乃摘出他奏疏中難字的反切注音寫得草略，是傲慢不恭敬，責監信州鹽酒稅。既而又說張根詆毀常平法，搖動了紹述大政，再貶為濠州團練副使，安置郴州。不久，念其在淮南討賊之功，讓其自便。遂以朝散大夫終於家，年六十[150]。

張根之弟張朴，字見素，中進士，任州學教授多年，後入朝為侍御史，上奏曰：「朋黨分攻，非朝廷福，若不揃其尤，久則難圖。」徽宗要他論列，於是將十六個庸繆官僚貶斥出朝。不久，徽宗崇信道教，蔡攸舉薦張朴為道史檢討官，召試中書舍人，卒。

徽宗、欽宗時期，還有蕭服、洪彥昇、陶節夫、許幾、程振等人，也有不同的政績。

蕭服，生卒年不詳，字昭甫，廬陵人，元豐五年（1082 年）進士，調望江縣令，以教化為治本。知筠州高安縣，審慎治獄，縣尉獲凶盜，他複審，見其刀匣與刀不合，因而不決。不久得真殺人者，疑犯乃平民也。徙提舉淮西常平，召為將作監少監。入

150 1972 年德興縣出土《張潛墓誌銘》，知張根為張潛之孫，其父張盤。
　　張氏歷世為德興巨族，以孝友立門戶，兄弟同居，後因監司檄令異
　　籍，乃各自獨立為家。

對，論人主聽言之要。徽宗說他有諍臣之風，擢監察禦史。奉詔
作《崇寧備官記》，徽宗稱善，對輔臣曰：「朕愛其鯁諤，顧台
諫中何可闕此人。」[151]張商英為相，引他為吏部員外郎。送遼使
者，中途得疾歸，請知蘄州，卒，年五十六。

　　洪彥昇，生卒年不詳，字仲達，饒州樂平縣人，元豐八年
（1085年）進士，初任常熟縣尉，歷郴州判官，簽書鎮東軍（紹
興府）節度判官。召為監察禦史，遷殿中侍御史。彥昇在朝孤
立，無親朋基礎，久任言責，長達五年。他直言權貴奸貪劣跡，
條摭其過，毫不回隱。如：論蔡京假紹述之名，敗壞先朝法度，
朋奸誤國，使公私困弊；劾何執中緣僭邸之舊，德薄位尊，殊不
事事，見利忘義，惟貨殖是圖；彈呂惠卿與妖人張懷素厚善，為
其所注《般若心經》作序云：「我遇公為黃石之師」，自比張良
師黃石公之策，為漢高祖定天下。又審斷右僕射張商英與給事中
劉嗣明爭曲直罪，商英罷去；抨擊郭天信以談命得寵，要求徽宗
禁止士大夫信命術、習釋教[152]。

　　徽宗即位之初，曾詔諸道監司上言法令欠缺、未便於民的事
項，久而無人執行。對此，彥昇說：官吏狃於形勢，隨時俯仰，
因緣為奸者眾多，各地存在「有因追科而欲害熙寧保伍之法，因
身丁而故搖崇寧學校之政」等事，都該勸沮。須遣官彙集此類弊
病，辯其邪正，以行賞罰。他的建議得到認同。遷給事中。出知

151 《宋史》卷三四八《蕭服傳》。
152 《宋史》卷三四八《洪彥升傳》。

滏州加右文殿修撰，進徽猷閣待制。知吉州。卒，年六十三。

陶節夫，生卒年不詳，字子禮，饒州鄱陽縣人，「晉大司馬侃之裔」。紹聖四年（1097 年）進士。起家為廣州錄事參軍，知新會縣。崇寧初，進虞部員外郎，遷陝西轉運副使，徙知延安府。以招降羌人有功，加集賢殿修撰。築石堡等四城，使夏人喪失適宜窖藏粟米的地區。擢顯謨閣待制、龍圖閣直學士。議築銀州城，諜告夏人東去，節夫料敵必西趨涇原，官屬不肯從。他命裨將耿端彥疾驅至銀州，五日內築成。夏人果從涇原至，見城已完固，遂遁去。節夫進樞密直學士。他久駐延安，熟習邊境形勢，朝廷遂命為經制環慶、涇原、河東邊事。他建議乘勢攻取西夏：「今既得石堡，又城銀州，西夏洪、宥皆在吾顧盼中。橫山之地，十有七八，興州巢穴淺露，直可以計取。」朝廷給他加龍圖閣學士，然罷去環慶經制司，而且放棄所得城地。陶節夫計取西夏的宏願破滅，請求回內地。大觀初，徙洪州，改江寧府，歷青、秦二州，太原府。他設計擒獲遼州群盜李勉，卻因乞留本道兵勿移戍，犯忌，降為待制、知永興軍。數月後，卒，追復龍圖閣學士[153]。

許幾，生卒年不詳，字先之，信州貴溪縣人。以諸生謁韓琦於魏（今河北大名），韓琦勉勵他入太學。擢進士。調高安、樂平主簿，知南陵縣，清退寺僧隱蔽鄉民數百人。提舉京西常平、開封府推官，進為將作監。監吏與工匠糾結為奸，凡斫削、塗

153 《宋史》卷三四八《陶節夫傳》。

、丹腆等工序按規定必需先後進行，他們剛開工就支取全部廩給，耗費無邊而報酬不均。許幾堅持按工程進度核算，杜絕冒領廩給之弊，節省了費用而功效倍增。遷太僕卿、戶部侍郎，以顯謨閣待制知鄆州（今山東鄆城）。州近梁山泊，多盜，皆漁者窟穴。許幾在漁民中每十人籍為一保，命晨出夕歸，不歸者報告，窮治不軌，無有脫者。

許幾有吏治才幹，善於理財，由是四入戶部，官至尚書。曾以動搖錢幣政策而罷，又以處理染院之事失實，出知婺州。進樞密直學士、河北都轉運使，徙知太原府。宰相張商英裁減吏祿，許幾參與商議；後張商英罷黜，他也貶永州團練副使，安置袁州。遇赦，復中大夫，卒[154]。

程振（1071-1127），字伯起，饒州樂平縣人。少入太學，從遊者多名輩。徽宗視察太學，以諸生右職除官，程振得辟雍學錄，升博士。《江西通志》作崇寧四年（1105 年）進士[155]。後遷

---

154 《宋史》卷三五三，《許幾傳》。據傳文，許幾參與張商英裁減吏祿之事，則在朝任官至宣和年間，最遲活到 1120 年左右。前述他「謁韓琦於魏，琦勉入太學，擢第」，則擢第時間當在熙寧初，或嘉祐前後，因韓琦以使相判大名府在熙寧元年（1068）七月；此前的至和年間（1054-1056），韓琦曾任相州知州，嘉祐元年（1056）召入為三司使。故許幾為進士的時間最早不能超過 1056 年。由此算到 1120 年，他已 65 歲，再加上舉進士以前的歲月，他將近 90 歲。然而，光緒《江西通志》選舉表將許幾列在寶元元年（1038）榜內（新版《貴溪縣誌》照錄），按此，則許幾仕宦 80 多年，長壽 100 多歲。故存疑，特此寫出，待考。

155 據光緒《江西通志》卷二一《選舉表二》。該表將程振列在「崇寧四年乙酉餘楠榜」內，但該志寫出按語曰：「宋登科記崇寧四年不列貢

太常博士，提舉京東、西路學事。再遷監察禦史、辟雍國子司業、左司員外郎兼太子舍人。他對太子說：昨天子祭祀明堂，太子你不參預，這不是「尊宗廟、重社稷」的表現，也不符合《禮經》和元豐祀典的規定。太子瞿然曰：「宮僚初無及此者」。由是對程振特加獎異[156]。又對太子言，不該大辦崇道的活動，必須「固根本於無事之時」。他日，太子向徽宗轉述此意，徽宗欲有抑制，而宦官楊戩等人從中讒毀，作罷。

宣和二年（1120 年）十月，兩浙路睦州青溪縣爆發方臘起義，程振對宰相王黼說：宜乘此時建議革除弊政，「以上當天意，下順人心」。王黼很不高興，曰：「上且疑黼挾寇，奈何？」太子薦舉程振，遂擢給事中。王黼對徽宗說程振資歷淺，改為中書舍人。侍郎馮熙載出知亳州，王黼要程振在草擬制誥中詆毀馮熙載，他不肯。黼遂指使言者劾程振為元祐黨人，罷振提舉沖佑觀。閒居三年，復還故官。

靖康元年（1126 年），程振進吏部侍郎。他向欽宗直言權臣爭鬥的禍害：「柄臣不和，論議多駁，詔令輕改，失於事幾。金人交兵半歲，而至今不解者，以和戰之說未一故也。裁抑濫賞，如白黑易分，而數月之間，三變其議，以私心不除，各蔽其黨故也。」當時政局已經失控，欽宗不可能整頓朝政。金兵至河北，

舉，終宋代狀元有何　，為政和五年進士，無餘　名，舊志不知何據。」本書姑且照舊抄出，待考。

156 《宋史》卷三五七《程振傳》。

程振請糾諸道兵犄角擊之，欽宗牽於外廷，不能用。拜開封府尹，他反對屠殺京城內數千亡命者，將他們盡予釋放。改刑部侍郎。金兵入城，遇難，年五十七。高宗即位，贈端明殿學士。理宗端平初年，追諡「剛潛」。

　　以上在朝廷與州縣任官者的人數，在進士總體中的比重比較輕，然而其作用與影響則不是人數所能局限的。這批人在北宋政治、經濟、軍事、文化諸方面都發揮了重要作用，是社會舞臺上不可或缺的一群。他們的政治業績與思想品行，即便是他們的闕失，都已載入國史，溶於傳統文化之中，構成中華民族歷史遺產的一部分，是全中國人民共同的寶貴財富，具有歷史借鑒意義。就江西地域來看，他們的作為基本上不是直接針對本地，然而與家鄉的關係仍是十分緊密的。至少在以下幾方面值得重視：

　　首先，晏殊、歐陽脩、王安石等宰執大臣參與朝政決策，規範著全域發展大勢；數十上百的中下級官員奔走四方，既帶著家鄉的生活情狀與風俗民意表達意見，又以權威性身份將朝廷旨意不斷傳遞到鄉里，江西州縣不能不隨著大潮起伏波動，洪、饒、虔、吉等十三州軍的興衰演變，都與朝政的取捨更改息息相關。其次，江西士大夫普遍出身寒微，「無閥閱勳庸」，「未知名於中朝」，他們爭先湧現於政壇，不僅是他們個人品德才智的展示，也是鄉邦經濟水準與人文精神的體現，換來的評議除他們個人之外，還包含對江西地方的整體估量。輕視「江外人」觀念的最終消失，就是他們的身影始終不離朝廷的結果。第三，這大批人的先後輝映，他們的政治業績、學術地位與社會名望，給家鄉帶來的積極效益是全方位、持久釋放著的，尤其是對子弟後輩的成

長，始終是一個榜樣，對人的啟迪與薰陶作用，不可限量。文天祥少年時，在白鷺洲書院面對歐陽脩等先賢畫像，默默立下誓願：「沒不俎豆期間，非夫也。」這個事例顯示，精神遺產的傳承，比物質財富的擁有，更加寶貴。第四，這批科舉精英人才的學術論著、奏章文牘、書信筆札、詩詞歌賦等作品，無不是傳統文化寶庫中的珍品，對認識歷史，品味人生，陶冶性情，傳播文化……都有重要的價值，他們的家鄉人閱讀起來，觀書見人，步其腳印，進入他們的生活場景，咀嚼其甜酸苦辣，自然格外親切，別有一番新滋味。

第九章——

經學、史學、文學
與科技新成果

　　北宋是中國傳統文化學術發展的高峰時期，多個學科領域都取得空前的新成果。在一百六十多年的歷程中，江西先後有一千七百餘名進士，他們中的傑出者在經學、史學、文學諸領域，或開宗立派，或被擁戴為旗手，以敏銳而嚴謹的創造精神，承前啟後，推陳出新，各自創作著述，卓有建樹。經歷六百餘年的流傳淘汰之後，清朝人收入《四庫全書》的，仍有經、史、子、集各類著述八十四種、二七五五卷。一些關注農耕、礦冶的人士，精心總結農工生產經驗，寫出了相關的科技著作，現今仍能知曉的有《禾譜》、《浸銅要略》兩種。人們閱讀現存的這些文化典籍，不僅能加深對歷史文化寶庫的瞭解，也將更加看清北宋江西人士在學術殿堂中的位置。

　　隨著農業、手工業生產的發展興旺，各地活躍著許多能工巧匠，建造了眾多的屋宇、橋樑、舟船……製作出無數的精美的器皿、裝飾品、藝術品……對這許多手工製造的物質性的勞動成果，有的（如瓷器）已在生產的章節中作了介紹，更多的限於客觀條件，我們難於在科技層面上予於敘述，本章只著重介紹現存的建築精品。

一　經學家及其著作

　　宋代的經學，是以義理之學代替兩漢以來的章句之學，治經不再是從章句訓詁方面入手，不是從細微處著眼，轉而關注儒經的要旨、大義，從宏觀的、義理的角度探索，揭示經典的涵義，達到通經致用的目的。在此同時，儒學家們更多地吸收佛道二家思想資料，發展自己。儒佛道三家相互為用，彼此相容的關係完

全確立。儒家學者治經方法的這種大轉變，開闢了傳統儒學的新局面，形成「宋學」。宋學是傳統儒學的新階段，在這個階段中儒家「內聖外王」、「經世致用」的要求更突出起來，學者們與社會實際結合，將理論思維付諸實踐，演變為政治上的變法改革。我們應當把宋學與理學區別開來。它們的關係是，宋學可以包容理學，而理學是宋學發展過程中的一個階段；北宋是宋學的興旺發展階段，而南宋則是理學占統治地位的時期。

在宋學的形成發展過程中，李覯、王安石、歐陽脩、曾鞏、劉敞等江西學者作出了顯著的貢獻，尤其是王安石的「新學」，集中體現了宋學的基本特徵。《四庫全書·經部》收入的江西學者著作有十四種，分別是劉敞、歐陽脩、王安石等八人撰述。內容以對《春秋》的闡釋居多，其中又以劉敞的成就最突出。

北宋學者讀經解經，不重推敲文字訓詁，著力於闡發微言大義，藉以抒發見解，發揮經義的借鑒作用，收到古為今用的效益。這種學風起於唐中朝的啖助、陸淳，盛於北宋孫復、劉敞諸儒。然而，孫復解經，過於深求苛議，頗遭非議。劉敞則依經立義，少主觀意斷之弊，擺脫了傳統章句注疏的束傅，開啟宋儒批評漢儒的先聲。

劉敞，博聞強記的經學家。他繼承家學淵源，學問賅博，視野開闊，「自六經、百氏，古今傳記，下至天文、地理、卜醫、數術，浮圖、老莊之說，無所不通，其為文章，尤敏贍」[1]。深

研禮制，朝廷每有禮樂之事，必就其家以取決。作文尤敏捷而豐贍，曾立馬執筆，頃刻寫成追封諸王、公主九人的制誥。歐陽脩每遇讀書有疑，折簡來問，劉敞對著來人揮筆回答不停手，修贊服其博。

劉敞博通六經，尤精《春秋》，認為「《春秋》者，五帝之所以化，三王之所以治，禮可以起，義可以制者也。一之於仲尼則得之，一之於左氏則失之」[2]。以孔子貫穿於《春秋》之中的禮義為標準，是他所主張的「學者貴其為道」。他寫有《春秋權衡》十七卷，《春秋傳》十五卷，又《春秋意林》二卷，《春秋傳說例》一卷等書，都堅持貫徹「正名分，別嫌疑」的宗旨，從微言中揭示聖人的大義。在立論之時，他根據三傳（《左傳》、《穀梁傳》、《公羊傳》）中的事蹟，而褒貶則多取於公羊、穀梁。與另一位精研《春秋》的名家孫復比較，孫上承唐代學者啖助的作風，幾乎廢三傳，而劉敞則「不盡從傳，亦不盡廢傳」，故所訓釋遠勝於孫復。但劉敞偶而有改竄三傳字句的做法，則是開創出南宋人臆斷說經的不良先例。

劉敞善於獨立思考的學風，表現非常明顯，他著文說：《春秋》記事之中，存在「飾縱橫之詐，挾反覆之辯」的內容，然而「學者信而不論，論者昏而不諭」，「其始也出乎信，而今也成乎偽」。他列舉出七個事例，證明經傳中的「傳聞不考實」、「傳聞

三五。

2　劉敞：《公是集》，卷三五《送江鄰幾序》。四庫全書本。

而訛」、「美之過實」、「言遠而偽，道散而惑」等謬誤[3]。再如他對《禮》經的批評：「今之禮，非純經也。周道衰，孔子沒，聖人之徒，合百說而雜編之，至漢而始備。其間多六國秦漢之制，離文斷句，統一不明。唯《曾子問》一篇最詳而又不信。」[4]接著對曾子所提問題的孔子答詞，進行逐層分析，結論是「吾疑非仲尼之言」，「今之禮，非純經，審矣。」

劉敞敢於獨立思考，大膽懷疑經典的研究作風，沒有停止在書本上，而且貫徹到現實生活之中。仁宗中期，各種社會矛盾凸現出來，朝野正愁盜，劉敞寫文章表達自己的看法：

盜可除，關鍵是止其源。「請問盜源？曰：衣食不足，盜之源也；征賦不均，盜之源也；教化不修，盜之源也。一源慢，則探囊發篋而為盜矣；二源慢，則執兵刀劫良民而為盜矣；三源慢，則攻城邑掠百姓而為盜矣。……盜非其自欲為之，由上以法驅之使為也。」欲使無盜，必反其本，去盜源，不能只是發兵督捕，「令州郡，盜發而不輒得者，長吏坐之，欲重其事，予以謂未盡於防」[5]。

劉敞另著《七經小傳》三卷，雜論經義，不拘於注疏。他這裡所說的七經，指《尚書》《毛詩》《周禮》《儀禮》《禮記》《公羊傳》《論語》。元祐年間，史官認為慶曆以前的士人，多尊章

3　《公是集》卷四七《啟疑》。

4　《公是集》卷四六《疑禮》。《曾子問》篇見《禮記》第七。

5　《公是集》卷四十《患盜論》。

句注疏之學，至劉敞《七經小傳》問世，便不同於前輩儒者，而是注重闡釋經義。歐陽脩在劉敞墓誌銘中說：他侍英宗講讀，「不專章句解詁，而指事據經，因以諷諫，每見聽納，故尤奇其才」。這是劉敞運用其經學見解於政治的表現。又說劉敞的「七經小傳，今盛行於學者」，可見其影響之大。可見，著重闡發經典大義的宋代經學，發展至仁宗慶歷年間，已經確立起來，而劉敞是大家公認的一個代表者。

蕭楚，盧陵人，著《春秋辨疑》四卷。他在徽宗紹聖中（1094-1097）游太學，貢禮部，不第。憤蔡京擅權，立誓不仕，居家著書講學，胡銓等皆拜楚為師。其書闡揚《春秋》之義，持論正大。主張統制大權歸帝王，深戒威福下移於權臣。顯然，他這是因權奸竊國柄而發。陳振孫《書錄解題》稱：胡銓以《春秋》登第，歸拜其師，蕭楚告之曰：「學者非但拾一第，身可殺，學不可辱，毋禍我《春秋》乃佳。」後來胡銓「以孤忠讜論震耀千秋，則其師弟之於《春秋》，非徒以口講耳受者矣！」[6]

王安石《周官新義》十六卷，是北宋社會特別關注的經學著作。王安石順應仁宗以來革新政治的社會潮流，精心輔佐神宗實行改制變法，在制定新政，消除時弊的同時，緊抓儒學思想宣傳，於熙寧年間設置經議局，撰著三經新義。三經，指《尚書》、《詩》、《周禮》。《尚書新義》，主要由王安石之子王雱以及其呂惠卿、呂升卿完成；《詩經新義》由其子「訓其辭」，他

6　《四庫全書總目提要》卷二六《經部・春秋類一》。

自己「釋其義」；《周禮新義》則為安石「昧冒自竭，而忘其材之弗及」寫成的。

對三經重新作注釋，是要在古典儒經之中引申出變法改制的理論依據，為新法的推行清除思想障礙。王安石《周禮義序》說：「制而用之存乎法，推而行之存乎人」，他主持訓釋經義，就是要將新思想「播之學校」，使在位的和未來的官僚們能按此「立政造事」。然而，他的變法「用之不得其人，行之不得其道」。但是，變法為政治行為，解經屬學術研究，二者各為一事。王安石對文字的訓詁雖有牽強附會之處，而其依經詮義，皆具有發明，無「舞文害道」之病。朱熹雖然批評王安石變法，然而對《三經新義》則指出「有不必辨者」，他對門人說：「『王氏《新經》盡有好處，蓋其極平生心力，豈無見得著處？』因舉書中改古注點句數處，云：『皆如此讀得好。此等文字，某嘗欲看一過，與摘撮其好者而未暇』。」[7]朱熹對王安石經學成就的推崇，可以讓我們明白：不能把《三經新義》簡單解釋為政治意識形態的產物，只注意它有為變法提供經典根據的一面，勿視《三經新義》具有獨立於政治之外的學術價值。遺憾的是，人們對它在經學史上的地位研究得還很不夠。

熙寧、元豐變法時期，三經新義頒之學官，為士人必讀必考之書，「天下號曰新義」。通過三經新義，王安石「趣時應變」的思想在年輕士人中得到推廣。當時程顥從評議變法的危害著

7　《朱子語類》卷一三〇《自熙寧至靖康用人》。

眼，說介甫之學「化革了人心，為害最甚。其如之何！」[8]從程氏的驚呼中，可見三經新義的社會影響巨大，證明王安石的儒學思想，產生了「同道德、一名分」的指導作用。令人遺憾的是，三經新義中的《毛詩義》二十卷、《尚書義》十三卷，以及他的《字說》二十四卷，在清朝乾隆時均已失傳。

由於三經新義的巨大影響，遂有王安石「新學」的說法。《宋元學案》有《荊公新學略》，即是以有三經新義而定，但卻說它「累數十年而始廢」，又說「荊公欲明聖學而雜於禪」，故將它貶為「雜學」，「列之學案之後，別謂之學略」[9]。這是從反對熙豐改革的政治立場出發，否定「新學」，貶抑其地位。就王安石對宋代學術思想領域的貢獻而言，所謂「新學」，實即「宋學」。宋學是在唐後期興起而大盛於北宋的儒家新學派，體現著北宋儒學思潮的主流，而王安石在建立宋學進程中是最突出的人物之一。前輩宋史學家鄧廣銘指出，「宋學是漢學的對立物，是漢學引起的一種反動。」北宋儒學家門共同的特點是「一、都力求突破前代儒家們尋章摘句的學風，向義理的縱深處進行探索；二、都懷有經世致用的要求。」[10]漆俠繼續把宋學這個題目做大，寫出了專著《宋學的發展和演變》[11]，他在肯定王安石對建

8　《二程遺書》卷二下。上海古籍出版社，1992 年版，第 45 頁。
9　《宋元學案》卷九八《荊公新學略》序錄。
10　鄧廣銘：《略談宋學》，《鄧廣銘治史叢稿》，北京大學出版社 1997 年版，第 165 頁。
11　漆俠：《宋學的發展和演變》，河北人民出版社 2002 年版。

立宋學的重大貢獻之同時，還指出了歐陽脩在宋學形成階段中的先鋒作用，以及李覯、王雱兩位傑出思想家的作用。

王雱《南華真經新傳》二十卷、《老子注》（一作《老子訓傳》）。王雱（1044-1076），字元澤，安石次子，自幼聰敏，「未冠，已著書數萬言」。治平四年（1067）中進士，此後精心研討佛道思想，深於道德性命之學，寫出了《南華真經新傳》、《老子注》，這是他融儒佛道三家於一爐的著作。由於《老子注》「明微燭隱」，揭示出了《老子》旨意，受到人們讚賞，神宗於熙寧四年（1071）召他為崇正殿說書。王雱進入這個侍從之臣的行列以後，全身心投入變法活動之中。熙寧六年（1073）三月開始，參與《詩》、《書》、《周禮》三經義的撰寫，升天章閣待制兼侍講。知情人記載說：「《詩》、《書》蓋出元澤暨諸門第子手，至若《周禮新義》，實丞相親為之筆削者。」[12]書寫成，遷龍圖閣直學士，以病辭。據漆俠研究，在《道藏》中收集的北宋梁迥《道德真經集注》內，王雱的《老子注》題名為《道德真經注》。王雱注《老子》的「道」，將著眼點置於儒家理想的治世高度，很精到，他說：

「道者，萬物之所道，在體為體，在用為用，無名無跡，而

---

12 蔡絛：《鐵圍山叢談》卷四，四庫全書本。王安石「筆削」的事實，洪邁記了一件：「王荊公《詩新經》『八月剝棗』解云：『剝者，剝其皮而進之，所以養老也。』毛公本注云：『剝，擊也。』陸德明音普蔔反。公皆不用。後從蔣山郊步至民家，問其翁安在？曰：『去撲棗。』始悟前非。即具奏乞除去十三字，古今本無之。」見《容齋隨筆・續筆》卷十五《注書難》。

無乎不在者是也。」

「道本無體，非器所盛，用則有餘，求之不得，故有道者未嘗盈，而其用不窮也。」

「無物我之殊，何私之有？內公則外王。王者，人道之至極，極人之道乃通於天。因有道乃與天侔，侔天乃所以盡道。道，則莫知其天乎，人乎。」[13]

《南華真經新傳》是對《莊子》的詮釋。他以精練流暢的語言，「標舉大意，不屑屑詮釋文句」。在不受前人注疏束縛的前提下，就《莊子》解《莊子》，以道家之言還之道家，使讀者能更真切地理解《莊子》旨意，這確屬可貴。值得注意的是，他並沒有因此偏離儒家立場，而是從儒家觀念出發去理解莊子，說莊子「彼非不知仁義也，以為仁義小而不足行已；比非不知禮樂也，以為禮樂薄而不足化天下。」他認為莊子知道聖人之道，是「有意於天下之弊而存聖人之道」。四庫館臣在《南華真經新傳》提要中寫道：「史稱雱睥睨一世，無所顧忌，其狠愎本不足道，顧率其傲然自淬之意，與莊周之滉漾肆論，破規矩而任自然者，反若相近，故往往能得其微旨。」這是只認為王雱的品性和莊周思想一致，卻貶低其為人與其精湛的學識。王雱把老莊之道與儒家學說融會貫通起來，非明智者不能及此。《老子》、《莊子》是道教徒尊奉的首要經典，然而它們本身並非宣揚宗教的文字，王

13　梁迥：《道德真經集注》，卷一、三。轉引自漆俠：《宋學的發展和演變》第 351、353 頁。

雱對老莊的詮釋，也不是侈談道教，不是宣揚宗教，而是與先秦諸子置於同一個平臺上，考察其思想精髓。王雱堪稱是「一個早慧的、才華四溢的思想家」[14]。另有《佛經義解》（已佚）。

張根《吳園易解》九卷，是北宋江西學者關於《易經》的唯一存世的著作。張根在徽宗朝官至淮南轉運使，因一再批評「花石綱」等弊政而遭貶。祖父張潛，為浸銅專家。其子燾，南宋孝宗時為參知政事。他詮解《易》義，不談象數，沒有因襲「河圖」、「洛書」之言。在《序語·雜說》篇中，他議論繫辭，於經義頗有發明；在《泰卦論》中，於人事天道，倚伏消長之機，尤為注重。這些言論的迸出，實際上是他針對徽宗朝政之弊而發的。

關於《詩經》，有歐陽脩《毛詩本義》十六卷，段昌武《毛詩集解》二十五卷。歐陽脩以文章名世，其經學亦複湛深。自唐以來，解說《詩》義的老儒宿師，都謹守成說，至北宋才新義日增，其開創者即歐陽脩。他認為，《詩》涵蓋著諸經的旨意，是聖人對道的運用，「易、書、禮、樂、春秋，道所存也，詩關此五者，而明聖人之用焉」[15]。那種將《詩》看作「淫繁之辭」，不必深學精研的認識是錯誤的。所以，歐陽脩解《詩》，著眼於探尋其政治性含意，闡述其中蘊涵的六經大義。清雍正帝說：「豈得謂（歐陽）修於六經無羽翼，於聖門無功乎」。

14　漆俠：《宋學的發展和演變》，第341頁
15　歐陽脩：《詩解統序》，見《歐陽脩全集·居士外集》卷十。

對於六經，歐陽脩總體上取研究的態度，提倡創新思考，反對墨守先儒陳言。他經常對人說：

自孔子沒而周衰，接乎戰國，秦遂焚書，六經於是中絕。漢興蓋久而後出，其散亂磨滅，既失其傳，然後諸儒因得措其異說於其間，如河圖洛書，怪妄之尤甚者。余嘗哀夫學者知守經以篤信，而不知偽說之亂經也。屢為說以黜之，而學者溺其久習之傳，反駭然非餘以一人之見，決千歲不可考之是非。

又說：

六經非一世之書，其傳之謬，非一日之失也。其所以刊正補緝，亦非一人之能也。使學者各極其所見，而明者擇焉。十取其一，百取其十，雖未能復六經於無失，而卓如日月之明，然聚眾人之善以補緝之，庶幾不至於大謬。[16]

歐陽脩表揚「刊正補緝」六經的廖稱、宋咸等學者，自己也努力實踐這個主張。在實踐儒經宗旨方面，他強調「治道」，注重聖賢對「善惡是非」的評判，不贊同侈談「人性」。他給李詡寫的信中說：

16　《歐陽脩全集・居士集》卷四三《廖氏文集序》；卷四七《答宋咸書》。中國書店 1986 年版。

修患世之學者多言性，故常為說曰：夫性非學者之所急，而聖人之所罕言也。《易》六十四卦不言性，其言者動靜得失吉凶之常理也。《春秋》二百四十二年不言性，其言者善惡是非之實錄也。《詩》三百五篇不言性，其言者政教興衰之美刺也。《書》五十九篇不言性，其言者堯、舜三代之治亂也。《禮》、《樂》之書雖不完，而雜出於諸儒之記，然其大要治國修身之法也。六經之所載皆人事之切於世者，是以言之甚詳。至於性也，百不一二言之，或因言而及焉，非為性而言也，故雖言而不究。**17**

這段平實的論述，歷數六部經典的言與不言之事實，具有極強的說服力。這封信再一次表明歐陽脩對經學的獨到見解，以及他對治經的態度。從《大學》修身、齊家、治國、平天下的要求來檢驗，他最看重治國、平天下。他讀經論學如此，編撰《新五代史》也是為此。

段昌武，盧陵人，畢生讀《詩》，「以詩經兩魁秋貢」。他寫的《毛詩集解》分「學詩總說」、「論詩總說」兩部分，依章疏解，而詞義比較淺顯。

李覯（1009-1059），字泰伯，建昌軍南城人，雖然沒有經學著作入《四庫全書》，但卻是著名的思想家，對經學有獨到的研究心得。他注意聯繫現實，與慶曆革新相呼應。覯出身低微，兩次應試不中，皇祐初年（1049 年）范仲淹等人推薦為試太學助

---

17 《歐陽文忠公文集‧居士集》卷四七《答李詡第二書》。

教，後升直講。嘉祐中，用國子監奏，召為海門縣主簿、太學說書，即卒。熙寧七年（1074年）六月，知制誥許將、鄧潤甫言：「覯早以文學知名，治古文，通經術，四方從學者常數百人。參知政事范仲淹論薦，嘗授一官，赴太學說書，子孫零落無綴仕籍者。今以其文十七卷進呈，乞依王回例官其一子。」[18]神宗詔以其子李參魯為郊社齋郎。所奏上的文章是《退居類稿》、《皇祐續稿、後稿》。

李覯一生以教書為業，在家鄉創建盱江書院，故又稱「盱江先生」。他勤學博覽，精研儒經，關心時政。寫有《禮論》七篇、《易論》十三篇、《刪定易圖序論》六篇、《周禮致太平論》五十一篇。這些論著表明，他是「夙夜討論文、武、周公、孔子之遺文舊制」，而又「兼明乎當世之務」[19]；他闡發先儒旨意，是以「康國濟民為意。」故又寫出《富國策》、《強兵策》、《安民策》、《平土書》等三十餘篇政論文章。對慶曆改革，他給予理論上的支持，寫了《慶曆民言》三十篇，每篇一個議題，首先是《開諱》，其中說：

> 身莫不惡死，而未嘗有不死；國莫不惡亡，而未嘗有不亡。……聞死而慍，則匿不敢斥其疾；言亡而怒，則臣不敢爭其失。」疾不治則死，失不改則亡。所以開廣言路，讓臣民批評統

18　《續資治通鑒長編》卷二五四，熙寧七年六月癸巳。
19　祖無擇：《直講李先生文集序》，見《李覯集》，中華書局 1981 年版。

治過失，使君王經常聽到諫諍之言，「尚何從（縱）欲之有乎？」

正是從「憤吊世故，警憲邦國」的立場出發，李覯揭露官吏的貪弊，寫農民生活苦痛，喊出「薄賦」、「平土」、「均徭」的呼號。他主張「因時制宜」，在解釋《易經》之時，強調「救弊之術，莫大乎通變」的觀點。[20]

李覯提倡《周禮》，在仁宗時期是出了名的。他寫《周禮致太平論》五十一篇，序曰：《周禮》是周公致太平之跡，但「今之不識者，抑又譏讟，將使人君何所取法？」本著使人君有所取法的動機，他分內治七篇、國用十六篇、軍衛四篇、刑禁六篇、官人八篇、教道九篇以及明堂定製圖序、五宗圖序（此二序合作一篇）七大部分闡述，「噫！豈徒解經而已哉！唯聖人君子知其有為言之也。」李覯詮釋《周禮》，是「有為言之」，即要使君王獲得治國的成功經驗。例如，他首先講「內治」，說「天下之理，由家道正，女色階禍，莫斯之甚」，即戒淫亂為君王第一要務。關於「國用」，他指出「苟不量入以為出，節用而愛人」，則是亂世之政。「官人」，即選拔任用官僚，進賢、退不肖，很難。「彼色厲內荏，言行不相顧者，滔滔皆是也，非久與居，胡能睹其真偽耶？久與居者，非鄰里鄉黨而誰邪？」必須讓「鄰里鄉黨」——基層民眾來鑒別官僚的賢與不肖[21]。如此明確地表述

其致太平的觀點，是要以《周禮》為依據，重建和改善政治生活秩序。他的這篇《周禮致太平論》與其《慶曆民言》都是慶曆三年寫成的，也正是范仲淹發動改革之時。尤為可貴的是，他對革新政治的願望不僅是著文立說，還執著地祈求變理論為實踐，將《周禮致太平論》抄寄朝中大臣，爭取得到採納。其《寄周禮致太平論上諸公啟》說：「惟大君子有心於天下國家者，少停左右，觀其意義所歸」，「庶有補於萬一也」[22]。余英時先生說得好：李覯「這股精神的動力比雄辯的議論感人更深。王安石似乎便是受到這種精神感染之一人」[23]。

李覯對聖人經典不盲從，善於獨立思考，區分是非。例如，他說：利、欲是人生正當需求，都應明講，「人非利不生，曷為不可言？欲可言乎？曰：欲者人之情，曷為不可言？言而不以禮，是貪與淫，罪矣。不貪不淫而曰不可言，無乃賊人之生，反人之情」。他指出孔、孟也都講利、欲，「孟子謂何必曰利，激也。焉有仁義而不利者乎？其書數稱湯武將以七十里、百里而王天下，利豈小哉？孔子七十，所欲不逾矩，非無欲也」[24]。

《禮記》第四一《儒行》篇，宋代以前認作是孔子制定的儒者的行為規範，至北宋才遭到質疑，李覯即是第一人。他說「《儒行》非孔子言也，蓋戰國時豪士所以高世之節耳。其條雖

22　《李覯集》卷第二六，第 276 頁。
23　余英時：《朱熹的歷史世界──宋代士大夫政治文化的研究》，第 312 頁。
24　《李覯集》卷二九《原文》。

十五，然指意重複，要其歸不過三數途而已。……其施於父子兄弟夫婦，若家，若國，若天下，粹美之道則無見矣。聖人之行如斯而已乎？或曰：哀公輕儒，孔子有為而言也。曰：多自誇大以搖其君，豈所謂孔子哉？」[25]大膽詰問古人是非之理由，是李覯思想的特色。

李覯關注著社會實際，寫作的詩文具有求實的特點，有很強的針對性。他一生居住鄉間，布衣為民，故而充滿為下層民眾呼喊的情懷，期待他們能從貧困中擺脫出來，盼望自己的國家富強起來，不愧是一個傑出的平民思想家。李覯的詩文著作，匯輯為《盱江集》（見《四庫全書‧集部‧別集》），現為王國軒校點，中華書局 1981 出版的《李覯集》。

周敦頤（1018-1073），道州（今湖南道縣）人，與江西有極密切的關係，其業績與思想值得在此簡介。

周敦頤少孤，養於舅父家，以舅父恩補為試將作監主簿。始官江西分寧縣（今修水）主簿，有疑案不得決，敦頤一審立辨，邑人驚詫曰「老吏不如也」。繼任南安軍（治今大余縣）司理參軍，獄囚依法不當死，江西轉運使王逵要加以重罪，他力爭依法量刑，不聽，乃丟下司理參軍告身，曰「如此，尚可仕乎！殺人以媚人，吾不為也。」[26]王逵感悟，囚卒不得死。與國知縣程珦

25　《李覯集》卷二九《讀儒行》。
26　蒲宗孟：《周敦頤墓碣銘》，見《周敦頤全書》卷一。江西教育出版社1993 年版，第 23 頁。

兼任南安軍副職，命兒子程顥、程頤向周敦頤求學，二人遂慨然有求道之志。至和元年（1054年）為南昌知縣，士民歡喜：「是初仕分寧即能辨疑獄者，吾屬得所訴矣。」奸豪為之畏服，不獨以得罪為憂，又以汙善政為恥。嘉祐六年（1061年）周敦頤四十五歲，赴任虔州通判，經過江州，愛廬山之勝，生卜居之志，遂築室於蓮花峰下，屋前有溪，水清紺寒，如其老家之濂溪，遂稱其屋為濂溪書堂。至虔州，巡行到雩都縣，邀知縣沈希顏等同遊羅田岩（在城南約5里處），題名刻詩《遊羅田岩》於石：

> 聞有山岩即去尋，亦躋雲外入松陰。
> 雖然未是洞中境，且異人間名利心。[27]

十年後，周敦頤官升虞部郎中，任廣東提點刑獄，巡歷瘴癘之鄉，不憚勞瘁。不久，染疾，又驚聞潤州丹徒縣（今江蘇鎮江）母墓被水侵蝕，需改葬，遂奏請知南康軍。熙寧四年（1071年）八月至星子，十二月中改葬母墓於德化縣廬阜清泉社三起山。其友潘興嗣在《鄭氏墓誌銘》中寫道：「虞部君語子曰：吾後世子孫遂為九江濂溪人，得歲時奉夫人祭祀，亦無憾矣。」[28]

27　《雩都縣誌》卷二十第五章第二節《散文、韻文》，新華出版社1991年版。明代李淶，在此留下《追和羅田岩周元公韻》一首：「天外幽奇不厭尋，紫伱黃菊正岩陰。山僧竊聽匡時話，也識生平報國心。」可證周詩是真。

28　潘興嗣：《仙居縣太君鄭氏墓誌銘》，見《周敦頤全書》卷一，第25頁。

事畢，周敦頤辭官，退居濂溪之書堂，「自嘉祐六年築書堂於廬山之麓，至是始定居焉」[29]。然而沉痾不起，於熙寧六年（1073年）六月病逝，年五十七。其子燾遵遺命，葬其於鄭太夫人墓之旁。由此可知，廬山腳下的濂溪書堂，是周敦頤臥病不到二年的居室，不是教學性質的書院；他遺囑子孫為九江濂溪人，故此後這裡有了一支周氏家族。周敦頤的行藏旨趣，在江西留下了深遠的影響。

周敦頤博學力行，以名節自高，任官必行其志，屠奸翦弊，如快刀健斧，落手無留。他在雩都寫《愛蓮說》[30]，愛其「出污泥而不染，濯清漣而不妖」的品格；寫《養心亭說》，發展孟子「養心莫善於寡欲」的觀點，認為「聖賢非性生，必養心而至之。」他嚴明執法，依法量刑，是強化統治基礎；而廉勤志高，則是他任官行政、維護權威的必備條件。他的《太極圖說》、《通書》，是後代學者反復研讀的經典著作。

在《太極圖說》中，他從「萬物生生，而變化無窮」的基點上，闡明「立人之道，曰仁與義」，聖人必須是堅定「中正仁義」的道理。

《通書》四十章，簡明而全面地強調君子修身與治國的綱要，進一步發揮了《太極圖說》的論點。他說「誠者，聖人之

29　度正：《周敦頤年譜》，《周敦頤全書》卷一，第19頁。
30　《周敦頤全書》卷五，第274頁，以下《養心亭說》、《太極圖說》、《通書》的引文，均出自《周敦頤全書》，不具注。

本」。「純粹至善」是「五常百行之本，之源」。但不易真正做到，故「行難」，所以「君子慎動」，必須特別注重自己的行為實踐。慎動，不是「主靜」，而是行動必需經過謹慎思考，不可輕舉妄動，與「慎刑」是同一種意思。然後，他著重說教育，為了達到「中正仁義」目標，必須「先覺覺後覺」，「師道立則善人多，善人多則朝廷正而天下治。」

他認為，一個能夠明瞭自己過失的人，是幸運的；若是「無恥」，則是大不幸。「必有恥，則可教」。要立大志，學聖賢。需務實，「實勝，善也；名勝，恥也，」接下來，他將君子的進德修業，延伸至當政治民。他說「十室之邑，人人提耳而教，且不及，況天下之廣，兆民之眾哉！」他強調各級官僚必得「純其心」，做到仁、義、禮、智，並且是公而明，慎用刑，百姓才不會生疑怨。

《通書》通篇教誨君子——官僚們修身治民之要領，任官執法之準則。這本《通書》，與其說是周敦頤的哲學著作，不如說是他對士人的忠告，培訓官僚的教材。

二 史學家及其著作

儒家學者素來將經學與史學相提並論，《春秋》、《左傳》是史書，亦入於經書之列。宋代是史學特盛的時代，這不僅是因為疑古惑經思潮所致，更因繼唐末五代大動亂之後，亟需重整統治秩序，總結經驗教訓，強化思想統治基礎。在北宋時代成長起來的江西學者，對史學表現出濃厚的興趣，取得了豐碩的成果。收入《四庫全書》的有九人十二部書，包括紀傳體、編年體、地理

類、金石類等多種。

　　歐陽脩，是北宋諸儒之中治學最廣，貢獻最大的學者。他的史學著作列入「二十四史」有兩部：《新唐書》、《新五代史》。《新唐書》二二五卷，為歐陽脩、宋祁等人奉敕修撰，其中列傳為宋祁所撰，本紀、選舉志、儀衛志等，則歐陽脩撰，其它的志及表分別由范鎮、呂夏卿編寫，最後總其成的工作由歐陽脩完成。與《舊唐書》比較，《新唐書》事增於前，文省於舊。為求貫徹經學主旨，進行「忠奸順逆」的褒貶，歐陽脩寫了贊、序，集中反映出他的歷史觀與政治趨向。《新唐書》的體例也有所不同，在人物傳部分，增添了《卓行》、《奸臣》、《叛臣》、《逆臣》等傳目，更直白化的體現著對傳主功罪的評判。

　　歐陽脩受命負責編寫《新唐書》，是最後至局的人，只專寫紀、志，列傳則是宋祁所修。朝廷以一書出於兩手，體例文筆不一，命歐陽脩刪改列傳，統一文體。他雖受命，卻退而歎曰：「宋公於我為前輩，且人所見多下同，豈可悉如己意。」於是一無所改。書成上奏，吏員告訴說：舊例只寫書局中官高者一人姓名，作「某等奉敕撰」，你官高當寫。歐陽脩說，「宋公於列傳亦功深者，為日且久，豈可掩其名而奪其功。」於是奏表上在紀志部分寫歐陽脩，列傳部分寫宋祁。這是前所未有的，歐陽脩開了先例。宋祁聞而喜曰：「自古文人不相讓，而好相陵掩，此事前所未聞也。」[31]

31　張邦基：《墨莊漫錄》，卷八。

《新五代史》七十五卷，歐陽脩私著，最充分地展示了他的史學主張。他聲言：「史之為書，以記朝廷政事得失及臣下善惡功過，宜藏之有司。」[32]意為史書乃統治經驗的總結，以供官僚階層使用。他編撰五代歷史的時候，給尹師魯的信中說：「史者國家之典法也」，史書記載「君臣善惡，與其百事之廢置」，目的在於「垂勸戒，示後世」。他十分強調以《春秋》「義例」為準則，簡要地編纂出五代歷史，對所論人事進行嚴格的褒貶，以期達到「明善惡，別是非」、勸戒後世的目的。歐陽脩認定五代是「君君臣臣父父子子之道乖，而宗廟朝廷人鬼皆失其序」的亂世[33]，根源是道德的敗壞。所以，他在書中寫了許多以「嗚呼」帶起的序、論。由於他認為五代是「禮崩樂壞」，「制度文章掃地而盡」的衰敗朝廷[34]，沒有值得說的制度文物，故書中除了簡單的《司天考》、《職方考》以外，沒有編寫其他的典章制度。幸而先有王溥《五代會要》三十卷傳世，可補其缺。

歐陽脩反對在史書中夾雜讖緯的內容，主張學者應去除「惑於災異」的弊病。他說「予述本紀，書人而不書天」，「人之貪滿者多禍，其守約者多福。鬼神，吾不知，吾見人之禍福者矣」[35]。對於資料取捨，他效法《春秋》，主張寫史必須秉筆直

32　《續資治通鑒長編》卷一九〇，嘉祐四年九月甲寅。
33　《新五代史》卷一六《唐家人傳論》。中華書局 1974 年標點本。
34　《新五代史》卷一七《晉家人傳論》。
35　《新五代史》卷五九《司天考第二》。

書，「不沒其實」，「各傳其實而使後世信之」³⁶。陳寅恪評論《新五代史》的理論意義時說：

> 歐陽永叔少學韓昌黎之文，晚撰五代史記，作義兒、馮道諸傳，貶斥勢利，尊崇氣節，遂一匡五代之澆漓，返之淳正。故天水一朝之文化，竟為我民族遺留之瑰寶。孰謂空文於治道學術無裨益耶？³⁷

《新五代史》卷三六《義兒傳》，記李嗣昭、李存信等八人事蹟。他們是朱溫收養的義子中突出者，歐陽脩《義兒傳·序》說：五十年間五個朝代為八姓，「其三出於丐養。蓋其大者取天下，其次立功名、位將相，豈非因時之際，以利合而相資者邪！」「其有天下，多用以成功業，及其亡也亦由焉。」從家天下來評量，依賴乾兒子打天下，是「因時之際，以利合而相資」，證明了「世道衰，人倫壞」。收養乾兒子打天下，依然沒有脫離家天下的籬藩。然而，這些義子「俱皆一時雄傑虣（同暴）武之士」，故能藉以取天下，或被取而代之，這又是對家天下的一種叛逆，透露出家天下的致命傷。

《馮道傳》在卷五四，記述他在五代劇烈動亂之世，「事四姓十君」，不忠於一姓一帝，總能處在朝廷上層，那時百姓之

36　《歐陽脩全集·居士集》卷十七《魏梁解》。
37　陳寅恪：《寒柳堂集·贈蔣秉南序》，三聯書店 2001 年版，第 182 頁。

命，急於倒懸，而他卻是「長樂老」，不倒翁。馮道全靠厚顏獻媚，還是別有其他能耐，讓「四姓十君」都看中他是有用之材？馮道祖上本是務農田家，有人說他只會背誦《兔園冊》[38]。《兔園冊》是「鄉校里儒教田夫牧子之所誦」的課本，以此譏笑馮道文化水準粗淺。歐陽脩為「義兒」、馮道立傳，既以儒家價值觀衡量他們，藉以「貶斥勢利，尊崇氣節」，又敘述歷史過程，論人事，不沒其實際作為，讀者自可從中得到啟迪和教益。

修長子歐陽發，字伯和，也酷愛古史。他師事經學家胡瑗，得古樂鐘律之說，不治科舉文詞，獨探遠古史事，「自書契以來，君臣世系，制度文物，旁及天文、地理，靡不悉究。」以父恩，補將作監主簿，賜進士出身，累遷殿中丞。卒，年四十六。蘇軾評歐陽發之學，繼承乃父，能夠「網羅幽荒，掎摭遺逸，馳騁百世。有求則應，取之左右，不擇巨細。如漢伯喈，如晉茂先」[39]。

寫五代歷史的還有陶嶽。陶嶽，字介立，潯陽人。他嫌薛居正《五代史》內容闕略，用力搜集五代累朝創業事蹟，於大中祥符五年（1012 年）編成《五代史補》五卷。此書行文如小說，然而「敘事首尾詳具，率得其實」，故歐陽脩《新五代史》、司馬光《資治通鑒》，「多採用之」[40]。

38　《新五代史》卷五五《劉嶽傳》。
39　蘇軾：《祭歐陽伯和父文》，見《三蘇全書・蘇軾文集》卷一四九。
40　《四庫全書總目提要》卷四九《史部雜史類》。

劉恕、劉羲仲，父子史學家。劉恕（1032-1078），字道原，高安人。其先世為陝西萬年縣人，六世祖劉度為臨川令，卒於任所，遇兵亂不能歸，遂葬高安鈞山，並安家落籍，遂稱鈞山劉氏。父劉渙，字凝之，天聖八年（1030）進士，為潁上（今安徽）令，以剛直不能曲事上官，棄官去，安家於廬山下的落星灣（星子縣內）。歐陽脩與他同年進士，讚賞他的氣節，於皇祐三年（1051）寫《廬山高歌》表彰他。歌中說渙能夠「寵榮聲利可以不苟屈」，而社會上「丈夫壯節似君少」。渙居廬山三十餘年，家貧以粥為食，超然不憂。他乘黃犢去廬山遊觀，尤愛寶峰西澗之勝，寶峰寺僧特闢一屋接待，遂自稱「西澗居士」。元豐三年（1080）九月，以八十一歲高齡謝世。當時，蘇轍《哀西澗先生辭》中概述劉渙、劉恕父子的行事與品德，曰「若凝之之為父，與道原之為子兮，潔廉而不擾，冰清而玉剛」。「冰玉」二字是對他們最恰當的評價，晁補之認為，「冰玉之名，非鄉人故舊者之言也，天下之言也。」黃庭堅對劉渙非常景仰，寫《拜西澗遺像》曰：「棄官清潁尾，買田落星灣。身在菰蒲中，名滿天地間。誰能四十年，保此清淨退。往來澗穀中，神光射牛背。」[41]

41　見《三劉家集》，四庫全書本。黃庭堅的叔父黃廉，是劉渙的二女婿。劉渙的政績，在魏泰《東軒筆錄》卷四記曰：「治平間，河北凶荒，繼以地震，民無粒食，往往賤賣耕牛，以苟歲月。是時，劉渙知澶州，盡發公帑之錢以買牛。明年，震搖息，逋民歸，無牛可以耕鑿，而其價騰湧十倍。渙復以所買牛依原值賣與，是故河北一路惟澶州民不失所。」這樁事蹟值得傳揚，但其時間為「治平間」，距歐陽脩寫《廬山高》已十五六年，是否為另一個劉渙，頗有懷疑，故抄存

　　皇祐元年（1049年），劉恕剛到十八歲，中進士。初任邢州鹿縣（今河北）主簿，再調晉州和川縣（今山西）令。他行政執法，公正嚴明，不避權貴，敢於「發強擿伏」，揭露豪強的惡行、遮隱著的違法事件，能幹的老吏都自認不及。求學極為刻苦，博學強記，自太史公所記，下至周顯德末，經傳之外至私家雜記無所不覽，上下數千載間皆熟記於胸。治平三年（1066）四月，司馬光奉詔編修《資治通鑑》，英宗命他自擇館閣人才協助，光對曰：「館閣文學之士誠多，至於專精史學，臣得而知者，唯劉恕耳。」從此，劉恕成了司馬光三個助手之一（另二人為江西新喻劉攽、四川成都范祖禹），遷官著作佐郎。熙寧三年（1070），司馬光出任永興軍（今西安）安撫使，劉恕亦以父母年老，請准歸南康軍監酒稅以就養，神宗命他不要去書局，即在南康修書；改秘書丞，賜五品服。熙寧四年四月，司馬光判西京（今洛陽）留守司禦史台，以書局自隨。熙寧九年（1076），劉恕赴洛陽與司馬光商討修書問題，留數月而歸，未至家，遭母喪，悲哀憤鬱，遂中風癱痪，右手、右足殘廢。然而他苦學、編書如故，手不能握筆，口授兒子羲仲代寫。殆病已危，乃收拾書稿寄歸書局。元豐元年（1078）九月，先於其父而卒，年四十七。葬星子縣母墓旁。范祖禹為作《墓碣》。元祐八年（1093），黃庭堅作《秘丞遷葬墓誌銘》，記劉恕嘗著書自訟平生有二十失、十八蔽，「自攻其短，不舍秋毫，可謂君子之學矣。」

待考。

劉恕在書局十餘年，對《通鑑》的編撰出力極多。《宋史》寫道：司馬光「遇史事紛錯難治者，輒以誘恕。恕於魏、晉以後事，考證差繆，最為精詳」[42]。司馬光上奏說：「臣修上件書（按，指通鑑），其討論編次，多出於恕。至於十國五代之際，群雄競逐，九土分列，傳記訛謬，簡編闊落，歲月交互，事蹟乖舛，非恕精博，他人莫能整治。所以（劉）攽等眾共推先，以（恕）為功力最多。」[43]劉恕編撰了魏晉南北朝至五代十國期間的長編；通鑑全書的義例，也多出於劉恕。

《資治通鑑》只從周威烈王二十三年開始，劉恕對此深感遺憾，乃獨自編寫此前的史事。原計劃將戰國以前的歷史編為前紀，宋朝一〇八年事編為後紀，可是患病偏癱，至其卒時只編成前紀，即《通鑑外紀》。他在《通鑑外紀後序》稱：「因取諸書，以《國語》為本，編《通鑑前紀》。家貧，書籍不具，南徼僻陋，士人家不藏書。……不可得國書（許按，指宋朝官修會要、國史），絕意於《後紀》，乃更《前紀》曰《外紀》，……他日書成（許按，指通鑑編成），公（指司馬光）為前後紀，則可刪削《外紀》之煩冗而為《前紀》，以備古今一家之言。」[44]由此可知，《通鑑外紀》是古史長編，儲材備用。

《通鑑外紀》十卷，其中夏以前一卷，夏商一卷，周八卷。

42　《宋史》卷四四四《劉恕傳》。
43　司馬光：《乞官劉恕一子札子》，見《三劉家集》，四庫全書本。
44　劉恕：《外紀後序》，見《三劉家集》，四庫全書本。

記事下接《資治通鑑》，年經事緯，與司馬光《通鑑目錄》體例相同。書中對上古史事作了鑑別剪裁，凡可信者，大書；凡異同舛誤，以及荒遠茫昧者，或分注，或細書。

另有《十國紀年》四十二卷，《通鑑外紀目錄》五卷。司馬光應劉恕臨終前囑託，作《十國紀年序》，詳述自己所知「道原之美」，將劉恕生平事蹟如實記錄了下來。《通鑑外紀目錄》則是簡明的年譜，西周共和元年（西元前 841 年）皆謂之疑年，不標歲名，不列其數；共和以後則據《史記・年表》編年，特為審慎。當時公卿士大夫中，對劉恕的史學評價很高，紹聖年間（1094-1098），張耒《冰玉堂記》中說：「世以比（司馬）遷、（班）固、（劉）歆、（劉）向，公亦自以不愧。自范曄以降不論也。當時司馬君實、歐陽文忠號通史學，貫穿古今，亦自以不及而取正焉。」**[45]**

元豐七年（1084），《資治通鑑》寫成，追記劉恕之勞，官其子羲仲為郊社齋郎。司馬光《乞官劉恕一子》札子云：「臣往歲初受敕編修《資治通鑑》，首先舉恕同修。……其討論編次，多出於恕。至於十國五代之際，群雄競逐，九土分裂，傳記訛謬，簡編缺落，歲月交互，事蹟差舛，非恕精博，它人莫能整治。」所以劉攽等共推劉恕「功力最多」。元祐七年（1092）《資治通鑑》於杭州鏤版成，詔以一部賜劉恕家。

《通鑑問疑》，劉羲仲編撰。羲仲，恕長子，字壯輿，自號

45　張耒：《冰玉堂記》，見《三劉家集》，四庫全書本。

漫浪翁。性慧敏，好讀書，每日能記五六千字。羲仲繼承父業，專精史學，他編撰的《通鑑問疑》，即其父與司馬光往復討論三國至南北朝史事的言辭輯錄。他在書中記道：「君實訪問先人遺事，每卷不下數條，議論甚多，……君實始成《通鑑》，以先人遺言，求《通鑑》定本，乃錄其本以付其家，而告羲仲曰：先君子臨終時遺言，恨不見書成；而此書之成，先君子力居多，他日須有從足下求之者。若欲傳錄，但傳予之。」書末附羲仲與范祖禹信一篇，稱其父在修通鑑時只寫長編，「是非予奪之際，一出君實筆削」。而羲仲本人未及見司馬光，不知其刪削的理由。故記錄二人相互論難的書信，使後世有考焉。可見《通鑑問疑》一書，對閱讀《資治通鑑》有重要的參考價值。羲仲嘗又摘歐陽脩《新五代史》之訛誤，作《糾謬》。

　　劉攽（1023-1089 年），字貢父，人稱公非先生，新喻人。其兄敞，兄弟二人於慶曆六年（1046 年）同登進士第。攽在州縣任官二十年後，入為國子監直講，升至中書舍人。熙寧改革時期，對新法有不同見解。曾對改革學校與科舉制度提出反對意見。他認為：歷代將相名卿，皆由科舉出，不能說未嘗得人，「毋庸輕變選舉之法，不如因舊法，而慎選有司之為愈也。」[46]關於學校，他認為「士修於家，足以成德」，毋需在學校接受學官課程的督促。同時，他建議增加「從政科」，以便那些善於判獄訟、治財賦，而文辭欠佳者進入仕途。具體做法是須由三人推

46　劉攽《彭城集》，卷二十四《貢舉議》。四庫全書本。

薦，使用三年，好的正式授官；不行的復為民，並處罰其舉薦者。顯然，他的觀點與當時的改革思潮相抵觸；而其建議卻別具創意，超出同輩水準。

王安石提出，為皇帝講解儒經應該有坐位，透露出君臣之間為師友關係的見解，以及提倡師道尊嚴之意。對此，劉攽斷然反對，他說：「侍臣講論於前，不可安坐，避席立語，乃古今常禮。君使之坐，所以示人主尊德樂道也；若不命而請，則異矣。」[47]劉攽這是在維護皇帝獨尊的絕對統治地位，朝中其他禮官皆贊同其議，站著講遂沒有變。熙寧四年（1071 年）罷詩賦及明經諸科，以經義、論、策考試進士，考官呂惠卿將對策中闡揚改革好的列在高等，批評新法的居下。劉攽復考時，完全倒過來。又給王安石寫信，論新法不便。於是出為泰州（今江蘇泰州）通判，改知曹州（今山東曹縣）。當時曹州劃為用重法統治的多盜地域，劉攽認為，「民不畏死，奈何以死懼之」。他實施「寬平」的政策，「盜亦衰息」。哲宗初年，由監衡州鹽倉起為知襄州。召還秘書省，劉攽自以疾病，請求出守蔡州。蘇軾等人上奏建議留他在朝：「謹按，攽名聞一時，身兼數器，文章爾雅，博學強記，政事之美，如古循吏，流離困躓，守道不回，此皆朝廷之所知，不待臣等區區誦說」，如若讓劉攽在地方，是「有志之士所宜為朝廷惜也」[48]。不久，召拜中書舍人。

47　《宋史》卷三一九《劉攽傳》。
48　蘇軾：《乞留劉攽狀》，見《三蘇全書・蘇軾文集》卷二一。

英宗讀《後漢書》，見墾田的墾字皆作「懇」，詔下國子監刊正。劉攽承命校正《後漢書》，糾其謬誤極多，遂寫成《東漢刊誤》（後代刊印時稱《東漢書刊誤》）四卷奏上。同時，又奉詔編成《後漢書精要》[49]。他與兄敞、兄子奉世，皆以博識能文見稱，時號「三劉」。奉世繼承父輩學業，「最精《漢書》學」。他們著有《三劉漢書標注》六卷，對《漢書》多所辯證發明，其中以劉攽用力為多。《漢書標注》與《東漢書刊誤》合稱「兩漢刊誤」，為史家所稱道。司馬光修《資治通鑒》，繼劉恕之後，又奏召劉攽為助手，專門負責《史記》及兩漢歷史部分。晁公武《郡齋讀書志》載劉攽著作又有《編年記事》十一卷，注曰：「因司馬溫公所撰編次」。則此當為對通鑒的一種節寫本。此外，他還有《五代春秋》十五卷，《內傳國語》二十卷，《經史新義》七卷。但大多散失，今存者只有《東漢書刊誤》四卷，詩文集《彭城集》四十卷，《中山詩話》一卷。

《東漢書刊誤》歷來受到學者重視，明代國子監重印《後漢書》，即將《東漢書刊誤》分別注入《後漢書》正文之中。民國初年，羅振玉編輯《宸翰樓叢書》，據宋本《東漢書刊誤》四卷影印，收入一九一四年重刊的《宸翰樓叢書》。以後中華書局編《史籍叢刊》，即以《宸翰樓叢書》本重印《東漢書刊誤》。現行

49　劉攽：《彭城集》，卷三十四《後漢書精要序》。劉攽在該序中寫道：「乃詔臣等以嘗所進讀漢書刪其精義與夫善謀，別為短書，概見大略。」可見有此書。

的中華書局標點本《後漢書》，將《東漢書刊誤》的可用成果，分別寫進了校勘記。

劉攽博學能文章，尤邃史學。曾鞏總結性地說他「強學博敏，超絕一世。肇自載籍，孔墨百氏。太史所錄，俚聞野記。延及荒外，陰陽鬼神。細大萬殊，一載以身。下至律令，老吏所疑。故事舊章，盈廷不知。有問於子，歸如得師。直貫傍穿，水決矢飛。一時書林，眾俊並馳。滿堂賢豪，視子塵揮」[50]。充分讚揚劉攽博學多識，受人尊敬的導師地位。

劉攽治史，堅持據實直書，不為尊者諱，繼承傳統史學中的「實錄精神」，「傳信」原則，抨擊不敢觸動君主、不敢直書當權者罪惡的史官。他指出孔子是避諱的始作俑者，但不該把它當作通例，況且孔子只是遮隱、化小，但都有文辭帶起，非藏匿使不可知。後來的史官卻以尊聖人為藉口，寫史總要避諱，對事實既改又換，「悅生者而背死人，不顧是非」。他給友人王深甫的信中說：

古者為史，皆據所聞見實錄事蹟，不少損益，有所避就也，謂之傳信。惟仲尼作《春秋》，乃諱國惡耳。夫《春秋》，聖人所特作，以見一王之法，不當引為史例。然其諱國惡，猶但使顯者隱之，大者微之，率皆有文以起焉，不昧昧都為藏匿使不可知也。

50　轉引自《四庫全書・集部・別集類》《彭城集》提要。

後之史官不達此意，猥自托於聖人，以是為史，未嘗直書。上則顧時君忌諱，退而又惡斥言當世權勢大人罪過。改之，易之，以就美好，悅生者而背死人，不顧是非。顧賢士大夫之事業，有不記者焉。僕不自料，常欲矯正此弊，是以竊作《丞相萊公傳》……

（太史公、班固等幾不免誅）為史之禍乃至此，所謂盡言以招人之過者歟。然僕非敢如此以自取直名，欲正史法，明《春秋》之指，以趣聖人耳。**51**

劉攽的「實錄」史觀，體現了他獨立思考的理論勇氣和以史為鑑的社會責任感，這比他強調皇帝至高獨尊的專制觀念更進步，至今不失其啟迪意義。他治學嚴謹，做人亦極謹慎，曾寫《續座右銘》自警，亦以警人，其中說：「短不可護，護則終短；長不可矜，矜則不長。」他為人疏儻，不修威儀，喜諧謔，常因此招怨悔，然終不能改。

樂史《太平寰宇紀》二〇〇卷。樂史（930-1007）撫州宜黃縣人，字子正，歷史地理學家。樂氏在南唐已出仕，中主李璟後期，樂史至臨川，在齊王景達府中，任草擬奏表之事。進入北宋，為平原縣主簿。太平天國五年（980 年）以見任官舉進士。先後知陵州、舒州、黃州、商州，分司西京（洛陽），遂卜居於此。景德四年（1007 年）卒，年七十八。樂史博學好著述，所

51　劉攽《彭城集》，卷二十七《與王深甫論史書》。四庫全書本。

著書甚多。雍熙三年（986年）獻所著《貢舉事》等六種，共一四三卷，太宗嘉賞其勤勞，遷官著作郎、直史館，轉太常博士。淳化四年（993年）又獻《廣孝傳》等二種，共一九一卷，太宗命秘閣抄寫藏於內府。咸平初年，復獻《廣孝新書》等二種，共九〇卷。真宗見其矍鑠不衰，又篤學，盡取所著書藏秘府，命他掌西京磨勘司，再改為判西京禦史台。所著書還有《坐知天下記》、《掌上華夷圖》等十一種，共四七九卷，其中以《太平寰宇記》最著。

《太平寰宇記》二〇〇卷，成於太宗後期，旨在實現「華夷大一統」的宏圖。他以盛唐時代的「道」為依據，寫出全「寰宇」的沿革概況。後晉割讓給契丹的燕雲十六州，他仍列出其名，藉以表達恢復之志。北宋轄區內的州縣，他詳盡記載，舉凡山川、風俗、勝跡、物產、戶口、人物、藝文等均在記錄之內。全書具有采摭繁富、考據精核的特色。四庫館臣指出「地理之書記載至是書而始詳，體例亦自是而大變」[52]。他所引用的古代文獻都標注書名，讀者由此得知，此後失傳的古地理書達百數十種，而後人賴有樂史之書才看到這些古籍的零篇斷簡。該書原有二〇〇卷，乾隆時只見到一九二卷（缺第4，第113-119卷），光緒九年（1883年）楊守敬在日本東京發現宋刻殘本，補輯到

52　《四庫全書總目提要》卷六八，《史部，地理類》《太平寰宇記》提要。

五卷半書，尚缺二卷半[53]。

歐陽忞《輿地廣記》三十八卷。陳振孫《書錄解題》稱：忞，歐陽脩從孫，書成於政和中。該書前四卷寫歷代疆域，後三十四卷為北宋各州縣，體例清晰，端委詳明，也是地理書中的佳作。

曾鞏，是善於吏治，也精於史學、文學的名家。他任外州十二年後入朝判三班院，神宗詔中書門下曰：「曾鞏以史學見稱士類，宜典五朝史事」[54]。元豐四年（1081 年）七月曾鞏充史館修撰。神宗之前的五朝已撰有《三朝國史》（太祖、太宗、真宗）、《兩朝國史》（仁宗、英宗），是各自為書，神宗要求合而為一，命曾鞏專門編撰，不以大臣監總。十一月，他奏上《太祖總論》。神宗閱後不滿所論，遂罷去。北宋人寫趙匡胤之事總是以失敗告終，太宗淳化年間，李至等修《太祖國史》，只寫了一卷即止；真宗咸平年間宋白等人修《太祖國史》，亦終不成。神宗寄希望於曾鞏，又因「南豐上《太祖紀敘論》，不合上意，修五朝史之意浸緩」而作罷[55]。這是為什麼？趙匡胤繼藩鎮軍將之後，由「黃袍加身」上臺，不免有篡奪之嫌，不忠之譏；他沒病

53　詳見許懷林《樂史與太平寰宇記》，載《爭鳴》1981 年第 2 期。
54　《曾鞏集・附錄》，曾肇《（曾鞏）行狀》。
55　陸遊：《老學庵筆記》卷七，又卷三：「淳化中，命李至、張洎、張佖、宋白修《太祖國史》，久之，僅進《帝紀》一卷而止。咸平中，又命宋白、宋湜、舒雅、吳淑修《太祖國史》，亦終不成。元豐中，命曾鞏獨修《五朝國史》，責任甚專，然亦僅進《太祖記敘論》一篇，紀亦未及進，而鞏以憂去，史局遂廢。」

無災的「崩」，流傳出「燭光斧影」的謎團，這對太宗趙匡義的形象極為不利。如此兩件大事，必須言明卻又最難交代，怎樣才算說得適度，如何秉筆直書？可能這就是李至、宋白、曾鞏等史官勞而無功的死結。

曾鞏對宋朝政治、經濟、軍事、教育，以及宗教等社會各方面都有思考，寫了《本朝政要策五十首》，對北宋百年統治的歷史經驗進行反思。關於宋以前歷史的深入研究，集中反映在《梁書目錄序》等十一篇史書目錄序文中，他借往昔的興衰治亂史實，闡述其史學思想，以及「一道德，同風俗」的治國見解。《梁書目錄序》說：「史學者將以明一代之得失」。《戰國策目錄序》說：「法者所以適變也，不必盡同；道者所以主本也，不可不一」。《南齊書目錄序》說：史書應寫明「是非得失、興壞理亂之故而為法戒」，然必賴勝任之人，即「良史者，其明必足以周萬事之理，其道必足以適天下之用，其智必足以通難知之意，其文必足以發難顯之情。」曾鞏揭示的史學家在明、道、智、文四方面的要求，是對歷史經驗的總結，至今仍有其重要的借鑒意義。

曾鞏有《隆平集》二十卷，該書記太祖至英宗五朝史事，以二十六目分記，後有二八四名官員傳記。四庫館臣考證該書非曾鞏所寫，是別人「出於依託」。但北宋末年已流行社會，《續資治通鑑長編》等史書間或取其說，故不能輕易否定此書。

金石學，是史學的重要分支。史學在北宋受到高度重視的背景中，學者對古碑銘所蘊涵的古人古事發生興趣，意識到它們印證文獻資料的價值，遂著力搜集與研究，於是發展成專門的新學

問。歐陽脩的《集古錄》十卷，是現存最早的金石學著作。該書集錄古代的鐘鼎碑刻銘文，在每一銘文之後，寫出跋文，各敘其書撰之人，事蹟之始終，及所處之時世。嘉祐八年（1063 年）七月，歐陽脩寫「序言」稱：全書上自周穆王以來，下更秦漢隋唐五代，約四〇〇餘篇，「乃撮其大要，別為錄目，因並載夫可與史傳正其闕繆者，以傳後學」[56]。其中不少碑刻現已不存，全賴該書錄存的拓片文字，後人才得知其內容。

　　精於《春秋》經學的劉敞，因儒經而探究歷史，故於上古歷史尤有研究心得；並因探究古史而重視對古器物的鑒定研究，「嘗得先秦彝鼎數十，銘識奇奧，皆案而讀之，因以考知三代制度」[57]。劉敞將金石資料納入歷史研究軌道，開啟了古史研究的新途徑。他研讀古器物的體會是：「禮家明其制度，小學正其文字，譜牒次其世諡，乃為能盡之。」[58]即是辨識古器物，必須具備禮制、小學、譜牒學等多學科知識，這是關於考古研究的經驗之談。

　　曾鞏也有金石錄的著述。一九七〇年出土的林希《曾鞏墓誌銘》稱「為金石錄又五百卷，出處必與之俱」[59]。而中華書局一九八四年版《曾鞏集》只有「金石錄跋尾十四首」。數量雖少，

56　歐陽脩：《集古錄自序》，見《歐陽脩全集・居士集》卷四一。
57　《宋史》卷三一九《劉敞傳》。劉敞《先秦古器記》與傳文有異，他說「先秦古器十有一物，製作精巧，有款識，皆蝌蚪書，為古學者莫能盡通，以他書參之，乃十得五六。」
58　劉敞：《公是集》，卷三六《先秦古器記》。
59　曾肇：《亡兄行狀》，稱曾鞏「又集古今篆刻，為《金石錄》五百卷」。

但資料價值大，其中有考研史事的跋文，如《襄州徧學寺禪院碑》，鐘紹京書，跋文說：武后時，宮殿、明堂、九鼎上的字皆紹京書，「其字劃妍媚遒勁有法，誠少與為比。然今所見，特此碑尚完，尤為可愛也。」又如《尚書省郎官石記序》，張顛書，跋文評介了張顛的楷書：「張顛草書見於世者，其縱放可怪，近世未有。而此序獨楷字，精勁嚴重，出於自然，如動容周旋中禮，非強為者。書一藝耳，至於極者乃能如此。其楷字蓋罕見於世，則此序尤為可貴也。」再如《唐安鄉開元寺臥禪師淨土堂碑銘》跋，辯證對羌人的認識，跋文說：自河隴沒於羌夷，州縣毀廢，唯佛寺多在，「世皆以為」羌人「不知禮義，出於天性，故夷之。然其於佛皆知信慕，以其有罪福報應之說。」曾鞏批評說；「餘以謂四夷雖恣睢甚者，及曉之以曲直是非，悅且從也，固不可謂其天性無欲善之端。是以虞夏之世，東漸於海，西被於流沙，朔南暨，聲教則能令其信慕者，亦非特有佛而已也。」

還有校正前人誤差的跋文，如《襄州興國寺碑》跋，歐陽永叔說「碑不知所在」，只見模本，曾鞏則說明了碑的所在，碑陰還有十八個人的官號、姓名，「其字尤可喜，得之自餘始，世蓋未有傳之者也。」再如《桂陽周府君碑並碑陰》跋，歐陽永叔說《圖經》沒寫周府君的名字，而曾鞏在熙寧八年從知韶州王之材處得到拓本，之材並寫信告訴《曲江圖經》寫了周府君名昕、字君光。還寄給碑陰拓本，這是永叔沒看到的。「碑陰曲江字皆作曲紅，而蒼江字、江夏字，亦作紅，蓋古字通用，不可不知，此學者所以貴乎博覽也。」該跋文還說，古人碑文中常有把一個字重疊寫的，如二、亦、人之類，歐陽脩、劉敞、蔡襄「皆博識，

而亦有所未達，學者又不可不知」⁶⁰。

三　文學家及其著作

北宋是我國文學史上的繁榮時代，不論是散文、詩詞創作，都達到一個新的高峰。文壇上不斷湧現出大批傑出人才，優秀作品紛紛問世，形成百花齊放的景象。在這個日益壯大的文學群體之中，有許多江西學者，他們或者舉旗革新，成為文壇領袖；或者開宗立派，被擁為效法的宗師；或者以作品名世，是公認的一代大家。這裡列舉尤為著稱的幾位。

晏殊（991-1055），字同叔，臨川人（故里在文港，今屬進賢縣）。七歲能作文，以神童薦於朝，與千餘人並試於殿廷，神氣不懾，提筆疾書。一舉中進士，真宗特異之，讓他在秘閣儘量讀書，名聲已經傳揚。仁宗時為宰相，執掌朝政，重視獎掖後進。平日性格剛峻，而詩詞有情思。他貴為「太平宰相」，所作文章贍麗，尤工詩詞，是北宋詞壇婉約派的代表，「倚聲家初祖」。存世的作品只《珠玉詞》一卷，收詞一三四首。他的詞寫得活潑輕快，婉約清麗，在閒雅有情思的韻味中，寫出蘊含哲理的意境，如《浣溪沙・三》：「無可奈何花落去，似曾相識燕歸來」；《玉樓春・春恨》「天涯地角有窮時，只有相思無盡處」兩聯。他的詞有思想境界，如《蝶戀花》：「昨夜西風凋碧樹，獨上高樓，望盡天涯路」一段，王國維《人間詞話》說這是古今之

60　以上所引跋文，並見《曾鞏集》卷五〇《金石錄跋尾十四首》。

成大事業、大學問者必經的三境界之第一境界：確立奮鬥目標。

晏殊寫作勤奮，作品極多。宋祁評論晏殊的詞作說「晏相國，今世之工為詩者也。末年見編集者乃過萬篇，唐人以來所未有」[61]。他和歐陽脩前後接力，文學與德業具顯，且文忠家廬陵而元獻家臨川，遂發展成「江西詞派」，風靡於士大夫之中，形成了北宋的「正宗詞風」。

晏殊幼子幾道（1038-1110），字叔原，號小山，被譽為宋詞小令大師。他出生相門，卻秉性剛介，負才不拘，只做得幾任通判、推官等小官，家道漸見中落，晚年更有饑寒之憂。特定的世情人生體驗，使他的詩詞擅長抒情，寫杯酒間聞見之際，記悲歡離合之事，寄寓對人生的感悟，如《玉樓春》唱道：「古來多被虛名誤，寧負虛名身莫負。勸君頻入醉鄉來，此是無愁無恨處。」黃庭堅《小山詞序》說幾道「文章翰墨，自立規模」，為人「不能一傍貴人之門」，論文「不肯一作新進士之語」。存世有《小山詞》一卷，收詞二六五首[62]。

歐陽脩，北宋古文運動領袖，倡導以文章革浮靡之風，強調文章的思想志趣是主帥，「大抵道勝者，文不難而自至也」[63]。他在仁宗、英宗、神宗三朝數十年間，「以文章道德為一世學者宗師」。吳充這樣描述他的宗師地位：「公之舉進士，學者方為

61　宋祁：《宋景文筆記》，卷一。四庫全書本。

62　《珠玉詞》與《小山詞》所收詞數量，均據吳林抒校箋本，見江西人民出版社 1986、1987 年版。

63　《答吳充秀才書》、見《歐陽脩全集・居士集》卷四七。

時文，號四六，公就視之，曰：此不足為。然切於養，勉為之，而人亦不能及。故屢試有司，皆第一，名聲籍甚。及景祐中，與尹師魯偕為古學，已而有詔戒天下學者，為文使近古，學者盡為古文，獨公古文既行，世以為模範。……蓋公之文備眾體，變化開闔，因物命意，各極其工。其得意處，雖退之（指韓愈）未能過。筆札精勁，自成一家。當世士大夫有得數十字，皆藏以為寶。」[64]（圖版 19）

蘇軾說了一段自己對歐陽脩仰慕之情：「軾七八歲時，始知讀書，聞今天下有歐陽公者，其為人如古孟軻、韓愈之徒。……其後益壯，始能讀其文詞，相見其為人，意其飄然脫去世俗之樂，而自樂其樂也。」[65]後來，蘇軾綜合性的評議歐陽脩文學特長，說：「論大道似韓愈，論事似陸贄，記事似司馬遷，詩賦似李白」，又說「此非予言也，天下之言也。」[66]這「四似」恰當地說明了歐陽脩

· 歐陽脩畫像

64　吳充：《〈歐陽脩〉行狀》，見《歐陽脩全集·附錄》卷一。
65　蘇軾：《上梅直講書》，見《三蘇全書·蘇軾文集》卷四二。
66　蘇軾：《居士集序》，《蘇軾文集》卷十。

集大成的文學形象。

在歐陽脩的引領下，學界爭自磨礪，形成「以通經學古為高，以救時行道為賢，以犯顏納說為忠」的風尚。他獎引後進，如恐不及，先後薦舉出大批傑出學者，如王安石、曾鞏、蘇洵、蘇軾、蘇轍等人。《宋史・歐陽脩傳》論其振起文風之功曰：「挽百川之頹波，息千古之邪說，使斯文之正氣，可以羽翼大道，扶正人心。」

王安石、曾鞏是文章大家。安石「以文章節行高一世，而尤以道德經濟為己任」（朱熹語），其詩文言辭簡潔，道義明達，以義理征服人心，「眾不能屈」，是其宣傳變法革新思想的犀利工具。他強調「文者，務為有補於世」；文與道的關係，應如器物之有刻鏤繪畫，「要之以適用為本，以刻鏤繪畫為之容」[67]。退居金陵以後，他的狀物寫景之詩很是精妙，黃庭堅評曰：「（荊公）暮年小語，雅麗精絕，脫去流俗，不可以常理待之也。」[68]如《書湖陰先生壁》，清新樸實，讀其詩如觀賞畫，其一曰：

茅簷長掃淨無苔，花木成畦手自栽；
一水護田將綠繞，兩山排闥送青來。

67　《王安石全集》卷七七《上人書》。
68　《跋王荊公禪簡》，劉琳等校點《黃庭堅全集・正集》卷二六，四川大學出版社 2001 年版，第 696 頁。

·曾鞏畫像　　　　　·曾鞏用過的銅燈

　　曾鞏之文簡樸雄渾，本原六經，斟酌於司馬遷、韓愈，當時
工文詞者少有能勝過者，而闡揚義理，率先於二程。劉克莊說：
「曾子固發明理學，在伊洛之先，與歐齊名，為宋儒宗。」[69]劉
塤認為：曾鞏「議論文章根據性理，論治道則必本於正心誠意，
論禮樂則必本於性情，論學必主於務內，論制度必本於先王之
法」[70]。此「五論」，實是歐、王、曾諸人共創之學風。《宋史·
曾鞏傳》論曰：曾鞏「立言於歐陽脩、王安石之間，紆徐而不

69　劉克莊：《後村先生大全集》，卷一一一《恕齋平心錄》。
70　劉塤：《隱居通議》，卷十四《南豐先生學問》。

煩，簡奧而不晦，卓然自成一家，可謂難矣」。（圖版 20、圖版 21）

黃庭堅（1045-1105 年），字魯直，號山谷道人，晚號涪翁，洪州分寧（今修水縣）人。（圖版 34）父黃庶，工詩，有《伐檀集》傳世。舅李常，官至禦史中丞。庭堅於治平四年（1067）中進士，初為汝州葉縣尉，再為北京（今河北大名）國子監教授。元豐三年（1080 年）為吉州泰和縣知縣，不滿於高價抑配食鹽，加重對百姓剝削。哲宗繼位，召為秘書省校書郎。不久，改神宗實錄院檢討官，加集賢校理。元祐二年（1087 年），遷著作佐郎。此時高太后臨朝聽政，司馬光為相，全盤否定新法，史稱「元祐更化」。朝野對王安石一片貶斥，而庭堅獨能辨識「真是真非」，肯定劉敞與王安石為本朝經學之代表[71]，讚揚王安石為「視富貴如浮雲，不溺於財利酒色，一世之偉人也」[72]。哲宗親政，改元紹聖，元祐大臣盡遭斥遂，他因參與修《神宗實錄》，被指控失實，詆毀變法，也遭貶責，先貶涪州（今重慶涪陵）別駕，安置在黔州（今重慶彭水縣）。元符元年（1098 年）再移至戎州（今四川宜賓）安置。徽宗繼位初年，放鬆對舊黨的迫害，黃庭堅復為宣德郎，監鄂州鹽稅。改知舒州。再改太平州。崇寧元年「紹述」風起，他領太平州剛九天即被罷免，列入「元祐黨

71　《山谷別集》卷三《楊子建通神論序》：「夫六經之旨深矣，而有孟軻、荀況、兩漢諸儒，及近世劉敞、王安石之書讀之，亦思過半矣。」

72　《山谷集》卷三十《跋王荊公禪簡》。

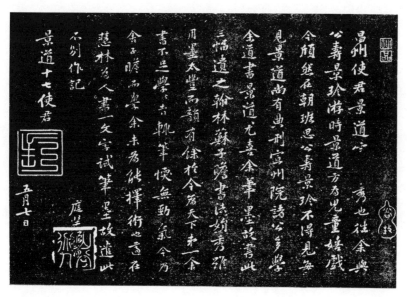

・黃庭堅作品

人碑」，於崇寧二年（1103 年）十一月除名勒停，流放到宜州
（今廣西宜山）羈管。崇寧四年（1105 年）九月病逝，終年六十
一。建炎四年（1130 年），追贈直龍圖閣。德祐元年（1275 年）
追諡「文節」。（圖版 22）

　　黃庭堅的詩文創作，是他畢生經歷的提練與反映，具有「不
俗」的精神境界，嚴格的藝術追求。所謂「不俗」，即是達到
「臨大節而不可奪」的品格。他主張文章「但當以理為主，理得
而詞順，文章自然出群拔萃」[73]。他教導外甥洪芻說：「孝友忠

73　《與王觀複書》三首之一，見《山谷集》卷十九。

信是此物（指學問文章）之根本，極當加意，養以敦厚醇粹，使根深蒂固，然後枝葉茂爾。」[74]所以，他寫了不少反映國事民生之作，如在太和知縣任上寫的《勞坑入前城》等詩，表現出憂國愛民，忠義正直的氣節。在強調文章的思想品格同時，他十分講究深厚的學術功底，「更須治經，探其淵源，乃可到古人耳」。他提倡作詩文「無一字無來處」，是要求多讀書，他說：

老杜作詩，退之作文，無一字無來處，改後人讀書少，故謂韓、杜自作此語耳。古之能為文章者，真能陶冶萬物，雖取古人之陳言入於翰墨，如靈丹一粒，點鐵成金也。

顯然，「點鐵成金」的意思，是要能「化」，而要有融會貫通的本領，就必須學識淵博。正因為追求陶冶「陳言」，不是生搬硬套，他又告誡學者「詞意高勝，要從學問中來」；還要創新，「不可守繩墨」。對自己追隨的師長蘇軾，他也持分析的態度，「東坡文章妙天下，其短處在好罵，慎勿襲其軌也。」[75]至於寫作技巧，他指出「凡作一文皆須有宗有趣，終始關鍵，有開有闔」[76]，「每作一篇，輒須立一大意，長篇須曲折三致焉，乃

74　《與洪甥駒父》六首之一，見《山谷外集》卷十。

75　《答洪駒父書》三首之三、二。見劉琳等校點《黃庭堅全集‧正集》卷十八。四川大學出版社 2001 年版，第 475、474 頁。

76　《答洪駒父書》三首之一，見《山谷集》卷十九。

為成章耳」**77**。

黃庭堅的詩文影響極大，發展成「江西詩派」，其甥洪芻、洪朋、洪炎皆在內中，而派中之人不僅是江西學者。蘇軾認為，黃庭堅詩文「超軼絕塵，獨立萬物之表，世久無此作」**78**，陸九淵評其詩「包含欲無外，搜抉欲無秘，體制通古今，思致極幽眇，貫徹馳騁，工夫精到，雖未極古之源委，而其植立不凡，斯亦宇宙之奇詭也」**79**。

黃庭堅也是大書法家，善行、草書，楷法亦自成一家。

北宋後期，新喻孔文仲、孔武仲、孔平仲兄弟三人，皆以文聲起江西，時稱「臨江三孔」。

列入《宋史·文苑》的還有數人，他們是：

曾致堯，南豐人，是曾鞏祖父。太平興國八年（983）進士，歷官直史館、兩浙轉運使、戶部郎中等。好撰著，有《仙鳧羽翼》、《廣中台志》、清邊前要》、《西陲要紀》、《為臣要紀》等，然皆不傳。

蕭貫，新喻人（簡介見前）。

黃庠，分寧人（簡介見前）。

王無咎（1024-1069），字補之，南城人，曾鞏妹夫。嘉祐二年（1057）進士。曾任天臺令、南康主簿，不久棄官，從王安石

77　《論作詩文》，《黃庭堅全集·別集》卷十二。四川大學出版社 2001 年版，第 1684 頁。

78　《宋史》卷四四四《黃庭堅傳》。

79　羅大經：《鶴林玉露·丙編》，卷三，《江西詩文》。

學。終生「好書力學，寒暑行役不暫釋，所在學者歸之，來去常數百人」[80]。王安石寫其墓誌銘說：「當熙寧初，所謂質直好義，不為利勢回，而學不厭，予獨知君而已。」[81]無咎所作文章，聲譽緊追歐、王、曾之後。他學識淵博，於書無所不讀，於聖人微言奧旨精思力索，於歷代是非得失之理，必詳稽而謹擇之，於鄉民生活疾苦必關注而呼號。故其為文，致力貫通古今，反覆辨駁，而歸於典要，其志「蓋將著書立言以羽翼六經」[82]。其針砭時弊的詩文寫得中肯，如《別離》詩曰：

東家賣兒價何卑，西家棄婦聲更悲。得錢未足三日飽，既別豈有歸來時。山如高城路如線，回首難言淚盈面。螻蟻溝渠處處同，短長不復能相見。

——悲切慘痛，如同身受，溢於言表。

《請見韓簽判書》云：

今天下之所知者勢而已矣。……上自王公，下至平一命之吏，權在則門如熾炭，權去則門可張羅。……儒生學士，平居放語非德勝己未肯以一辭為人屈者，比其行之，則常繆戾，視當時

---

80 《宋史》卷四四四《王無咎傳》。
81 《台州天臺縣令王君墓誌銘》，《王安石全集》卷九二。
82 曾肇：《王補之文集序》、《曲阜集》卷三。

之事苟有毫髮可冀，則不暇顧其人之如何。

——對時弊的揭露，入木三分。讀其文，更全面地看到北宋社會眾生相。

呂南公（？-1086），之次儒，南城人。於書無所不讀，自言於莊子、列子、六經、百家、十八代史皆潛心閱讀，因文見道；於文不肯因襲陳言，力追秦漢，「若及場屋詭偽劫剽、穿鑿猥冗之文，則某之所恥者。」他參加禮部考試，被黜，即不再從事科舉，安居家鄉，築室名「灌園」，讀書作文其中，借史筆以褒善貶惡。有《灌園集》傳世，多反映社會生活實況的詩文。

劉弇（1048-1102），字偉明，安福人。元豐二年（1079 年）進士，又中博學宏詞科。徽宗朝官至著作佐郎，實錄院檢討官。弇自幼警穎，博學能文，周必大稱「廬陵自歐陽文忠公以文章續韓文公正傳，遂為一代儒宗，繼之者弇也。」[83]有《龍雲集》三十二卷傳世。

楊億（974-1020）字大年，建州浦城（今福建浦城）人，然而與信州玉山有深切的關聯。他為祖父寫的《神道表》稱，其先祖「占籍上饒凡十餘世」，唐上元中（761）劉展兵亂，「避地建安」，遂落籍建州。浦城位福建北端，緊挨信州的上饒、永豐（今廣豐）兩縣。南唐末，其祖父文逸為玉山令，「其孫億始

生」[84]。楊億出生於玉山縣官署，其祖宗與自身，都與信州有割不斷的地緣與人緣聯繫。

楊億幼年，母親口授其經文，他隨即成誦。七歲能屬文，十一歲被太宗召見，試詩賦五篇，下筆立成，太宗深加賞異，即授秘書省正字。淳化中（約 992），試翰林賜進士第，遷光祿寺丞。至道二年（996）遷著作佐郎。朝中公卿寫表疏，多請他代筆。真宗即位，超拜左正言，預修《太宗實錄》，全書八十卷中，他一人寫五十六卷。景德初（1004），判史館，詔修《冊府元龜》，與王欽若同領其事，「其序次體制，皆億所定，群僚分撰編序，詔經億竄定方用之」[85]。天禧二年（1018 年），拜工部侍郎。四年，復為翰林學士，判史館。因素來體弱多病，是年十二月病卒，年四十七。

楊億天性穎悟，自幼及終，不離翰墨，才思敏捷，對客談笑，揮翰不輟，一幅數千言，不加點竄。博覽強記，尤長於典章制度，時人多請教正。平日喜誨誘後進，重交遊，而生性耿介，重名節。多周給親友，故廩祿亦隨而盡。留心佛學，好與禪僧交往。北宋前期，文治日起，楊億率先以辭章魁天下，為時所宗，其清忠鯁亮之氣，悉發於言詞，盡顯雄偉而浩博之氣象。《宋史・本傳》稱楊億「所著括蒼、武夷、潁陰、韓城、退居、汝陽、蓬山、冠鼇等集、內外制、刀筆，共一九四卷」，今存只

84　楊億：《武夷新集》，卷八《故信州玉山令府君神道表》，四庫全書本。
85　《宋史》卷三〇五《楊億傳》。

《武夷新集》二十卷（內詩 5 卷，雜文 15 卷）。

寧宗嘉定初年（1208），蜀人李道傳對江西人才之盛，作了一個總結性評價，他說：

> 竊觀國朝文章之士，特盛於江西，如歐陽文忠公、王文公、集賢殿學士劉公兄弟、中書舍人曾公兄弟、李公泰伯、劉公恕、黃公庭堅。其大者古文經術足稱當世，其餘則博學多識，見於議論，溢於詞章者，亦皆各自名家，求之他方未有若是其眾者。
>
> 然嘗論之，此八九公所以光明俊偉、著於時而垂於後者，非以其文，以其節也。蓋文不高則不傳；文高矣，而節不能與之俱高，則雖傳而不久。是故君子惟其節之為貴也。此八九公者，出處不同，用舍各異，而皆挺然自立，不肯少貶以求合。有如王公，學術政事雖負天下之責，而高風特標，固有一時諸賢所不敢望以及者。以如是之節，有如是之文，此其所以著於時而垂於後也。[86]

這是李道傳在朝廷討論給楊萬里怎樣的諡號時說的一段話，他列舉北宋時代歐陽脩、王安石、劉敞、劉攽、曾鞏、曾肇、李覯、劉恕、黃庭堅九人。藉以證明做人的道理，只有品學兼優——文章與氣節俱高，才能夠在歷史上留下深遠而積極的影響。

四　訓詁、音韻學著作

訓詁、音韻知識，是學習儒家經籍與傳統文化的必備基礎，在科舉文化大盛的北宋時代，對文字的辨識與釋義格外受到重視。真宗時期，開始重新編撰音韻書籍。

《重修廣韻》，陳彭年等修。北宋以前，隋朝陸法言、顏之推等八人撰有《切韻》五卷，收字一二一五八個。唐朝儀鳳二年（677）長孫訥言對《切韻》作注，以後又有學者為之增補。天寶十年（751）重為刊定，改名《唐韻》，此後還有人對它添加了一些文字。隨著儒學文化更廣泛而深入的傳播，科舉考試受到全社會重視，各方人士在頻繁來往之中，語言交流隨之增加，於是，對音韻的進一步考訂凸現了起來。景德四年（1007），真宗以舊本韻書偏旁有差訛，傳寫有脫漏，注解不完備等問題，命陳彭年、邱雍等重修。大中祥符四年（1011）書成，賜名《大宋重修廣韻》，亦作《重修廣韻》，簡稱《廣韻》，共五卷。該書仍依陸法言《切韻》規模，定韻目二〇六個，所收字達二六一九四個，比《切韻》新增一四〇三六字。字之下多有注釋，計有一九一六九二字。有的將形同而音義俱別，或義同音異的字一併注明；有的寫了姓氏族望，以及支分派衍的內容。後來的音韻學者，對《廣韻》褒貶不一，批評者說它過於枝蔓，不合韻書的體例；讚揚者則主張繁複為可貴。《四庫全書提要》的作者則認為，注文冗漫，是將韻書作叢書對待了，刪其譜牒式的姓望族系是恰當的，而其字下的音義互注，有利於判別疑難，不能省去。現代語言學者對《廣韻》分析發現，這是一部按韻查字的大字典。它引用的典籍超過二七〇種，涵蓋的資料資訊廣泛。全書二

○六韻之中，上平聲二十八韻，下平聲二十九韻，上聲五十五韻，去聲六十韻，入聲三十四韻。詳明地記錄了中古漢語的語音系統，對原有的韻書作了修訂，並補充了上古音、地方音。《廣韻》一書，為我們瞭解中古漢語語音，探索上古語音和下證近代語音，都是極重要的研究資料。

《重修玉篇》三十卷，陳彭年與吳銳、邱雍等人修。此前，南朝梁武帝大同九年（543），大學博士顧野王等人撰著《玉篇》，至唐高宗上元元年（674），富春人孫強對它增補了一些字。幾百年過去，下延至北宋，學者們感到問題不少，「今古殊形，或字各而訓同，或文均而釋異，百家所談，差互不少，字書卷軸，舛錯尤多，難用尋求，易生疑惑」[87]。大中祥符六年（1013）九月，真宗命陳彭年等重加刊定。彭年進書表稱；「肅奉詔條，俾從詳閱，訛謬者悉加刊定，敷淺者仍事討論」。《玉篇》重修以後，仍分五四二部，部之下原有一五八六四一字，新增五一一二九字，新舊合計二〇九七七〇字；各字的注解共計四〇七五三〇字。《重修玉篇》比原書大有增改，已非孫強增字之後的《玉篇》。

《古文四聲韻》五卷，夏竦著。他在真宗時期，任官史館，大中祥符年間，各地獻上不少古代文物，器身上多有認不得的蝌蚪文，擔心皇帝提問，於是拜訪長者遺老，請教內行學者，並廣泛搜求斷碑蛀簡。歷十餘年之功，把篆書、籀書（亦稱大篆）都

第九章・經學、史學、文學與科技新成果

基本掌握，比同輩更為精通。慶曆四年（1044）二月，夏竦在自序中說；因怕搜集到的資料散失，「遂集前後所獲古體文字，准唐《切韻》，分為四聲，庶令後學，易於討閱。仍條其所出，傳信於世」[88]。夏竦此時的官職已是開府儀同三司、行吏部尚書、知亳州軍州事，仁宗知道其書後，「特令進禦」。其書定名《古文四聲韻》，即因按《切韻》韻目順序，每個隸書字之下，寫出該字的小篆、大篆體，略微解釋，並注明出處，有的來自古書，如《古孝經》、《道德經》，有的來自古碑，如《華嶽碑》、《南嶽碑》等。依韻分四聲，可知該字讀音；在隸書下面列出篆體，則易於識別古文，所以比較易於檢閱。但書中也有某些不確切的疵病，如有一字為二，二字合為一，或不求出典，隨所見而捃摭之類現象。

《字說》，王安石著。他耗精力解說文字，和他主持解釋經義一樣，也是要在闡明儒學精髓的過程中，傳播其變法革新思想。同時，他對文字結構、含義與演變的見解，在這裡得到充分的體現。王安石認為：「字者，始於一，一而生於無窮，如母之字子，故謂之字。其聲之抑揚開塞，合散出入，其形之衡從曲直，邪正上下，內外左右皆有義，皆出於自然，非人私智所能為也。與伏羲八卦，文王六十四，異用而同制，相待而成《易》。」[89]他把字的筆劃結構，各種讀音，以及所含意義，理解為出於自

88　夏竦：《古文四聲韻・序》。四庫全書本。

89　《王安石全集》卷八十四《熙寧字說》。四庫全書本《臨川文集》的《熙寧字說》，文字與此小異。

然，不是人的「私智」造成的，就像演八卦而成《易》。文字的筆劃和卦、爻之於《易》，是同樣的，「異用而同制」，都蘊涵、承載著像《易》所表述的政治道德理想。《易經》是儒家所尊的最高典範，因而是統帥一切的，「同者，所以一道德也」。道德歸一，是王安石追求的理想目標。在當時的社會背景裡，「一道德」便是要歸結到變法革新思想的指導下。從字皆有義、皆出自然的原則出發，就放棄了班固、許慎以來確立的「六書」法，主要只用「會意」之法來分析文字。其次，也從形聲字的聲符中探討字義，解釋得名由來。

定下了文字與道德一致的基點之後，王安石接著說，許慎的《說文》即是將「經義附之」，但做的不好，「多舛」，所以他重新來做。因此，從這個角度來理解教學必從識字開始，「則於道德之意，已十九矣」。這就是王安石寫《字說》的動機和目的。黃庭堅記載說：「荊公晚年刪定《字說》，出入百家，語簡而意深，常自以為平生精力盡於此書。好學者從之請問，口講手劃，終席或至千餘字。金華俞紫琳清老，嘗冠禿巾，衣掃塔服，抱《字說》，追逐荊公之驢……」[90]。著名畫家李伯時將此情景描模了下來，傳之於世。

《字說》已經失傳，現在只能在其他人的著述中得到一點片斷[91]，如陸佃《埤雅》引述了《字說》二十七處；羅願《爾雅翼》

90　《書王荊公騎驢圖》，見《黃庭堅全集・正集》卷二七。
91　上海師大朱瑞熙教授有《王安石「字説」鉤沉》、《王安石「字説」鉤沉續》，對殘存的《字説》條文進行了比較全面的搜集整理，分別見

引述了十一處；楊時《龜山集》中有《王氏字說辨》，轉述了《字說》二十九條；陳自明《婦人大全良方》也援引《字說》六條。如：

一、「空，無土以為穴，則空無相；無工以穴之，則無作。無相無作，則空名不立。」

二、「同，彼亦一是非也，此亦一時非也，物之所以不同。冂一口，則是非同矣。」

三、「義，斂仁氣以為義，散義氣以為和。」

四、「除，有陰有陽，新故相除者，天也；有處有辨，新故相除者，人也。」

五、「崇高，高言事，崇指物，陰陽之義。」**92**

六、「羔：《字說》曰：羔從羊從火。羊，火畜也。羔，火在下，若炎，始然可進而大也」。

七、「鸚鵡：《字說》曰：嬰不能言，已而能言母，從人而後能言。」

八、「蜘蛛：《字說》曰：設一面之網，物觸而後誅之，知誅義也。」**93**

第一至五詞條，證明王安石的這部書具有強烈的思想性。「空」的解釋，明顯吸收了佛教思想資料，讓你對「空」有了一種新異感覺。「同」的解釋，是其追求「一道德」理想的另一種

《撫州社會科學》1987 年第 3 期、《撫州學刊》1990 年第 12 期。

92　以上見楊時《龜山集》卷七《王氏字說辯》。

93　以上見陸佃《埤雅》卷五、九、一一。

說法。關於「義」的含意，他將「仁」、「和」的概念包容進來，比較「義者，宜也」的解說，更豐富了。對「除」的分析，富有哲理，把自然與社會的發展，概括為「新故相除」的過程，這是很高明的見解。「崇高」片語，二字分開解，不無新意，然套上「陰陽」，則不免牽強。王安石《字說》之見解，盡可討論，但它作為新出的學說，卻是值得重視。

第六至八詞條，是拆字分析，找出其義。羔字分為羊、火來解釋，與《說文解字》的訓釋相近：「羔，羊子也，從羊、照，省聲。」鸚鵡、蜘蛛是雙音節聯綿詞，把它們拆開來作字義解釋，顯得牽強附會。

《字說》不同於通常的字典，沒有反切讀音，沒有應用實例，解釋其意也並非都是簡明直白，常常是載有哲理性的分析或折解，充溢著他的變革思想傾向。因而，有理由將它當理論性的著述，不把它看作字典。雖然如此，也不妨將它看作字典中的特例。許慎《說文解字》，也沒有離開經義，他開創的體例被尊為範式，卻不等於偏離不得。在解說字的意義之中，著力宣傳學術觀點，省去通常必有的反切，仍屬說「字」。《字說》仍然是按字寫意，一字一說，因字而異，不是內容連貫的整篇文章。其中穿鑿附會的部分，則應予揚棄。

五　科技著作與水利專家

在儒學經術居絕對統治地位的時代，人生價值特重讀書中舉，走上仕途，農工耕織乃鄉民之事，士大夫是不屑一顧的。就是在這種社會背景下，仍有一批儒者關注生產技藝，將才學智慧

貢獻於實用科技，取得了可喜的成果，其精神可嘉，其人尤為可敬。

曾安止及其《禾譜》。 曾安止（1048-1098），字移忠，號屠龍翁，吉州泰和縣人。熙寧九年（1076）進士，初任洪州豐城縣主簿，後改江州彭澤縣令。因目疾離任返鄉，不再出仕。安止十分關心農事，認為「農者，政之所先」，故盡心致力於水稻栽培。他走向田間，諮問農民，考察禾苗生長實際，並參閱前人著述，寫出《禾譜》五卷。其《禾譜・序》說其寫作動機與吉州農業優勢曰：

獨吉之民，承凋敝之餘，能不謬於所習，盼盼然惟稼穡之為務。凡齠齔之相與嬉，閭井之相與言，無非穮、鋤、錢、鎛之器。……自邑以及郊，自郊以及野，峻岩重穀，昔人足跡所未嘗至者，今皆為膏腴之壤。……近時士大夫之好事者，嘗集牡丹、荔枝與茶之品，為經及譜，以誇於市肆。予以為農者，政之所先，而稻之品亦不一，惜其未有能集之者。

曾安止在重農思想指導下，不追時髦風氣，力求填補農書中的空缺，將泰和縣農村的水稻品種逐一分類記錄，進行品種鑑別，名稱辨識，得到早禾秈品十四個，糯品十一個；晚禾秔品十三個，糯品十二個，合計五十個品種。這樣多的品種在一個縣內栽培，由此可以看出泰和農民注重選種，不斷培育出適宜本地水土環境的稻種，求得更好的收成。如占城稻，傳入當地「才四、五十年」，已有了「早占禾」、「晚占禾」之別。

紹聖元年（1094年），蘇軾貶惠州（今廣東惠陽），路經泰和，見《禾譜》「文既溫雅，事亦詳實」，同時「惜其不譜農器」，作《秧馬歌》相贈，附其書後。

《禾譜》在《宋史・藝文志》、《文獻通考・經籍志》均有著錄。但原書已佚，現在只是泰和縣石山鄉匡原村的光緒三十四年版《匡原曾氏重修族譜》中，見到轉錄的部分內容，但已可看出，它不僅是泰和農村的稻種專志，而且是「中國第一部水稻品種專志，它是北宋時期江西水稻農業高度發展的產物。」「對中國水稻栽培史的研究具有重要的意義」[94]。

張潛及其《浸銅要略》。張潛（1025-1105），字明叔，饒州德興人。其家為德興望族，「內外數千指，賓客憧憧，飲食宴樂無有虛日」[95]。張潛善於治家理財，「其治生，得與之為取之之術，故積而能散，散而復來」。在田地廣、倉廩實的基礎上，他家因地利之便，經營銅礦業。張潛「嘗讀神農書，見膽礬水可浸鐵為銅，試之信然，曰：此利國術也。命其子甲獻之，朝廷下其法，諸路歲收銅數百萬」[96]。張甲，是張潛第四子，獻出的即《浸銅要略》，朝廷給予的回報是授張甲「三班差使，減三年磨勘。」

94　曹樹基《〈禾譜〉及其作者研究》，載《中國農史》1984年第3期。又，尹美祿《從〈禾譜〉看北宋吉泰盆地的水稻栽培》，也轉述了《禾譜》的部分內容，見《農業考古》1990年第1期。
95　《將仕郎張由墓誌銘》，見陳柏泉《江西出土墓誌選編》，第92頁。
96　《通直郎張潛行狀》，見陳柏泉《江西出土墓誌選編》，第85頁。

　　張潛寫成《浸銅要略》以及張甲獻出此書，是在哲宗紹聖年間（1094-1098）。南宋的趙蕃說：「布衣張甲，體物索理，獻言以佐國法，宋紹聖間，詔經理之。」[97]元末危素也說：「當宋之盛時，有三司度支判官許申能以藥化鐵成銅，久之，工人厭苦之，而事遂寢。今書作於紹聖間，而其說始備。」[98]

　　元朝至正十二年（1142）張潛之孫張理，「獻其先世《浸銅要略》於朝」，同時拿副本給危素看，請其寫序。可見序中所說往事是真實的。許申以鐵化銅的試行，據《宋史・食貨志》在景祐年間（1034-1038）。由景祐至紹聖，經過約半個世紀，該是又有無數個熱心冶銅事業的人反覆試驗改進其法，至張潛寫出《浸銅要略》，「其說始備」，浸銅技術已經成熟，能夠推廣應用了。張潛是浸銅生產的實際經營者，其「化鐵成銅」技術在紹聖之前已在運用之中。故危素又說：「其父子祖孫邁於一事，其講之精，慮之熟」，終於寫出總結性技術成果《浸銅要略》，把中國人民在世界冶金技術和化學史方面的重大貢獻，正式宣告於天下。

　　《浸銅要略》在元代以後失傳，有關的文字只有危素的《浸銅要略序》，全文不足六○○字，其中說德興縣興利場有膽泉三十二處，整理成浸銅溝一三八處，依膽泉濃度區別為五日，七日，十日「舉洗一次」三類。「政和五年（1115）雨多泉溢，所

97　趙蕃：《章泉稿》卷五。
98　危素：《危太朴文集》卷一○《浸銅要略序》。

浸為多」。時至二十世紀末，我去德興銅礦採訪，仍見有膽水浸銅設施，只不過產量甚微，已退居無足輕重的地位。

水利專家侯叔獻、余良肱。侯叔獻（1023-1076），字景仁，撫州宜黃人。慶曆六年（1046）進士，任開封府雍丘縣尉，境內多盜賊，他將捕獲的盜賊押送開封府，府尹李珣對他說：你的才能我非常清楚，我將率同僚舉薦你。叔獻辭謝曰：「本以公事至府，事畢歸邑。若投謁以求薦，非我志也。」竟不面推官、判官而去[99]。」再任桐廬縣（今安徽）令。王安石變法時，調任制置三司條例司，擬議新法。他上言：汴河沿岸沃壤千里，而公私廢田約有二萬餘頃，多用來牧馬；按馬計算，只需用地一半，故常年荒地一萬餘頃，「觀其地勢，利於行水，欲於汴河兩岸置斗門，泄其餘水，分為支渠，及引京、索河並三十六陂，以灌溉田」[100]。神宗同意這個建議，命叔獻提舉開封府界常平，實施引汴水灌田工程。

熙寧三年（1070）八月，叔獻為權都水監丞，提舉沿汴淤田。六年十月升同判都水監，主管水利事。他巡察河北、京東二路，疏浚了白溝、乃馬、自盟三條河道，闢大湖，立新堤，開直河二千餘里，使當地農田灌溉條件獲得改善。他訪問鄉間耆老，得知黃河淤泥可治理鹽鹼地，遂奏請在汴京附近實施，被命兼提舉沿汴淤田。侯叔獻仔細「相地形，度河勢」，引河水淤灌開封

99　魏泰：《東軒筆錄》，卷八。
100　《宋史》卷九五《河渠五》。

府地區闢田。一次引水淤田，汴水暴至，堤防將毀。他瞭解到上游數十里有一曠廢的古城，急命掘開彼處堤岸，使水注入空城。下流於是淺涸，使人搶收堤防。次日，古城水滿，汴流復行，而塌陷處的新堤已築完。再從容地塞古城處的決口，因內外水面趨平而不流，容易施工，缺口很快阻住，「眾皆服其機敏」[101]。幾年間，共溉田四十萬頃。侯叔獻在農田水利中的實績，是對熙寧新法的有力支持。神宗誇獎說「古人所謂勤於邦，盡力乎溝洫，於卿無愧」[102]。熙寧八年，詔令京西路運糧去河北，侯叔獻於是建議：因丁字河故道鑿堤置閘，引汴水入於蔡河，以通舟運。九年（1076）侯叔獻在揚州光山寺一帶治水，「以勤感疾」，病卒。

余良肱（事蹟見前）。

六　建築技術成果

北宋的建築技術發展到一個嶄新的高度，產生了傑出的建築匠師喻皓及其《木經》、傑出的工程師李誡及其《營造法式》。喻皓是北宋前期最負盛名的能工巧匠，精於建造佛塔，在開封建築的開寶寺塔，預留傾斜度，以便抗擊西北風，歐陽脩說：「國朝以來，木工一人而已，至今木工皆以喻都料為法。」[103]李誡是

---

101 《夢溪筆談》卷一三《權智》。胡道靜校注本，第 243 條，中華書局
　　1958 年版，第 148 頁。
102 同治《宜黃縣誌》卷二八《人物・名臣》。又光緒《撫州府志》卷
　　四九《人物・宦績》。
103 歐陽脩：《歸田錄》，卷一。關於開寶寺塔以及《木經》的詳情，見河
　　南省博物館《祐國寺塔》（《文物》1980 年第 7 期）、夏鼐《夢溪筆談

北宋後期的將作監丞，奉朝命編修《營造法式》，元祐六年（1091 年）修成，崇寧二年（1103 年）正式刊行，作為法定的建築規範。《營造法式》規定的材料高寬比例為三比二，這比現代科學驗算的截面最強抗彎強度只低○點二三，極為逼近，早於十七世紀伽利略的類似結論五個世紀，在世界建築史上遠居領先地位。李約瑟在《中國科學技術史》中說「西方是無法可與《營造法式》相較量的。」《營造法式》是官頒建築法規，對推行標準設計，嚴格工料定額，保證工程品質，都有積極影響[104]。在這個優越的建築環境中，江西工匠技師建造了一批優質的建築物，有的經受住八九百年的考驗，保留至今。現在仍能見到的有：

房屋：

西陽宮，在永豐縣沙溪鄉沙溪街西南一公里處，位磨盤山東南麓。原為唐代西陽觀。因歐陽脩父親名歐陽觀，與西陽觀之「觀」音異而字同，為避諱，至和二年（1055 年）宰相韓琦奏請於朝，將西陽觀改稱西陽宮。該宮座北朝南，為三層閣樓式，門坊寬九點一米，高六點二四米，擺高四點五○米；門高二點八○米，門寬一點五八米，牆厚○點四○米，地面以特製大型正方形磚鋪砌，上部飄簷，兩邊伸擺門上部橫書「西陽宮」三字，門楣內有「柱國塚宰」四字刻石。西陽宮拱門後正中是文忠公祠堂，

中的喻皓木經》（《考古》1982 年第 1 期）。
104 關於李誡《營造法式》的專題研究，參見管成學《宋代的科技與改革初探》（《中日宋史研究會中方論文選編》河南大學出版社 1991 年版）、劉克明《宋代工程圖學的成就》（《文獻》1991 年第 4 期）。

‧水豐縣沙溪西陽宮

左為瀧岡阡表碑，右有瀧岡書院、文儒讀書堂。一九五七年公布為省級文物保護單位[105]。

　　難禪閣，在宜春市區重桂路南側口，紹聖年間（1094-1097年）袁州司理李仲元建造，為參禪悟道之所，黃庭堅為其書名。閣呈正方形，邊長十四點二米，簷高十一米，總面積四〇〇米。廡殿式，四坡頂，重簷，琉璃瓦。中軸線左右對齊，對稱布局。抬梁式木構架，四柱圍一間，面闊三間，進深三間。雀替、斗拱、駝峰、穿插枋、天花板、藻井皆備，裝點有花、鳥、麒麟等

105　《永豐縣誌》第五編第九章「文物勝跡」。新華出版社 1993 年版。

文飾。一九八四年列為宜春市重點文物保護單位[106]。

馬祖塔亭，在靖安縣寶峰鎮寶峰寺內，元豐八年（1085 年）建。由花崗石榫接而成。通高五點五米，亭深五點一七米，柱間寬一點九米，對角徑長四點五米。柱枋上置仿木斗拱，六角攢尖頂亭蓋。亭刹已失。梁上刻「聖宋元豐歲次乙丑五月癸巳朔廿八日庚申琢石重新建造□□」。

城牆：

虔州城牆始建於東晉永和五年（349 年），五代後梁擴建，奠定了後來重建的基礎。北宋重建。嘉祐年間（1056-1063），知州孔宗翰鑒於城牆瀕臨章水、貢水的衝擊，「歲為水齧」，命工匠「伐石為址，冶鐵錮之」。開始用石為牆基，上層再砌以磚；同時以鐵水澆注基石縫隙，使其聯結牢固成整體。於是，城牆「由是屹然」，獲得朝廷「褒美」[107]。熙寧間（1068-1077），知州劉彝再次維修城牆，因州城三面臨水，遇江水暴漲，輒灌城內，遂在龜角尾城牆處新開水窗十二間，「視水消長而啟閉之」，消除了水患[108]。如今在城牆上仍能找到有「熙寧」銘文的城磚。該城牆是江西省現存規模最大的古代城牆，也是全國少有的北宋城牆之一，一九八七年列為省級文物保護單位。

---

106 《宜春市志》卷三三《文物名勝》。南海出版公司 1990 年版，第 719 頁。
107 《宋史》卷二九七《孔道輔附孔宗翰傳》。孔宗翰知虔州時間據同治《贛州府志》卷三四《官師志》。
108 同治《贛州府志》卷四二《府名宦‧劉彝》。

佛塔：

西塔（紅塔），在浮梁縣舊縣城西側。道光《浮梁縣誌》載：「西塔寺在西隅，唐太和六年（832年）僧度創。塔高十三丈，宋建隆二年（961年）縣民黎文表倡造。明萬曆三年（1575年）塔重修。」1970年實測此塔時，發現塔頂覆盆鑄銘文為：「浮梁縣太平坊清信弟子黎文聰，自舍錢一百貫文足，鑄造大聖塔上覆盆一所，永彰不朽者。康定元年（1040年）歲次庚辰四月二十八

·浮梁縣紅塔

日。」[109]依舊志所載，該塔建於北宋建隆二年（961年），現存者為萬曆重修。據銘文，有兩種可能，一是康定元年重修過，將「大聖塔」的覆盆移置過來；二是萬曆重修之時，把「大聖塔」覆盆安裝了上去。一九八四年對西塔進行了維修。該塔七層，正六邊形，底層邊長五點二米，逐層收緊，頂層邊長三點七米，塔高從地面至覆盆頂為三十七點八米。全塔以青磚砌成，底層牆厚三米，塔心中空，不設鉤欄。因砌築時以紅壤泥作灰漿，長年累

---

109 據1999年版《浮梁縣誌》第25篇第6章第2節。該志據舊志及銘文說：「由此可見，西塔建於建隆二年至康定元年。」

月，泥漿外溢，把全塔染成紅
色，遂稱為紅塔。

　　慈雲塔，又名舍利塔，在
虔州城內東南隅慈雲寺旁，天
聖元年（1023 年）建。此塔為
閣樓式，高四十二米，六面九
級，下有須彌座。每層外壁作
四柱三間式，上砌斗拱、菱角
牙子，內設佛龕。穿過塔心可
以登至頂層。壁繞平座，疊澀
出簷用青磚砌成。塔內砌有銘
文磚，文曰：「天聖元年弟子鮑

·贛州慈雲寺塔

俊舍塔磚一千五百口」。「舍利塔磚僧□」、「天聖二年女弟子陶
一娘舍錢二十吊」等。黃庭堅題《慈雲寺》詩云：

　　城南寶坊金碧重，道人修惠蔚蒿蓬。
　　一瓶一缽二十載，瓊棌碧瓦上秋空。

　　該塔原有木結構外簷回廊，光緒三十二年被雷擊毀。塔剎不
存[110]。列為全國重點文物保護單位。

110 《贛州地區志》第二四篇《文化藝術·古建築》。新華出版社 1994 年
　　版。

・大庾嘉祐寺塔

　　嘉祐寺塔，在大庾縣南安鎮獅嶺下，建於嘉祐元年（1056年）。塔下原有嘉祐寺，已圮。為五級六面樓閣式磚塔。塔高十九米，塔基每邊長二點一米，中有角背。梁枋斗拱系仿木結構，與天籟閣所藏王勃《滕王閣對客揮毫圖》中所繪者相同。塔內空心，內有壁龕，可攀登到第五層。每層各面有凸出的門框、壺門，有塔座。第一層至第二層之間塔身外壁裝飾獨特，在倚柱間有兩根普柏枋，各枋下飾有一朵斗拱。從第二層平臺起有菱角牙磚砌直，至第五層共用一六七塊菱角牙磚。塔頂有三層菱角牙磚組成的小飛簷，塔的覆盆上有三級寶葫蘆。列為全國重點文物保護單位[111]。

111 《贛州地區志》第二四篇《文化藝術・古建築》，新華出版社 1994 年

大聖寺塔，在信豐縣嘉定鎮縣人民政府後院，治平元年（1064年）建。一九五四年發現在塔的木雕佛像上刻有「大聖寺」三字，故名。該塔六面九層。每層兩級，明暗相間，共十八級。每層有六門（3真，3假），是穿壁繞平座樓閣式磚塔。覆盆以下高五十一點七八米，底座外邊長五點九米，壁厚三點六五米，內空對角距三米，占地九十平方米。塔壁外部有斗拱，角柱支撐平臺欄杆，腰簷筒瓦。第九級為重簷塔頂，使塔顯得更秀麗壯觀。國家文物局專家於一九五三、一九五四年兩次考察，在塔上發現木雕佛像一尊，上有「朱葉民及妻來大聖寺，在搭上充供養，乙丑歲十一月□日題」的銘文，以及「開元」、「大觀」銅錢。一九八六年重修，在第七層壺門牆上發現有銘文塔磚，文曰「治平元年」、「元祐元年」，因而認定，此塔始建或重修年代為北宋治平元年。一九八七年對塔基進行地質鑽探後發現，塔基地層深七米，寬徑二十一米，採用一層黃泥，一層鵝卵石鋪築，每層相隔約十五公分，夯實為堅硬的塔基。在清基工程中發現大會廊伏石、麒麟浮雕石欄板、蓮瓣紋望柱等。一九九〇年重修工程竣工，重修了平臺腰簷，重新安裝了塔剎，現塔通高六十六點四五米。列入全國重點文物保護單位。（圖版27）。

江仕澄塔，在吉安市西街水巷口南端，元豐五年（1082年）興建，天啟六年（1626年）重修。塔為七級，方形，塔頂有鐵剎呈三個葫蘆形。全塔通高二十二點八米。第四層中有《妙法蓮

華經》第五卷。第四、五、六級的壁龕中，有佛像六尊，其一為木質，五尊均為瓷質，頭部波狀髮，高肉髻，面相方正典雅，衣折柔軟流暢，眼半開而下視，嘴露微笑欲言的表情。整體燒製得比例勻稱，飽滿自然，富有世人的真實感。瓷塑佛身，省外少見，而江西屢見出土，這是佛教興盛與瓷業發達的綜合表證。該塔捐建者是誰？二層南門嵌有方磚一

·信豐大聖寺塔

塊，上刻「臨江軍清江縣鐘秀門外居住江仕澄砌此寶塔元豐五年十月日記」[112]。據此銘文，江仕澄似是砌塔工匠，但理解為捐建者，可能更妥，因通常是認真的鐫刻捐建人姓名與時間，不會只刻工匠而不管出資人。

　　無為塔，在安遠縣城西北二〇〇米處的紅岩上，紹聖四年（1097 年）邑人杜鑒主持，七望族合建。該塔六面九級，每面有一扇真門或假門，相互間隔。每級有回廊、平座、欄杆和飛簷，

---

112 彭適凡、劉林：《吉安北宋江仕澄塔出土文物》，載《江西歷史文物》1982 年第 1 期。1966 年 9 月因將倒塌，經省文物管委會批准拆除該塔。

· 安遠無為塔

簷角吊掛銅鈴。有明、暗樓十七層,暗樓設有佛龕。步階梯穿樓廊可登至塔樓頂層。屬穿壁繞平座的樓閣式磚塔。因風化嚴重,國家文物局撥款十七萬元,於一九八一到一九八四年進行了搶救性維修。該塔有塔基座和平臺,底層有回廊,回廊大門朝北,廊寬三點九米。底層牆厚三點三五米,各面寬五點九米,各角均有八棱倚柱,中間設壺門,門兩側設挾柱,將每面分為三間,挾柱與角柱間用單層藍額,每間有補間鋪作一朵,為單杪四鋪作。第二層平座,構造比較簡單,僅用菱角牙子三層,平座之上為第二層門(窗)及腰簷。再往上各層塔外壁製作與第二層相同。塔外壁的木走廊和腰簷,原已燒毀,維修時改用鋼筋混凝土複製,並恢復了塔剎和底層回廊。今塔身高五十五米,塔剎高六點五米[113]。

113 《贛州地區志》第二四篇《文化藝術·古建築》,新華出版社 1994 年

列入全國重點文物保護單位。

寶福塔，在石城縣琴江鎮琴江東岸寶福寺後院，崇寧元年（1102 年）始建，大觀四年（1110 年）竣工。六面七級，竹節綱鞭形，屬穿壁繞平座樓閣式磚塔。通高五十米，底座外邊長五點六米，塔壁厚三點七米，內空對邊距十米。各級均有明暗層之分，每級有門六扇，三開三閉。平座和簷下均有磚砌的額枋、斗拱等仿木結構，簷角掛銅鈴。外壁有多處彩繪。塔磚上銘文有「崇寧壬午」、「僧道符立」以及捐贈塔磚者的姓名，底層有「應可」磚記。塔頂有塔剎，鐵覆盆外壁上，鑄有捐奉者姓名。該塔樓欄毀於元末，後多次遭兵燹，損壞較重，塔身已向東北方傾斜[114]。上世紀九十年代國家已撥款維修。列入全國重點文物保護單位。

此外，還有南塔，在永新縣禾川鎮，又稱茅塔，用磚砌成，九層四角，各層四面設龕，塔頂有鐵剎。高十七米，塔基正方，邊長四點一米。鐵剎銘文寫明塔建於至道元年（995 年）。觀音堂塔，在鄱陽縣城內，又稱永福寺塔，建於天聖二年（1024年），九層八角磚砌而成，高四十九米。

橋樑：

觀音橋，又名棲賢橋、三峽橋，在星子縣白鹿鄉的白鹿洞西

版。1993 年版《安遠縣誌》第二四篇第一章第四節作「江西省文化廳和安遠縣人民政府合計撥款 17 萬元。」

114　《贛州地區志》第二四篇《文化藝術・古建築》，新華出版社 1994 年版。參見 1990 年版《石城縣誌》第五卷第三八章第一節《古建築》。

二點五公里處，位棲賢寺之下方，建於大中祥符七年（1014年）。此處山谷匯納數十條溪澗之水，每逢春夏，山洪奔瀉，水石相擊，洶湧轟鳴。該橋橫跨山澗之上，為單孔券拱結構，長二十點四五米，寬四點三三米，高十點六七米。橋面鋪以大石板，兩側砌有石欄杆，人行其上，毫無驚險感覺。拱券結構沿襲了河北趙縣隋代趙州橋的縱向並列券的做

·石城寶福塔

法，橋拱內圈呈弧形自然彎曲，石塊排列為七行，共一〇五塊各重約一噸的長方形花崗石砌成。相互鑿出子母榫聯結，不用泥漿黏結。橋西左側有石級可通橋東。整體結構嚴密堅固，至今仍可通行載重汽車，是充分利用拱形力學原理建橋的傑作。因其堅致壯奇，民間乃傳「橋魯班造」。橋拱底面石塊銘文依然清晰可辨，文曰：「維皇宋祥符七年，歲次甲寅，二月丁巳朔建橋。上願皇帝萬歲，法輪常轉，雨順風調，天下民安，謹題。福州僧智朗勾當造橋，建州僧文秀教化造橋。江州匠陳智福、弟智汪、智洪。」[115]觀音橋是中國北宋單拱石橋的珍貴遺產，它利用山谷岩

115 參見《星子縣誌》卷十二《名勝古跡》。江西人民出版社 1990 年版。

711

石架橋，既有利於交通，又減少山洪衝擊，是古代橋樑建築史的實證資料，對佛教史，尤其是佛教在廬山傳播歷史的研究也有重要的參考價值。該橋為江西省級重點保護文物。

逢渠橋，在新昌縣（今宜豐）同安鄉洞山水口，建於紹聖五年（1098 年）。為單孔券拱石橋，淩駕於葛溪之上。此處兩岸為砂土，缺乏承擔拱橋外向推力的地形、地質條件，所以，建橋者採用大於一八〇度的拱圈設計，將負重壓力只傳遞於橋墩，而不會傳至兩岸。為了增大橋墩承重面積，克服橋基地質比較鬆軟的缺點，特將墩座做得很寬大，底下再用松木打樁，構成一塊墊座底層。至今橋墩與橋基仍很堅固，尚未發現沉陷。券拱採用七個單券縱向並列組成，不多見。每券有矩形花崗石十一塊，共計七十七塊排列整齊，每列的縱向與橫向石縫皆相通，組成如半圓形的承重券拱。橋面長十五米，寬四點七米，橋拱淨寬四點二米，拱矢高二點一米，矢跨比二：一，屬抖拱型。左右拱肩各嵌有一個石雕武士，與真人一般高大，左執趕山鞭，右握開山斧，酷似佛寺中的護法韋馱。石雕的手法和風格，細膩而有條理，形態威嚴而又姿態自然，是北宋浮雕與宗教藝術中的優秀作品。橋石銘文曰：「紹聖戊寅歲，同安張仲舒妻雷四十三娘、男裕禧捐石橋，住持沙門梵言勾當惠聳題」。橋名「逢渠」，是為紀念良價禪師於此悟道而建。[116]逢渠橋的外觀特色，與曹洞宗良價祖師的

---

116 《五燈會元》卷十三：良價得法於雲岩禪院（在修水縣）曇晟，史傳云：良價辭別曇晟時，問曰：若有人問您的面貌如何，該怎樣回答？

事蹟密切相聯，所以也是有佛教禪宗氣息的宗教建築。在建築結構上，逢渠橋也是特色鮮明，除超大弧度的券拱設計、寬大橋墩的構築之外，其拱券的發拱形式也不一般，它採用正方形的楔形石砌結，增加了橋的橫向並聯強度。[117]

· 星子觀音橋

鳴水橋，在樟樹市閣山鄉的閣皂山，建於政和元年（1111 年）。該橋座落在凌雲峰峽山口，橫臥閣水之上。據《閣皂山志·八景記》：「閣水源出九龍，依勢西流，至凌雲峰口，沖崖直瀉，咆哮如雷。水上橫臥一石拱橋」。該橋東西向建於水聲如雷的閣水之上，故名「鳴水橋」。此橋利用山峽崖石，鑿崖為橋基，以長條石砌橋墩。拱圈採用趙州橋的縱向並列法砌築，橋長七點三米，寬六點八米，由十七道拱圈並列築城，每道拱圈由七塊長〇點五八、寬〇點四四、高〇點三四米的拱石砌成

曇晟答：即遮個是。良價似懂非懂，離開雲岩山門。一日，來到宜豐葛溪岸邊，見水中身影，頓悟「遮個是」的道理，吟偈曰：「切忌從他覓，迢迢與我疏。我今獨自往，處處得逢渠。渠今正是我，我今不是渠。應須憑麼會，方得契如如。」此即「睹影悟道」，把握自心佛性，不假外求的典故。

117 李放：《逢渠橋》，載《江西歷史文物》1982 年第 1 期。

・宜豐逢渠橋

・樟樹鳴水橋

弧形橋拱，置於高九十四釐米的橋臺之上。石橋內空高二點五米，寬二點六米，拱圈之間安放「腰鐵」以相聯結，使十七道拱圈結成為堅固整體。拱石之間的接觸面均鑿出細密斜紋，再以石灰漿砌築，加強拱石相互之間的結合，提高了拱圈的抗壓強度。橋面用等邊方石呈對角菱形鋪砌，兩側裝置石欄，由望柱、欄額、華板、地 構成。南宋開禧年間，孫方丈在橋面上增建一亭，曰「鳴水台」（該亭於清初焚毀）[118]。左右橋臺石刻有「大宋政和元年辛卯歲，閣皂山道眾，化緣信人財物，建此石橋，至四年冬至日畢工。謹題。」該橋既是道教勝地的名勝古跡，閣皂山道教歷史的實物見證，又是古代橋梁建築的寶貴遺產。列入全國重點文物保護單位。

此外，還有玉澗橋，在星子縣白鹿鄉，皇祐六年（1054 年）建造，是單孔石拱橋，高二點五米，長、寬各三點七米。拱內刻有「宋皇祐六年甲午歲正月望日建」。

---

118 《清江縣誌》（1989 年版）第二十六編《文物勝跡》。參見李玉林《宋代鳴水橋維修竣工》，載《江西歷史文物》1980 年第 3 期。據縣誌，民國十年重修此橋，二十三年閣皂山住持歐陽明性再建鳴水亭，1958 年修公路，拆亭以通汽車。

第十章——

佛道宗教的
傳播

　　儒佛道在爭鬥之中相互滲透，三教思想從激烈排斥到平靜合流，是客觀存在的文化趨勢。「以儒治國，以佛治心，以道治身」，這是封建統治者逐漸領悟到的寶貴經驗，北宋君臣尤能身體力行。

　　唐高祖李淵於武德七年（624）春，在太學召集儒、釋、道三家學者，命國子博士徐文遠講《孝經》，沙門惠乘講《波若經》，道士劉進喜講《老子》。然後，命博士陸德明詰難講評，他們各自維護本宗之教義，但「眾皆為之屈」[1]，陸德明占了上風。李淵此舉，有調解三教的用意，讓他們在同堂演講爭辯之中，各自明瞭彼此的優劣長短，以利相互取長補短。然而，終唐一代，三教之間的矛盾鬥爭，尤其是儒、釋之間的鬥爭劇烈，中國歷史上著名的「三武一宗」（即北魏太武帝拓跋燾、北周武帝宇文邕、唐武宗李炎，稱為三武；後周世宗柴榮，為一宗）滅佛事件，一半發生在李淵召開「三教論壇」之後。可是，「滅佛」只是短期的事件，過後佛教又重振起來。爭鬥有利於知己知彼，借鑒對方，完善自身教義，並促進融合。結果是，當年東林寺慧遠力主的「沙門不敬王者」原則，逐漸被淡化，至北宋最終拋棄，萍鄉楊歧宗方會莊重地祝願「今上聖壽無窮」，已經完全臣服於「王者」。

　　從公然「不敬」到當眾喊萬歲，都由江西僧人承擔，這是巧合，也是自然。慧遠是東晉時代中國高僧的傑出代表，「博綜六

1　《舊唐書》卷一八九上《陸德明傳》。

經，尤善老莊」的學問修養，使他具有極大的理論勇氣，闡明「沙門不敬王者」的深刻含義，讓桓玄等軍政首腦信服：佛教對己無害，於統治有益。經過儒佛道三家長期反覆的爭論駁難，浮屠們不斷吸收中國傳統文化，補充並改造自己。「三武一宗」對佛教的打擊政策，更使僧眾意識到：與其保守外來宗教的面孔，注重形式，遭受「法難」的折磨，不如脫卻外表，將「陰助教化」變為公開擁戴。何況當年道安曾對慧遠等弟子們交待：「不依國主，則法事難立」，而且慧遠的「不敬」是以不爭奪為內含，實際上是最好的禮敬。這種不敬之敬，維護著佛教的生存地位。

　　佛教在中國日益當地語系化過程的完成，是以禪宗的確立為標誌。禪僧將「心中佛」推向極至，而把修練形式置於次要末位。惠能以後的「五宗七家」，以江西為主要傳播基地，而楊歧宗正是北宋時代最活躍的禪宗一家，作為該宗的開山祖師，方會率先對皇帝祝壽，廬山觀音橋鐫刻「皇帝萬歲」，便是順理成章的了。另一方面，君王們在注意管理宗教的同時，更看重佛教對統治的思想支撐作用，而把他們在財富與勞動人手方面的占有看輕，不再沿用「三武一宗」的剝奪政策，也是促成佛僧實現這種轉變的重要因素。

　　三教走向和平共處的趨勢在發展，進入北宋以後繼續廣泛地展開。宗教必須依賴皇權，而皇權也需要借助宗教。佛道的興衰主要決定於朝廷政策。唐朝皇帝姓李，格外尊崇道教。宋朝諸帝，對佛道二教的政策基本一致，既推崇，又限制，始終將它們控制在對統治有利的範圍內。宋太祖以「現在佛」自居，太宗以

治人為修行之地，視為普渡眾生之舉；更多的官紳在念佛坐禪，習學佛理，吸收其思想資料。「滅佛」的事件不再出現，同時又限制其過度氾濫。正是在北宋的政治環境中，佛教日益世俗化，佛僧既出家又入世，既說空又宣揚忠君，完全和世俗士大夫走著同一條路子，相互詩文唱和，學問切磋，非常融洽。士大夫們非常熟諳佛禪教義，學兼佛老，與名僧為友，已是普遍時尚。開國宰相趙普，定下了「以堯舜之道治世，以如來之行修心」的原則，後繼者甚至只與說禪者游，如呂公著：

素喜釋氏之學，及為相，務為簡淨，罕與士大夫接，惟能談禪者，多得從遊。於是好進之徒，往往幅巾道袍，日遊禪寺，隨僧齋粥，講說性理，覬以自售，時人謂之禪鑽。[2]

除了跑官而好說禪者之外，還有不少士人學者也喜歡交僧人朋友，蘇軾自言「獨念吳、越多名僧，與予善者常十九」[3]。眾多的儒家「居士」，在自己的儒學著作裡融入佛教的觀點與術語，或者徑直著述佛老之書；而僧侶們也有更深的儒學修養，《傳燈錄》之類不斷問世，儒佛雙修的學問僧隨處可見。其中的一個代表者智圓，即在理論上對合流做了精闢的闡述，他說：

2　徐度：《卻掃編》，轉錄自丁傳靖輯《宋人軼事彙編》卷六《呂夷簡》附子公著。中華書局 1981 年版第 269 頁。

3　蘇軾：《東坡志林》，卷二，《付僧惠誠游吳中，代書十二》，見《三蘇全書》子部。

儒、釋者，言異而理貫，莫不化民，俾遷善遠惡也。儒者飾
身之教，故謂之外典。釋者修心之教，故謂之內典也。蚩蚩生
民，豈越於身心哉！非吾二教，何以化之乎？嘻！儒乎，釋乎，
其共為表裡乎！……非仲尼之教，則國無以治，家無以寧，身無
以安，釋氏之道何由而行哉！[4]

智圓論述的觀點，不僅將儒釋兩家的治民功效做了區分：儒
飾身，釋修心：而且強調了釋對儒的依從關係，即佛教的傳播必
須以國治、民安為前提，必須儒道先行。換句話說，佛教必須調
整與皇權的關係，放棄「不敬」的口號，改為在順從中合作的態
度。

道教在北宋時期有很大的發展，在得到與佛教一樣的待遇之
同時，更有高級官僚提舉宮觀的制度，還出現過真宗、徽宗兩朝
特別崇道的發展高潮，將道教的傳播推向新階段。

三教思想合流，是強化統治的需要，也是士大夫生活內容中
常有的一部分。屢遭貶降的蘇轍深有感慨地說：「夫多病則與學
道者宜，多難則與學禪者宜」。既與僧道們出入相從，跟著練氣
功，習養生，或者坐禪，參學悟空，遂能病少安，憂自去，「灑
然不知網罟之在前，與桎梏之在身，孰知夫險遠之不為予安，而
流徙之不為予幸也哉！」[5]人生疾病，誰能避免？仕途上的災

4　智圓：《閒居編》，卷十九《中庸子傳》。
5　蘇轍：《筠州聖壽院法堂記》，見《三蘇全書・蘇轍集》卷八三。

難，更是難料。當網罟與桎梏降臨之時，到空無之中尋求解脫，自然是最可行的辦法。佛道撫慰人生苦痛，解答世間疑難，讓你有平安與幸運的感覺，儒生們怎麼能不與之交遊？蘇轍謫官筠州，經常與佛僧交遊，接受了不少佛教思想，又寫《老子解》（一作《道德經解》）二卷，當時他每寫出一章，都拿給道全禪師看，互相商榷。該書「大旨主於佛老同源，而又引中庸之說，以相比附」[6]。蘇軾對此書的評議居然是：「使戰國有此書，則無商鞅、韓非；使漢初有此書，則孔、老為一，使晉宋有此書，則佛、老不為二。不意老年見此奇書。」[7]

諸種社會因素的集合，促成寺觀遍布於城鄉山村，大片山田成為寺觀產業，生活中隨處可見釋迦與老君的痕跡。現實生活中的依存共處，與思想上的滲透融合，相互推動，佛道宗教已是民眾生活中常見的內容。作為精神寄託與信仰的載體，佛道宗教在百姓心目中更注重的不是教，而是神，是能為民眾消災來福，保佑安康的神靈，中國民間逐漸形成信神多元化的宗教信仰特色。

非常有意思的是，正是到了北宋出現了儒佛道三教造像石窟。在此以前，遍布中國十三省一〇〇餘座大中型石窟之中，都不見「三教」同在的雕刻造像，可是到了元豐年間，四川大足縣（今重慶市轄）的雕像中發現九處，其中最富代表性的是石篆山、妙高山兩處的石窟造像，是儒佛道三教發展至宋代已經合流

6　《四庫全書總目提要》卷二八《子部・道家類》。
7　蘇轍：《老子解・敘錄》，見《三蘇全書》子部。

的最好物證[8]。

　　江西各地繼唐、五代以後，佛教和道教的傳播進一步擴大開來。隨著農業經濟的興旺，生產開發地區擴展，佛道寺觀散布的地域相應擴展。科舉教育的振起，儒學的社會價值空前受到重視，而宗教與皇權之間的相互為用也同步跟進，科舉和佛道宗教並未相互排斥。禪宗的黃龍宗、楊岐宗開宗於江西，書院與官學又以江西為盛，佛禪與儒學彼此靠攏、互相滲透的形勢，在江西得到生動的反映。因而，在儒生士子趨集江西求學之時，僧侶們也不甘落後，紛紛來居祖庭，參憚悟道。與此同時，以貴溪龍虎山為核心的天師道，從北宋開始，逐步樹立起它的政治地位，在社會上擴大其影響。

第一節 ▶ 佛教的廣泛傳播

一　朝廷對佛教的提倡與管理

1. 北宋對佛教的提倡

　　北宋朝廷一開始就強調以儒立國，聲言「經術者，王化之本」，同時重視佛教，在駕馭佛教的前提下，發揮著佛教的資治

8　　陳明光：《初探大足石刻是宋史研究的實物史料寶庫》，《社會科學研究》1994 年第 4 期。後彙集在《大足石刻考古與研究》一書中，重慶出版社 2001 年版，第 34 頁。

效益。太祖至相國寺佛像前燒香，「問當拜與不拜？」僧錄贊寧答：不拜，「現在佛不拜過去佛！」機敏乖巧的贊寧，猜透了「今上」的心思，故其答「適會上意」——借僧人之口說出了帝王的旨意。「遂以為定制，至今行幸焚香，皆不拜也。議者以為得禮。」[9]皇帝入寺燒香而不下拜，既待佛以禮，又不失帝王的崇高身份，儒士們認可這種行為合乎禮制。趙匡胤於不經意中為後繼者定下了對待佛教的規矩，這正是他統治的高妙一著。

太宗對佛教的資治作用，以及皇權與佛教的關係，作了十分直白的理論闡述。他在朝堂上對宰相大臣們說：

浮屠氏之教有裨政治，達者自悟淵微，愚者妄生誣謗。朕於此道，微究宗旨。凡為君治人，即是修行之地，行一好事，為天下獲利，即釋氏所謂利他者也。庶人無位，縱或修行自苦，不過獨善一身。……佛經雖方外之說，亦有可觀者，卿等試讀之。蓋存其教，非游於釋氏也。

趙普回應說：「陛下以堯、舜之道治世，以如來之行修心，聖智高遠，動悟真理，固非臣下所及。」[10]這段旨意明確的談話，實為宋朝統治方針的敲定，「儒治世，佛修心」的國策，從此一定不變。太宗對「浮屠氏之教有裨政治」的宗旨，不是「微

9　《歸田錄》卷一，見《歐陽脩全集》。
10　《續資治通鑒長編》卷二四，太平興國八年十月甲申。

究」，而是有深究；他號召官僚讀佛經，是站在帝王的高度上著眼：治人即是「利他」。梁武帝捨身同泰寺為奴的做法根本不可比，唐武宗會昌排佛的政策也顯得低級。爾後僧俗名流有關的文字言說，簡直都是對太宗此論的注腳。佛教在朝廷的指揮下發展起來，太宗繼位後七年，已剃度僧人十七萬餘人[11]。

真宗統治時期，既崇信道教，也扶植佛教。財政大臣陳恕曾以激烈的言辭，請求廢除譯經院，真宗答：「三教之興，其來已久，前代毀之者多矣，但存而不論可也。」[12]所謂「存而不論」，是遏制臣僚發表排佛的言論。他接連頒行提倡佛道的詔令，大中祥符元年（1008）十二月癸卯詔：「天下有名在地志，功在生民，宮觀陵廟，並加崇飾。」[13]二年九月，詔普度天下童子（每十人度一人）；三年，詔天下設戒壇七十二處（京東 4，京西 6，河北 3，河東 5，淮南 9，江南 14，兩浙 15，荊湖 6，福建 3，川陝 7）[14]。淮南、江浙、荊湖、福建共四十七處，占百分之六十五點三，顯然是重心區域。朝廷大規模發放為僧的證書，其人數迅速上升，天禧五年（1021）為四五八八五四人，達官府統計數最高點。此後不斷有官員建議減少剃度僧尼數量，統計的人數減少，景祐元年（1034）為四三四二六二人，熙寧十年（1077）

11 《佛祖歷代通載》卷十八。
12 《宋史》卷二六七《陳恕傳》。
13 《宋大詔令集》卷一七九。
14 《宋會要輯稿》道釋二。

為二三二五六四人。[15]這個統計數僅僅是領有度牒的僧人，並不包括在寺院中的無度牒出家人和還未剃度的童行。

刊印佛教典籍，對傳播佛教關係重大，既能更多的滿足僧俗各界頌讀佛經，也有利於對這些典籍的保存，最好地顯示了宋朝對佛教的尊重。開寶四年（971）我國歷史上第一部大藏經正式開雕，太平興國八年（983）完工，稱為《開寶藏》。《開寶藏》的目錄主要由楊億編制，初時定為五〇〇〇卷，後來陸續增至六六〇〇多卷，共計十三萬版，成為當時內容最完備的佛教叢書。

2. 加強管理的政策

在行政管理方面，佛道宗教統由禮部的祠部掌管，「凡宮觀、寺院、道釋，籍其名數，應給度牒，若空名者毋越常數」[16]。道教的宮觀，佛教的寺廟，一般都需經官府允准，在名額內者為合法，否則為非法。著名的大寺院受到保護與支持，民間小寺院則限制其自由發展。北宋前期的禁令很嚴，認定「諸處不系名額寺院多聚奸盜，騷擾鄉閭，詔悉毀之，有私造及一間以上，募告者論如法。」真宗天禧二年（1018）四月開始放寬，「寺院雖不系名額，屋宇已及三十間，有佛像，僧人住持，或名山勝景，高尚庵岩，不及三十間者並許存留；自今無得創建」[17]。景祐元年（1049）六月，政策又一度嚴厲起來，詔「毀天下無名額

15　《宋會要輯稿》道釋一。
16　《宋史》卷一六三《職官三》。
17　《續資治通鑑長編》卷九一。

寺院」**18**。從後來各地佛寺眾多的實際考慮，不在名額之內的寺院仍有相當的發展。

北宋寺院總數，「景德中天下二萬五千寺，今三萬九千寺」**19**。此處的「今」，指仁宗嘉祐年間。由此可知，在約五十年內，增加一四〇〇〇所。

官府頒行度牒，是將剃度權控制在朝廷，在一定程度上限制著佛寺的氾濫。同時從中又看出斂財的機會，於是標價出賣。太宗時期一般每張度牒需納錢一〇〇貫，英宗末年上漲至一三〇貫。徽宗一朝濫放度牒，價格下跌，每張只五十到六十貫，有時低至二十餘貫。遇到特定需要，官府還會將度牒變換錢幣使用，例如：熙寧六年（1073）八月，熊本處置瀘州蠻夷擾邊事件，梓州路轉運使陳忱奏請以度牒買軍糧，說「瀘州昨以夷賊擾邊，屯戍稍廣，配率飛挽，數州為之騷然。乞計會熊本以所賜夔路度僧牒二百，於清井監安夷、寧遠二寨募人入中糧斛，以備軍儲。從之」**20**。再如：紹聖四年（1097）二月十一日，「詔降度牒百道，付洪州糶錢，以募闕食小民，開治本州內外湖港。從江西轉運鈐轄司請也」**21**。以支付度牒的方式，作為官府經費開支，地方提出要求，朝廷就予批准，看來已是平常事了。

買度牒出家是宋人為僧尼的一大途徑，此外，參加朝廷或地

18　《續資治通鑒長編》卷一一四。
19　孔平仲：《談苑》卷二。四庫全書本。
20　《續資治通鑒長編》卷二四六，熙寧六年八月庚寅。
21　《宋會要輯稿》方域十七。

方官府的考試，合格者也可領得度牒；遇特殊慶典時，如皇帝生日大典，也會賜予度牒。但人數都比較少。

將佛教限制在宋朝統治利益之內的政策，還有禁止僧道參加科舉，堵塞僧人、道士入仕之路。太平興國八年（983）十二月，太宗詔：「朝廷比設貢舉，以待賢才，如聞緇褐之流多棄釋老之業，反襲褒博，來竊科名。自今貢舉人內有曾為僧道者，並須禁斷。」[22]現今的僧道不能赴考，曾是僧道而後來還俗了的人也不准考進士。這條禁令持續執行了下來，避免了佛道勢力進入官府，干擾政治，斷絕了「棄釋老之業」者出仕的期望，在實踐上也有穩定寺僧的作用。

凡正式出家的佛徒，須經官府嚴格考核。對出家人規定了讀經的數量，並需考試，以免猥濫。雍熙二年（985）十月詔：「剃度僧尼，自今須讀經及三百紙，差官考試，所業精熟，方許系籍。」[23]州縣官府考試僧尼掌握佛經的程度，定下「系籍」——合格的標準，有利於遏制佛寺的氾濫。

還有禁止習學天文地理，禁止水陸齋會夜集士女等。凡是利用佛教反對政府的僧人，則定為妖僧，嚴厲鎮壓。

3. 禪宗燈錄的編撰

佛教諸宗派之中，禪宗的發展得到更多的支援。例如，太平興國二年（977）將廬山東林寺改名為太平興國寺，元豐三年

22　《宋會要輯稿》選舉三之四。
23　《宋會要輯稿》道釋一之十四。

（1080）詔改為禪寺，這裡的第一代禪宗祖師是常總禪師。萍鄉寶積寺，本是律宗寺院，元符二年（1099）十二月「敕破律為禪」，縣令黃大臨請來宗禪和尚為住持，他「破六律院為一叢林」[24]，使禪宗在當地很快發展起來。

禪宗得寵，禪宗的《燈錄》接踵而來，主要有：

《景德傳燈錄》三十卷，釋道原撰，翰林學士楊億等參與「刊削」。

《天聖廣燈錄》三十卷，李遵勗編。遵勗為太宗駙馬，篤信佛法，聚僧府中，談論通宵。書成後，仁宗為作序。

《建中靖國續燈錄》三十卷，釋唯白集。唯白淹通佛儒，為雲門宗師。

《燈錄》，是一種史論並重的傳記文體，它把禪宗高僧的前後師承關係，他們倡言的思想論說，逐一彙集了起來，成為弘揚本宗的歷史資料。所謂「燈錄」，意為「以心傳心」的師承，猶如佛前燈火續焰，代代不絕。《燈錄》的問世，表明以教外別傳的禪宗，其不立文字，以心傳心，直指心性為特色的口頭禪，已變成文字禪。這是由於禪寺經濟實力增強，大寺院日益興起，禪僧的文化水準普遍提高，他們與官僚士大夫的交往增多，於是悄然轉變宗風。禪宗已具有知識群體宗派的形象，而好佛喜禪，又已是士大夫們的一種風尚。禪風大盛於北宋，既是宋朝傳統政策所推動的結果，反過來又使這個政策更持續地執行下去。

24　黃庭堅：《萍鄉縣寶積禪寺記》，見《山谷別集》卷四。

二 楊歧宗、黃龍宗的崛起

從唐中期開始，禪宗演化發展為溈仰、臨濟、曹洞、雲門、法眼五大宗派，其中溈仰、臨濟二宗發端於江西，曹洞宗則由宜豐而宜黃，師徒合力，全在江西生發壯大，盛傳天下。進入北宋以後，曹洞宗繼續流行，臨濟門下仍來江西發展，再繁衍為楊歧、黃龍二宗，與前五家並列，合稱「五家七宗」。楊歧、黃龍祖庭一在萍鄉，一在分寧（今修水），促使四方佛門信眾竟趨江西。

楊歧宗

楊歧宗開山祖師方會（992-1049），俗姓冷，袁州宜春縣人。因經手管理錢糧出事，逃往鄰縣上高九峰山出家為僧，後徙萍鄉西部（今萍鄉市上栗縣）楊歧山北麓之南源寺，得法於臨濟七傳祖師石霜山楚圓。因僧俗迎請，方會往萍鄉楊歧山廣利寺，開堂說法，啟迪學者，四方弟子聚集，形成新的宗派，史稱「楊歧宗」。慶曆六年（1046）方會應邀住潭州雲蓋山海會寺，皇祐元年（1049）卒，即建塔其地。

楚圓（986-1040），俗姓李，廣西全州人。住山西汾州太平寺，師事臨濟六傳祖師善昭。往汴京拜見翰林學士楊億、駙馬李遵勖，質疑論道，過從甚密。後南下江西，先後住宜豐洞山、宜春仰山。因楊億推薦，於乾興元年（1022）住持萍鄉南源寺，開堂說法。三年後離去，入主湖南瀏陽石霜山崇勝寺，弘傳臨濟宗風，弟子四集，名重禪林，仁宗賜號「慈明」，世稱「石霜楚圓」。方會從楚圓在南源寺說法開始，一直隨侍而學，承辦寺務，眾僧稱善。楚圓卒，方會歸九峰山，再至楊歧，學人擁戴，

譽傳東南。

楊歧山素來是佛門聖地，唐天寶年間，禪宗北派祖師神秀弟子乘廣禪師雲遊到此，得黎氏兄弟獻地捐款，建廣利寺傳揚佛法。其後不久，禪宗南派的懷海祖師弟子甄叔禪師又至，與乘廣禪師合力經營，光大法門，廣利寺日見繁盛，漸成「叢林」。乘廣、甄叔二僧卒後，其塔均建在此。方會執掌法席之後，遠承乘廣、甄叔余緒，近接楚圓臨濟宗風，兼採眾家之長，形成自己「隨方就圓」的說法特色。慶曆六年後，普惠禪師來主楊歧，將「廣利寺」改名為「普通寺」，沿用至今。

方會傳揚臨濟宗風，在重申原有教義禪規基礎上，再向前走，有了創新。他厲行百丈懷海制定的「百丈清規」，身體力行，堅持過艱苦的農禪生活。他說：「楊歧無旨的，栽田博飯吃」。他記述當日的生活感受：「楊歧乍住屋壁疏，滿床皆布雪珍珠。縮卻頸，漫嗟籲，翻憶古人樹下居！」在異常清苦的深山環境之中，沒有異常堅定的精神追求，決不可能甘苦如飴，以「樹下居」自況。

方會繼承馬祖道一的「即心即佛」觀點，倡言：「只個心，心是佛，十方世界最靈物」；「一即一切，一切即一」；「一塵才舉，大地全收」[25]。將自身修行的重要性，以不同的文字，不同的表達方式，強調得更加明白。為著達到成佛的境界，方會認為

25　頤藏主編集《古尊宿語錄》卷十九，《袁州楊歧山普通禪院會和尚語錄》。

「欲行千里，一步為初」，看重行為的動機與開端。而且主張「河裡失錢河裡攄」，將自我省悟發展到即時行動，不僅是內省的「身心清靜」，而且要求與隨時隨地的修行實踐結合。方會從「心是佛」觀點出發，提出「河裡失錢河裡攄」的知行結合主張，是十分可貴的思想進步。

方會的「心是佛」思想又衍生出「隨方就圓」靈活態度，主張走出山外，進入社會世俗環境。他說：「楊歧一言，隨方就圓」，「有馬騎馬，無馬步行」。他的隨機應變與官府人事連接，便是最媚俗的奉承。例如，潭州僧人請他住雲蓋山，他升堂說法的首段「法語」，其弟子記錄如下：

> 遂升堂拈香云：此一瓣香，祝延今上皇帝聖壽無窮。又拈香云：此一瓣香，奉為知府龍圖、駕部諸官，伏願常居祿位。復拈香云：……奉酬石霜山慈明禪師法乳之恩。某此次榮幸，伏遇知府龍圖、通判駕部，洎諸官僚，請住雲蓋道場，可謂諸官願宏深廣，為國忠臣，建立法幢，上嚴帝祚。然願諸官壽齊山嶽，永佐明君，作大股肱，為佛施主。[26]

方會首先祝福的是皇帝，其次為地方長官，末尾才是傳法恩師，表明了他忠順的政治態度，與官府緊密配合的意向。當然，這也是他清醒地認識到，只有和朝廷保持一致——「隨方就

26　《古尊宿語錄》卷十九《（方會）住潭州雲蓋山海會寺語錄》。

園」，才可能壯大自身，使宗門發展獲得政治保障。官府對佛教僧寺來說，不僅是「施主」，更是監護人。由此可以得到一點認識，方會等禪僧為求「出世」，必先「入世」，是在以「入世」的方式謀求其「出世」；換句話說，他們的「出世」是一種生活形式，而其特有的「入世」也是必須的實際內容。方會的祝「皇帝聖壽無窮」，以及廬山觀音橋銘文的「上願皇帝萬歲」，充分證明了一個事實，即佛教在中國已經由「沙門不敬王者」式的「陰助教化」，發展為恭順於皇帝、「明禪政治」的宗教團體。

方會就職雲蓋山典禮上的祝頌詞，表示了一種新的動向，即佛教內部也同樣強調世俗秩序的首要性，他們在思想上肯定儒家倫常之後，進而落實到叢林生活制度之中。於是，寺院的日常秩序與官府的政治秩序之間已趨一致。正如陳垣所說：「當宋室全盛及南渡，君相皆崇尚三寶，其時尊宿，多奉敕開堂，故有祝頌之辭，帝王之道，祖師之法，交相隆重。」[27]

方會及其楊歧宗的世俗化修行方式，傳到其徒弟們那裡，已滲入生活的每個方面。例如，楊歧第三代傳人法演（？-1104）對寺院田莊的管理非常嚴格，他傳給徒弟的秘訣是：「福不可受盡，福盡則必致禍殃」；「勢不可使盡，勢盡則定遭欺侮」；「語不可說盡，說盡則機不密」；「規矩不可行盡，行盡則眾難住」四端。這四端是對封建統治的權變法術的精闢總結，並熟練地運用到禪家僧侶的生活之中了。

27 陳垣：《清初僧諍記》，中華書局 1962 年版，第 90 頁。

第十章・佛道宗教的傳播

　　唐朝惠能在七世紀下半葉開創的禪宗南派，傳承演化二、三百年後，理論上陳陳相因，少有創新，後繼者費盡心機於傳承方式，講「公案」，逗「機鋒」，以示高深。惠能強調心悟，宣揚本性是佛，不立文字，追求心印。然而後嗣支分派衍，師弟心印之間，各人領悟差異不同，自然出現分歧爭訟，便又求助於文字記錄。於是，唐後期已有《語錄》，入宋更有大量的《燈錄》，由不立文字的「內證禪」，變而為依賴機鋒、禪語的「文字禪」。

　　積累的「公案」多了，逗「機鋒」的詞語太虛玄了，其真實意思難於理解，極不利於傳受，於是出現注解式的「頌」，進而有對「頌」作評議兼疏通的「評唱」、「擊節」等形式的文字，興起「專尚語言以圖口捷」的傳承風氣，掩蓋了苦學深思，出現了不求甚解的粗淺流弊。楊歧宗第四代傳人克勤（1063-1135），寫了注疏「公案」的《碧巖錄》，被徒弟宗杲（1089-1162）燒掉，以示根除弊端，然而宗杲自己卻編輯出同樣的《正眼法藏》。明朝圓澄《重刻〈正眼法藏〉序》說：

　　詎意人根寢劣，法久弊生，或承虛接響，以盲枷瞎棒，妄號通宗；或守拙抱愚，以一味不言，目為本分；或仿佛依稀，自稱了悟；或搖唇鼓舌，以當平生。如是有百二十家癡禪，自賺賺人，論溺狂邪。

　　禪宗在整體上的衰敗，於此可見一斑。若論宗門信徒之眾，傳承歲月之久，則楊歧宗居於首位。禪宗內部各派除臨濟之外，發展至宋代均先後衰敗，與楊歧同出的黃龍宗，也只興盛過數

代。方會有大弟子十二人，以守端（1025-1072）為上首。守端傳法演（？-1104），法演傳克勤（1063-1135）。克勤住鎮江金山寺，南宋初入對稱旨，高宗賜號「圜悟」。於是，楊歧名聲大起，一枝獨秀，毋需再以楊歧與黃龍相區別，遂直接稱為臨濟宗，流傳出「臨濟臨天下」的話語。

2. 黃龍宗

開宗祖師慧南（1002-1069），俗姓章，信州玉山縣人。少習儒業，通經史，負氣節。十七歲出家。先依洪州靖安縣寶峰寺泐潭寺懷澄禪師，再至湖南石霜山楚圓門下，並得其「印可」。辭別楚圓回江西，住筠州新昌（今宜豐縣）黃檗山。治平二年（1065），應洪州知州程師孟之請，住持分寧（今修水）黃龍山崇恩禪院，稱黃龍慧南禪師。慧南「遍歷叢林，皆推上首」，四方學侶趨至，「法席之盛，追媲馬祖、百丈」[28]。熙寧二年（1069）三月十七日，慧南端坐而逝於寺，墓塔在寺前山。（圖版 47）

哲宗紹聖四年（1097）張商英出任江西轉運使，他寫《黃龍崇恩禪院記》云：慧南「傳石霜之印，行臨濟之令，預砌三橋以陷虎，坐斷十方」，來居崇恩禪院之後，得到地方官府敬重，更是「黃龍宗派橫被天下」。大觀年間，徽宗追賜號「普覺」。現存慧南墓塔為清朝乾隆年間重建。

黃龍山崇恩禪院，在分寧縣西幕阜山脈主峰黃龍山東麓白橋

28　《禪林僧寶傳》卷二二。

鄉。唐乾寧年間（894-898）超慧禪師創寺，五代時期因戰亂廢為民居，北宋以後逐漸恢復，大中祥符八年（1015）敕賜崇恩禪院。寺前有黃庭堅手書「靈源」、「法窟」、「黃龍山」等石刻。

慧南發揮「即心即佛」的觀點，說「智海無性，因覺妄而成凡；覺妄原虛，即凡心而見佛」[29]。他主張「凡心見佛」，將成佛的門檻降低，這就增強了人們修行的信心。由此，慧南勸導學人說：「道不假修，但莫污染；禪不假學，貴在息心。」對客觀世界的認識，他發現大小之間的同一性：「極小同大，忘絕境界；極大同小，不見邊表。」關於修行，他提倡放任自然，「祖不云乎：執之失度，必入邪路；放之自然，體無去住」；認為棒打與說教二者之間無好壞之分，「說妙談玄，乃太平之奸賊；行棒行喝，為亂世之英雄」[30]。這些辯解式的論說雖不是佛理上的創新，卻直率明白，有一定的道理。尤具特色的是，他接納弟子的方式，每當新人到來，在瞭解鄉關來歷，為何出家之後，忽然問曰：「那個是上座生緣處？」在你尚未轉過神來，又問：「我手何似佛手？」又問：「我腳何似佛腳？」據傳他「三十餘年示此三問，往往學者多不湊機，叢林共目為三關」[31]。「三關陷虎，坐斷十方」，是黃龍禪逗「機鋒」的新鮮手法，比棒打、吆喝更機敏文明一些。在禪家文字已顯繁多的情況下，慧南的三問

29　《續古尊宿語錄》卷一。
30　《聯燈會要》卷十三。
31　《建中靖國續燈錄》卷七。

簡單直捷,能「悟」即可過關。他的三問雖是固定的,但其答案卻是任意的,因人而異,隨宜可否,故而能夠在幾十年間產生效力,形成宗門優勢。

黃龍三世的從悅禪師(克文弟子),學兼內外,能詩文,居住分寧渣津鄉龍安山的兜率禪院,通稱兜率悅,亦稱兜率和尚。他仿慧南的「黃龍三關」,新創「兜率三關」:「一曰拔草瞻風,只圖見性,即今上人性在什麼處?二曰識得自性,方脫生死,眼光落地時作麼生脫?三曰脫得生死,便知去處,四大分離,向什麼處去?」此三問連環相扣,邏輯緊密,是著重從佛學義理上考查對方。從悅勘驗學人更具理性,受到遠近贊仰。

慧南之後,一傳常總(1025-1091),常總先居靖安寶峰寺,再遷廬山東林寺。二傳克文(1025-1102),克文初住新昌(今宜豐)洞山,繼在上高九峰山,再往靖安寶豐寺。三傳文准(1061-1115),仍居寶豐寺。黃龍四代祖師都坐鎮江西,與楊歧並立而盛,帶來佛門香火旺盛的景象。

克文,俗姓鄭,閿鄉(今河南靈寶縣)人,得法後開堂說法,把慧南的基本觀點解說得更通俗,在僧俗大眾之中名聲大振。王安石罷居江寧時,於元豐七年(1084)將屋宇施捨佛僧為報寧寺,延請克文住持。為此,他和弟安禮先後寫《請疏》禮請。

克文倡言:「目前森羅萬象,⋯⋯同是一真法界,」「情與無情共一體,處處皆同真法界」。他由萬物皆出「一真法界」的世界觀立論,進而宣稱「法法本然,心心本佛。官也私也,僧也俗也,智也愚也,凡也聖也,天也地也,悟則事同一家,迷乃萬

別千差」[32]。克文把社會的一切差別，歸結到「悟」與「迷」一點，化解了複雜的矛盾，對佛教的傳播與宋朝的統治都有利。他這樣的說「法」，與儒家學者的思想已沒有多少差別，佛儒二者的共同語言正是思想相互滲透的結果。

克文向僧俗民眾解說道：佛法與官府統治是同一的，「明王治化，有君有臣，有禮有樂，有賞有罰；佛法住世，有頓有漸，有權有實」，二者「殊途同歸，一一無差」。因此，他故意把哲宗的生日錯後一天，說釋迦成道和哲宗出生同在臘月初八，是「前聖後聖，聖德共明；人王法王，王道同久。應千年之慶運，繞萬國之歡心。伏惟皇帝陛下萬歲、萬萬歲！」[33]如此將佛法與王法等同，實屬罕見；如此逢迎皇帝，高喊萬歲，曲盡獻媚之態，堪稱禪僧中的典型。

禪宗走向衰落的事實，由臨濟宗俗家弟子張商英描述了出來。臨濟宗選擇法嗣——繼承人，是在「選佛堂」進行，張商英看到的事實是這樣的：

吾宗之論，禪宗也。凡與選者，心空而已矣。弟子造堂有問，宗師踞坐而有答。或示之以玄要，或示之以料揀，或示之以法鏡三昧，或示之以道眼因緣，或示之以向上一路，或示之以末後一句，或示之以當頭，或示之以平實，或揚眉瞬目，或舉拂敲

32　《古尊宿語錄》卷四十三克文《住洞山語錄》、《住廬山歸宗語錄》。
33　《古尊宿語錄》卷四十三克文《住寶豐禪院語錄》。

床，或畫圓相，或畫一劃，或拍手，或作舞。契吾機者，知其心之空，則佛果可選矣。

餘曰，世尊舉花，迦葉微笑，正眼法藏，如斯而矣已。後世宗師之所指，何紛紛之多乎！吾恐釋氏之教，衰於此矣。[34]

張商英所寫的「選佛堂」，在江西靖安縣寶豐寺，是唐朝馬祖道一的駐錫之地，馬祖之塔也在寺中，被尊為洪州宗的祖庭。故該寺常有選佛大典舉行。

張商英在徽宗朝官至宰相，此前曾到廬山東林寺謁見常總禪師，至兜率禪院向從悅禪師請教，反覆詰難，互相贈頌。他虔誠信佛，得到臨濟禪師的「印可」，寫《護法論》捍衛佛教，與韓愈、歐陽脩等人的排佛論點相詰難，堅持了佛教的一系列基本理論，尤其是其中的因果報應說。他認為「三教之書，各以其道善世礪俗，猶鼎足之不可缺一也。」但是僅有儒家的「世間法」，是遠遠不夠維護統治的，還必須有佛教的「出世間法」，才能使人與人之間「無侵淩爭奪之風」[35]。他的這篇《選佛堂記》，則是針砭宗門弊端，期待拯救佛教之作。他目睹現場，列舉出了選擇繼承人時採用的十四種方式，其或然的多樣，滑稽的醜態，令人啼笑皆非，與佛門的宗旨已有天壤之別。對後繼者的繁多考選

34 光緒《江西通志》卷一二一，寶豐寺夾註。
35 《中國佛教思想資料選編》第三卷第三冊第 120-139 頁。中華書局 1989 年版。

方式，早在唐代已經出現，入宋以後更加多而濫了，故張氏發出「釋教衰於此矣」的歎息。人們從選佛堂上看到，百丈懷海的「禪門清規」，所謂的佛法莊嚴，只不過是「口裡說空，行在有中」。由「揚眉瞬目」判定的「其心之空」，只不過是對已握權柄者的承認，所謂「心空」的信念，已經為現實的利益所取代。興衰起伏，本是世間法則，宣稱「出世」的佛教，也逃脫不了這個法則。佛教正是盛衰多變，才屢屢出現大德高僧發大誓願，重整宗門。

楊歧、黃龍二宗的勃興，推動禪宗傳播進入新高潮，江西繼唐朝之後，仍然維持南派禪的重要基地的優勢，四方僧侶趨集於此，寺廟遍布州縣，禪學意識與儒家思想更廣泛地交流，一批學問僧活躍於社會各處，留下了不小的影響。

三　惠洪與佛印

惠洪（1071-1128），又名德洪，字覺範，號冷齋，筠州新昌縣（今宜豐）人。俗姓彭，十四歲父母雙亡，為生計所迫，削髮出家。他刻苦自學，有一定的儒學底蘊。十九歲赴汴京天王寺參加佛經考試，領得度牒，成為合法僧人。他學兼佛儒，博覽子史奇書，書一過目終生不忘，落筆萬言了無停息。知曉佛經中的唯識論奧義，是禪僧中的著名學者。崇寧中，主持臨川北禪寺，後遷金陵清涼寺。未得一月，有僧控告其訕謗，被捕入獄拷問，後得張商英等救助，獲免。在黃龍宗內，他是克文的再傳弟子。惠洪工詩文，譽為詩僧。

惠洪主張僧人學文，肯定文字對參禪的仲介作用，他說：

「心之妙不可以語言傳，而可以語言見」，「借言以顯無言，然言中無言之趣，妙至幽玄」[36]。他認為寫詩文參禪，不僅能悟得佛理，而且饒有趣味。反對者將他的這個主張名為「文字禪」。惠洪倡言，儒佛應該相容，他認為釋迦與孔子是統治工具的兩種表現形式。他的《禮嵩禪師塔》詩說：「吾道比孔子，比如拳與掌，展握故有異，要之手則然。」手掌與拳頭，伸展與握緊，各有不同的功用，這個比喻很形象，體現宋代佛僧的普遍觀念，同時也是儒家士大夫的看法。王禹偁說：「禪者，儒之曠達也」[37]。黃庭堅《贈惠洪》詩曰：

吾年六十子方半，槁項頂螺忘歲年。
韻勝不減秦少儀，氣爽絕類徐師川。
不肯低頭拾卿相，又能落筆生雲煙。
脫卻衲衫著蓑笠，來佐涪翁刺釣船。[38]

由此可以看出，惠洪是一個曠達的禪僧，也是一個出家的儒者。

聰慧而曠達的惠洪，其行跡往往超出戒律之外。他經常來往於官紳之間，出入權貴之門。徽宗崇寧間，他在臨川縣北禪院，

36　惠洪：《石門文字禪》，卷二五。
37　王禹偁《小畜集》卷十七，《黃州齊安永興禪院記》。
38　黃庭堅：《山谷集》，卷六。四庫全書本。

不久遷居金陵清涼寺。與黃庭堅經常詩歌唱和，又以醫術結識張商英，過從甚密。政和元年（1111）張商英遭蔡京打擊，惠洪受牽連，被脊杖二十，刺配朱崖（今海南瓊崖）軍牢。三年後，遇赦放還，歸住九峰山、洞山，以文章自娛。其著述很多，收入《四庫全書》的有五種：

《冷齋夜話》十卷。雜記見聞，而論詩的文字占十之七八，多有精當之說。

《僧寶傳》三十二卷。綴輯禪宗曹洞、雲門、法眼、臨濟、溈仰五家高僧八十一人的軼聞故事，撰為傳記，並各寫「贊」語予以評品。

《林間野錄》二卷，後集一卷。對贊寧《宋高僧傳》等書的訛誤有所訂正，有一些是他自立議論，闡發禪理。

《石門文字禪》三十卷。是他的詩文集，為其門人覺慈編集，被收入《大藏》，普濟《五燈會元》多所採摘。

《天廚禁臠》三卷。該書專談寫詩技法，上卷列「近體三種頷聯法」等十五條，中卷列「比物句法」等八條，下卷列「古詩押韻法」等十五條，分別從前人詩中選例句逐一說明。四庫僅存其目，不錄原書。明朝人黎堯卿在該書重刻本「跋」中認為它「頗得三昧法」，對自學寫詩者有幫助，不至於「墮落外道」[39]。

39　關於《天廚禁臠》的內容，我在上世紀 90 年代初寫《江西史稿》，把它寫作「是對《金剛經》、《愣嚴經》、《圓覺經》、《法華經》的注疏」（見 1993 年版第 406 頁，1998 年版第 384 頁），完全錯了！這是未見原書，轉錄他人文字，不識真偽，以訛傳訛。今查得《四庫全書存目

後人對惠洪的詩文多有評議，南宋陳振孫《書錄解題》評曰：「其文俊偉，不類浮屠氏語」。明朝人毛晉認為：「宋僧能工詩文者不少，輒有所附托以名天下，……求如雷霆發聲，萬國春曉者，惟洪覺範一人而已。」[40]四庫館臣寫道：惠洪「雖僧律多疏，而聰明特絕，故此禪門微義，能得悟門。又素擅詞華，工於潤色，所述禪門典故，皆斐然可觀，殊勝粗鄙之語錄，在佛氏諸書中，故猶為有益文章者矣」[41]。

惠洪還擅畫梅竹，《圖畫寶鑒》載：「惠洪作畫，每用皂子膠繪於生娟扇上，燈月下觀之，宛然影也」。

佛印（1032-1098），小名了原，出家後名了元，字覺老，神宗賜法號佛印。饒州浮梁縣林氏子。幼小識字，能背詩千餘首，譽為神童。及長，讀佛書，有悟，入城北寶積寺為僧。它出入儒佛善用禪機，言行多出人意外。

佛印好雲遊，前後凡四十年，遍歷江南名寺。他到廬山，謁開先寺暹禪師，受到稱賞；見圓通寺衲禪師，補為書記。後住江州承天寺，遊學於淮南斗方寺，潤州鎮江金山寺、焦山寺，袁州大仰山寺，廬山歸宗寺，建昌（今永修）雲居山真如寺等。曾奉詔入內廷講佛經，神宗聽得十分滿意，賜號「佛印」，並賜磨衲

叢書》集部第 415 冊，看到《天廚禁臠》原書全文，方知真相，特此更正，並向讀者致歉。
40　毛晉：《石門題跋・題識》。《叢書集成初編》本。
41　《四庫全書總目提要》卷一四五《林間錄提要》語。

金鉢，以旌其德。[42]據《五燈會元》稱，佛印為青原法系雲門宗，得開先寺暹禪師「印可」為法嗣，成為雲門宗的一代祖師。

佛印與蘇軾、彭汝礪、黃庭堅、秦觀等名士交往密切。元豐中（1078-1085）他在金山寺，蘇軾多次過往晤談，留下許多佳話。至今寺中鎮寺之寶有：佛印興建的妙高臺、蘇軾寫《楞伽經》的楞伽台、蘇軾贈佛印的玉帶。在蘇軾《書楞伽經後》文中，可以看出他們對禪宗衰敗的憂慮。當時佛印建議蘇軾抄寫出《楞伽經》，以便刻印，廣為施贈流傳。因為他意識到「近歲學者各宗其師，務從簡便，得一句一偈，自謂了證，致使婦人孺子抵掌嬉笑，爭談禪悅。高者為名，下者為利，餘波末流，無所不至，而佛法微矣。」之所以推出《楞嚴經》，因它是「先佛所說，微秒第一，真實了義，故謂之佛語心品。」「如醫之有《難經》，句句皆理，字字皆法，後世達者，神而明之」[43]。正是在這種共識下，遂有了寫《楞嚴經》之事與楞嚴台的建築。

佛印對人生際遇的感悟，從彭汝礪《送雲居佛印禪師詩五首並偈》中可見一斑。詩之一云：「稍涉諸方問所歸，自憐三十七年非。師言本自無非處，渾是真如第一機。」說不清的無奈，只能歸之於虛玄的「真如」佛意。既已為僧，便在釋教中遨遊。其「偈」稱讚佛印：「心已了達諸佛相，酬酢縱橫無滯礙。以大慈悲為演說，登闡沉幽度眾生。至第一義而不傳，而無一義不傳

42　道光《浮梁縣誌》卷二十《釋老》。
43　《三蘇全書・蘇軾文集》卷六六。

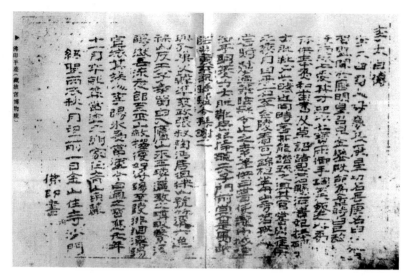

・佛印：李太白傳

者。……」[44]說佛印已是得道高僧了。

作為聰穎超脫的禪僧，佛印對蘇軾屢遭貶斥給予同情。紹聖元年（1094），蘇軾又一次被貶，以垂老之身去往廣東惠州，不免鬱悶。佛印得知，寄書勸慰說：「三十年功名富貴，過眼成空，何不猛與一刀割斷。……子瞻胸中有萬卷書，筆下無一點塵，為何於自己性命，便不知下落？」[45]將功名富貴如實地看空，是對待浮沉的最聰明辦法。

佛印生性詼諧，滑稽多智，超俗出格，平生事蹟未入正史與

---

44 彭汝礪：《鄱陽集》，卷十二。四庫全書本。
45 《雲居山志》卷十八袾宏《跋雲居佛印帖》，江西人民出版社 2002 年版，第 438 頁。

高僧傳，但散見於野史小說，廣為流傳。二十世紀二十年代，吳瀛在故宮所藏宋元墨寶中發現佛印書《李太白傳》一幅，書法樸茂、古拙，一望可知非宋以後人之筆。佛印的書法未見傳世品，此為為海內奇珍。書末題「紹聖丙戌」，紹聖元年為甲戌，四年後改年號為元符，他即病逝，故「丙戌」為「甲戌」筆誤無疑。

四　眾多的寺院

1.「江右叢林甲天下」

　　禪宗佛教盛行，寺院遍及城鄉。農業經濟發達的洪、饒、吉、袁等州更顯得集中，江湖交匯的廬山頁依舊是僧侶雲集，佛寺林立之區。贛南也不示弱，紹聖二年（1095）五月，蘇軾在虔州與通守俞括遊崇慶禪院，觀賞寶輪藏，俞括對他說：這所寶輪藏「於江南壯麗為第一，其費二千萬」[46]。贛東撫州金溪縣的疏山寺，是名寺之一，「江右大叢林甲天下，隆樓傑閣相望以百數，山蓋其一也。」[47]這裡所謂的「甲天下」、「第一」之說，都只是一種形容與誇飾，不必拘泥。

　　民國《廬山志》卷五寫道：「由五乳峰東北行二里許至臥龍崗，……臥龍庵南下有『多一庵』，宋時廬山寺廟共計三百六十所，後增斯庵，故以『多一』為名。」這是耳食傳言，不足為據。熙寧三年（1070年）六月，山陰縣知縣陳舜俞，坐違詔旨，

46　《三蘇全書・蘇軾文集》卷一二一《虔州崇慶長遠新經藏記》。
47　乾隆：《山志略》，卷十二孫覿《疏山寺大藏閣記》。

不散常平錢，謫監南康軍鹽酒稅。他比較清閒，與隱居此處的劉
渙結伴遊山，以六十日工夫遊完山南山北諸勝景，寫出了《廬山
記》。其「前言」說：

余始遊廬山，問山中塔廟興廢及水石之名，無能為予言者；
雖言之，往往襲謬失實。因取九江之圖經，前人雜錄，稽之本
史，或親至其處，考驗銘志，參訂耆老，作廬山記，其湮泐蕪沒
不可復知者，則闕疑焉。[48]

又，劉渙《廬山記序》曰：

予雅愛廬山之勝棄官南歸，遂得居於山之陽，遊覽既久，遇
景亦多，或賦或錄，雜為一篇，將欲次之，未暇也。熙寧中，會
陳令舉（按，舜俞字）以言事斥是邦，山林之嗜既同，相與乘黃
犢，往來山間。歲月之積，遂得窮探極觀，靡所不究。令舉乃採
予所錄，及古今之所記，耆舊之所傳，與夫耳目之所經見，類而
次之，以記其詳，蓋足以傳後。[49]

觀此序言，《廬山記》是在劉渙的底本上寫成的，應視為劉
渙、陳舜俞兩人合著。經他們實地考察之後，逐一點出名稱，書

48　陳舜俞：《廬山記》。四庫全書本。
49　《三劉家集》。四庫全書本。

其始末，得知「山北，老子之宇二，佛之宇五十有五；⋯⋯山南，老子之宇九，佛之宇九十有三。」合計佛寺一四八，道觀十一。北宋一代，沒有其他人像陳舜俞、劉渙這樣調查廬山寺觀，他們的調查結果應是權威性的。

　　贛西北的筠州、袁州，是另一個佛寺集中的地區。蘇轍貶居高安時期，為城西的聖壽院寫《法堂記》說，「高安雖小邦，而五道場在焉」。北宋筠州只轄三縣：高安、上高、新昌（今宜豐），故曰小邦。所謂五道場，指「洞山有價，黃蘗有運，真如有愚，九峰有虔，五峰有觀」，即是曹洞宗開山祖師良價的新昌洞山，臨濟宗創始人希運的新昌黃蘗山，馬祖道一再傳嗣法弟子大愚（守芝）的高安真如寺，石霜楚圓嗣法弟子道虔的上高九峰山，懷海嗣法弟子常觀的新昌五峰山。從唐朝以來的這些宗門祖庭集中於此，因而「諸方游談之僧接跡於其地，至於以禪名精舍者二十有四」[50]。對贛西北一帶寺院之盛，黃庭堅也有同感，他的《送密老住五峰山》詩中說：「我穿高安過萍鄉，七十二渡繞羊腸。水邊林下逢衲子，南北西東古道場。」北宋時期萍鄉著名的大寺院有楊歧山普通禪寺、縣南約一里的寶積寺、縣西金源里的五峰寺。這些文字描述的生動情景，足以反映出佛教在贛西北風靡傳播的事實。

　　黃龍宗祖庭所在的分寧縣（今修水），地處江西的西北端，在行政區劃中雖然隸屬洪州，但是經濟、文化與地緣關係卻更近

50　蘇轍：《筠州聖壽院法堂記》，見《三蘇全書・蘇轍集》卷八三。

袁州，這裡的佛教傳播異常深廣。據曾鞏說：「分寧縣郭內外，名為宮者百八十餘所。」[51]著名的六大禪院是：黃龍崇恩禪院、城東雲岩禪院、渣津兜率禪院、赤江法昌禪院、土龍興化禪院、南峰寶山禪院。黃庭堅曾與地方士紳一道，敦請黃龍三世高僧死心禪師，入主雲岩禪院。熙寧元年（1068）雲門宗五世倚遇禪師來法昌禪院住持，香火大盛。倚遇卒後，「由徐禧作序之宋刻《洪州分寧法昌院倚遇禪師語錄》孤本，今存於美國哈佛大學」[52]。興化禪院原名澄心院，慶曆中賜今名，紹聖三年（1096），黃龍三世以弼禪師（漳州人）來主持，苦心經營七年之後，「大廈彌山」，又栽杉十萬株，呈一片興盛氣象。寶山禪院始於唐代，入宋以後日益振起，大中祥符年間改賜寶山禪院。

慶州、南安軍，社會發展總體上比北半部滯後，而宗教傳播卻屬廣泛。據同治《贛州府志》、同治《南安府志》、道光《寧都直隸州志》記載，事蹟比較清楚的北宋佛寺有景德寺、崇慶禪院、開元寺、慈雲寺、豐樂寺、壽量寺、天竺寺、合龍山寺（以上贛縣）、明覺寺、慧明禪院（以上雩都）、南山寺、東禪寺（以上信豐）、三檀寺、靈山寺（以上興國）、南禪寺（會昌）、慈雲寺、祖印寺、淨業寺（以上安遠）、演教寺、玉跡寺（以上龍南）、寶界寺、嘉祐寺、廣化寺、寶積寺、興教寺、護法寺、常

樂院（以上大庾）、傳法寺、大中祥符寺、壽昌寺、靈岩院、法
寂院、聖安院、顯聖院（以上南康）、崇福寺（寧都）、南塔寺
（瑞金）、寶福院、海藏寺、永福寺、大梵院（以上石城）等四
十座，其中多數集中在贛縣、大庾兩個州軍所在地。贛江——章
水航道是溝通中原與嶺南的交通幹線，因而名人行跡多，例如，
蘇洵、蘇軾父子相繼遊天竺寺；蘇軾有《景德寺榮師湛然堂》
詩、《崇慶禪院經藏記》，在大庾廣化寺千佛閣下畫竹，將南康
縣六祖院改名為傳法寺；黃庭堅有《慈雲寺》詩；江西提刑蔡挺
將豐樂寺改建為學宮等。

　　僅就廬山、分寧兩地的佛寺而論，已達二、三百所，江西十
三州軍全境佛寺之多，不難想見。

　　在總體興旺的前提下，也有處於衰敗之中的寺廟，如青原山
寺。這裡本是禪宗祖師行思的駐錫之地，在唐代香火鼎盛，然而
到了北宋卻走下坡路。黃庭堅看見的情景是「殘僧四五輩，法筵
歎塵埋。石頭麟一角，道價值九垓。廬陵米貴賤，傳與後人
猜。」[53]久盛必衰，本是事物常情。由行思至黃庭堅時代，已過
去三百年之久，該寺跌入低谷也不足為奇。

2. 佛寺眾多的原因

　　眾多的佛寺，首先是朝廷與州縣官府保護與支持的結果，其
次是鄉紳富室的慷慨施捨。黃庭堅曾對學校與佛寺二者作比較，
「今夫浮屠之舍非傳先王之道也，而所居如林；其墮廢不守，凡

53　《山谷外集》卷三《次韻周法曹游青原山寺》。

有官之君子，必左右經營，復之而後已，」但對縣學的興辦卻不用心。州縣官們對佛寺的興趣超過了學校。不少僧人以勇猛精進的意志，選擇優雅環境，建起宏壯莊嚴的屋宇，更加增強了對民眾的汲引力，儒生士子多去寺院居留讀書，參禪悟道；高門大戶則捐施田產，「廣積善緣」，祈求福報。例如：

　　廬山萬杉寺，原為唐代的慶雲院，景德二年（1004），寺僧太超恪守戒律，保護山林，堅持種樹，累積種杉萬株，「有為之言於朝者，乃賜錢建院，仍賜土地、佛像、供器。」天聖年中（1023-1031）仁宗敕改萬杉寺[54]。

　　廬山羅漢禪院，咸平三年（1000）禪僧廣濟法堅創建，真宗「賜田以養其徒，名曰聖惠莊。」皇帝給的田莊，不僅是財富，更是政治地位。故此後繼者持續擴建，並培植樹木，祖印禪師於大中祥符三年（1010）植松覆官道，長十里而達南康軍城[55]。

　　分寧縣崇恩禪院，在今修水縣白橋鄉之幕阜山脈黃龍山麓。唐朝時先後為雙峰庵、永安寺，至五代時廢棄。北宋重建，大中祥符八年（1015）賜額「崇恩禪院」。後來洪州知州程師孟禮請慧南前來住持，開堂說法，「於是黃龍宗派被天下」。由此看來，黃龍之盛，也有皇恩與州官器重的因素。慧南之後經三、四代住持，漸趨衰微。紹聖四年（1097），張商英任洪州知州，得悉奉新縣百丈山元肅禪師是黃龍宗高足，特聘他去崇恩禪院，並「檄

54　陳舜俞：《廬山記》，卷三。
55　《廬山記》卷三。

遣縣令佐敦請」。元肅禪師到後，「建佛牙大閣，東西方丈，擴建寺院堂庫廚寮，石橋水亭，二百間有奇」[56]。在州縣兩級官府的扶持關照之下，崇恩禪院再度輝煌起來。

黃龍宗的另一個弘法道場是分寧的兜率禪院，位縣西渣津鎮龍安山東麓。該寺在元祐年間（1086-1094）從悅禪師住持期間大盛，很多僧徒來此參學。僧人們建築兜率禪院「悉力以侈」，不斷增大其規模，於是「齋宮、宿廬、庖溷溷之房，布列兩序。廄圉囷倉，以固以密。資所以奉養之物，無一而外求」[57]。該寺院如此富足，也是曾鞏難於解釋的事例。

人心向佛，走進寺廟，祈求庇佑，有非常複雜的原因，涉及社會環境、家庭關係、經濟水準、健康狀況等諸多方面。民眾希望社會安定，家庭和睦，豐衣足食，身體健康，然而現實總不如願，戰亂與苦難，仇怨與挫折，貧窮與疾病……從來是與生活糾纏不解，人間的力量無法改變現狀，必然轉向對神靈的訴求，尋覓精神的自我寄託。豪富們都企求佛祖保佑，以便今生來世，永遠富貴享樂，故而捐贈田地錢財，毫不吝嗇。苦難者渴望解脫，也不得不施捨以求報償。德興張氏家族，殷富而仁義，但不能沒有老病，張潛五十歲時，父母都已謝世，每到父母忌日，必預先吃素，做佛事。他父親病重時曾說：若是病好了，「當遍遊盧阜諸山門，隨緣供施，吾願塞矣。」張潛每想此言，輒流淚，「乃

56　光緒《江西通志》卷一二一張商英《黃龍崇恩禪院記》。
57　《曾鞏集》卷十八《兜率院記》。

鼎新其裡之西林寺，堂殿樓廡，門室廚寢，塑繪設飾，鐘鼓道具，迨於什物，靡不必具，以為薦嚴之所。又即故居之北資福院，建輪藏，以奉皇姊（指母親）。工既告畢，遂徑詣廬山，飯僧凡數千人」[58]。

高安縣聖壽院，省聰禪師住持，富人吳智訥「治生有餘，輒盡之於佛，既為僧舍之後室，又為聰治其法堂，極壯麗，凡材甓、金漆皆具於智訥」[59]。

南豐縣大覺寺，北宋中期「生員劉萬年妻毛氏捐資八百兩建造」，寺中「佛殿僧舍極其宏壯，僧人三百餘」，是當地的大剎[60]。

分寧縣雲岩禪院，紹聖初年建成藏經樓，據黃庭堅說：「四方來觀者乃曰：江東西經藏乃十數，未有盛於雲岩者也」。該樓建造所需皆來自捐贈，「有山者獻木，有田者獻穀，如此且閱三歲」[61]，方才竣工。

萍鄉縣寶積禪寺，元符三年（1100）經縣令黃大臨之請，宗禪和尚來主持該寺，他盡拆去低矮小屋，連續六年，建起方丈、三門、世尊之廟，樂靜、室德、味廚、法堂諸殿。黃庭堅作文記其事，文中說「凡率有錢之家，為五百萬。」寶積寺富麗堂皇起

58　《通直郎張潛行狀》，陳柏泉《江西出土墓誌選編》，江西教育出版社1991年版，第84頁。
59　《三蘇全書・蘇轍集》卷八三《筠州聖壽院法堂記》。
60　同治《廣昌縣誌》卷六，《仙釋・寺觀》。紹興八年，由南豐析建廣昌縣，大覺寺轉隸廣昌。
61　《山谷集》卷十八《洪州分寧縣雲岩禪院經藏記》。

來，吸引來更多的信徒，「使囂訟者口談般若，鄙吝者心悅檀施」[62]。息訟、樂施二者，實際效益只能是樂施一項，息訟則是虛情，現實中的欺壓與爭鬥何曾停歇過。

眾多的平民小戶，施捨供僧的錢物數額不多，但人數浩大，為佛教的傳播提供了最廣泛的群眾基礎，因而大大小小的寺廟得以遍布城鄉，歷久不衰。

3. 佛寺的影響

眾多的大寺廟散布於州縣，對社會產生了廣泛的影響。就國計民生來說，批評的言論很值得注意。曾鞏說：

> （佛教）今為尤盛，百里之縣，為其徒者，少幾千人，多至萬以上。宮廬百十，大抵穹墉奧屋，文衣精食，輿馬之華，封君不如也。……有司常錮百貨之利，細若蓬芒，一無所漏失，僕僕然其勞也。而至於浮圖，人雖費如此，皆置不問，及傾府空藏而棄與之……愚不能釋也。[63]

寺廟豪華，僧侶奢侈，官府這方面盡力搜刮民財，那方面卻空府藏地資助佛寺，這是曾鞏所不能解釋的社會矛盾。黃庭堅也針對廬山開先禪院的「窮壯極麗」提出質問：

> 今也毀中民百家之產，而成一屋，奪農夫十口之飯，而飯一

62　《山谷別集》卷一四《萍鄉縣寶積禪寺記》。
63　《曾鞏集》卷十八《兜率院記》。

僧，不已泰夫？夫不耕者燕居而玉食，所在常數百，是以有會昌之籍沒；窮土木之妖，龍蛇虎豹之區化為金碧，是以有廣明之除蕩，可不忌耶！**64**

黃庭堅在開先禪院看到有屋約四〇〇楹，「雖千人宴坐，經行冬夏，無不得其所願」；廬山的開先、棲賢、歸宗、圓通四所禪院，都是「飯遊客常居飯僧之半」。所以，他提出兩個歷史教訓：唐武宗會昌年間的「滅佛」與僖宗廣明元年（880）黃巢打進長安，這種全域性的危險難道不會再次重演嗎？開先的行瑛禪師回答說：會昌滅佛不會重演，因為朝廷保護佛教，今上與釋迦「同轉道樞」；廣明之亂是「一切共業影響」，即是統治危機的總爆發，怎能歸咎佛門一家？對此，黃庭堅無言反駁。

儘管佛教與寺廟受到儒者批評，但是禪僧與士大夫仍然是好友。他們或詩文酬唱，或暢談悟道，或寺中供學者讀書備考，或名士為寺院作文記事。例如李覯，態度堅定地排佛，卻也有十五六篇記述佛道業績的文章。他一方面批評南朝劉宋的周續之、雷次宗向慧遠學佛，另方面又感歎「佛以大智慧，獨見情性之本，將驅群迷，納之正覺，其道深至，故非悠悠著可了。」諸種事實說明，佛教及其教義，僧侶及其作為，已經融入社會生活，儒學中已充分吸收佛家思想資料，佛教已然是中華文化大系中的重要組成部分。

第二節 ▶ 道教的廣泛傳播

一 朝廷對道教的提倡與利用

北宋崇道，特別是真宗、徽宗兩朝對道教崇信，空前提高了各地道士的社會政治地位，為道教的深入傳播提供了極大便利。

宋朝皇帝姓趙，不能以老子為祖，乃新造一個道教教祖，即趙玄朗。為避趙玄朗名諱，改孔子封號「玄聖文宣王」為「至聖文宣王」。「澶淵之盟」以後，真宗以「契丹既通好，天下無事」，於是精心謀劃，借神權提高威望。他多次宣稱夢見天神宣示旨意，一則於大中祥符元年（1008）正月說：神人告訴「將降天書《大中祥符》三篇」，遂製造出「天書」，定年號為「大中祥符」；再則於大中祥符五年（1012 十月）說：神人傳玉帝之言，趙之始祖是「人皇」九人中之一人，他於後唐時出生壽丘，「總治下方，主趙氏之族，今已百年」[65]。宰執大臣使勁捧場，大造輿論，議定禮儀，接連封禪泰山，祭祀汾陰，迎天書、敬聖祖，崇奉迭興。空前濃烈的造神鬧劇，延續了十多年，使道教傳播進入新的高潮。道徒活動的場所更加莊嚴，京師新建玉清昭應宮、會靈觀，命宰相兼管；各路主要宮觀，以侍從諸臣退職者提領，號稱「祠祿」。設置「祠祿」官的制度由此開始，至南宋未改。

大中祥符八年（1015），真宗賜信州貴溪縣道士張正隨為

65　《宋史》卷一〇四《禮七》。

「真靜先生」，王欽若為他奏請在山中設立授籙院、上清觀（後稱大上清宮），並蠲其田租。自這時開始，凡後繼者皆得賜號，「實為信州張天師所自始」[66]。於是，有了江西張天師名號世次的編排，據張天師《譜牒》，張正隨被列為第二十四代天師。

天聖八年（1030）五月，仁宗賜張乾曜（第 25 代天師）為「虛靜先生」，其孫見素為試將作監主簿，「仍令世襲先生號，蠲其租課」[67]。名號、官位、租課三者並得，一時倍增榮耀。同年九月，臨江軍玉笥山道士朱旦，以醫術被召見，獲賜「善濟處士」，其子煥授為臨江軍助教。

神宗熙寧年間，進一步利用祠祿官制度，既安頓衰老者，又和善地「處異議者」，新增一批宮觀讓他們去管幹、提舉、提點。凡得此名位者，可以領取俸祿，「從便居住」，不需到宮觀中去。熙寧三年（1070）五月，新增宮觀中江西有三所，它們是建昌軍仙都觀、江州太平觀、洪州玉隆觀。加上原已是此種規格的信州龍虎山、臨江軍玉笥山，共計為五所。這些欽定的著名大宮觀，因為獲得朝廷派官提舉的待遇，建築規模遂相應擴大，香火更趨旺盛。

徽宗崇信道教，自稱「教主道君皇帝」，在京城設道院，命州縣設道學，在太學置《內經》、《道德經》、《莊》、《列》博士

66　傅勤家：《中國道教史》，第六章第四節「張天師世系考」，第 83 頁。商務印書館 1998 年影印本。
67　《續資治通鑑長編》卷一〇九。

二員，培訓道士。道士學員的升貢及三歲大比，照依科舉辦法進行。又參照政府官員品級，定道階二十六級，有先生、處士等名；又定道官二十六等，有諸殿侍宸、校籍授經等名。又頒《金籙靈寶道場儀範》，統一各地做道場齋醮的儀式制度。在這股濃厚的神仙道術的氣氛中，第三十七代天師張繼先於崇寧四年（1105）五月被召進京晉見，賜號「虛靖先生」。政和三年（1113）升上清觀為「上清正一宮」。徽宗問張繼先：「卿居龍虎山，曾見龍虎否？」繼先答：「虎則常見，今日方睹龍顏。」[68] 徽宗聽了很高興，特別留他在內廷歇息。由此可見，投靠朝廷，獻媚皇帝，道士和僧侶一樣，都很擅長。禪僧大力揉儒入佛，道士則提倡三教合流。道教南宗祖師張伯端說：「教雖分三，道乃歸一」。道教北宗創始人王嚞，號重陽子，立三教平等會，以《孝經》、《心經》、《老子》三書，教人誦讀。三教歸一的觀點，符合社會潮流，道與佛在維護封建統治、腐蝕勞動者的反抗意識方面，並沒有任何差別。

洪州道士王仔昔，在徽宗時期也受到贊識。他自言遇見許真君，得其秘法，能預見人間未來之事。出遊河南嵩山，於政和五年（1115）十月得徽宗召見，賜號「沖隱處士」。他借天旱祈雨的機會，秘進藥方，為後妃治癒赤眼病，徽宗特封他為「通妙先生」，居上清寶籙宮。不久，遭林靈素妒忌，又兼自己言語不

68 光緒《江西通志》卷一七九。

遜，被囚死獄中[69]。

二　道書的繼續編輯

　　真宗大興道教活動之時，不忘搜集各種道教書冊。王欽若推薦張君房對原有的道藏重新編校，於天禧三年（1019）編完，定名《大宋天宮寶藏》，共四五六五卷，比太宗時徐鉉等人編校的道藏新增六二二卷。張君房又選取其中精要，撰成《雲笈七籤》一二二卷。凡涉及道家的資料，都摘錄編入，共計一萬餘條，道藏精華，大都在此。徽宗在政和三年（1113），下詔訪求天下道教仙經，編撰成《政和萬壽道藏》五四八一卷，比張君房編的增多了九一六卷。又聽蔡京奏言，集古今道教事蹟寫為紀、志，賜名《道史》。至此，道教經籍共有二十五類，即《老子》、《莊子》、諸子、《陰符經》、《黃庭經》、《參同契》、目錄、傳、記、論、書、經、科儀、符籙、吐納、胎息、內視、導引、辟穀、內丹、外丹、金石藥、服餌、房中、修養。把這二十五類內容歸納起來是五大類，即清靜、煉養、服食（餌）、符籙、經典科教。馬端臨《文獻通考》記述完道教書目之後評議曰：「道家之術，雜而多端，先儒之論備矣」。道教人士編輯其書，不嫌其多，是要與佛藏相抗衡，然而數量不及佛教的三分之一，「為世患蠹，未為甚巨」。對社會危害最大的，馬氏認為，在五大類之中「獨

第
十
章
・
佛
道
宗
教
的
傳
播

服食、符籙二家，其說本邪僻謬悠，而惑之者罹禍不淺」[70]。

張君房《雲笈七籤》第二七卷中，詳細敘述了道教認定的「洞天、福地」。洞天分大小二類，大洞天十處，「處大地名山之間，是上天遣群仙統治之所。」小洞天三十六處，「在著名山之中，亦上仙所統治之處。」福地七十二處，「在大地名山之間，上帝命真人治之，其間多得道之所。」在這一一八處名山之中，大洞天沒有江西地區的。小洞天之中江西地區有五處，它們是：

第八，廬山洞，名曰洞靈真天，在江州德化縣，真人周正時治之。

第十二，西山洞，名曰天柱寶極玄天，在洪州南昌縣（按，實為新建縣），真人唐公成治之。

第十五，鬼穀山洞，名曰貴玄司真天，在信州貴溪縣，真人崔文子治之。

第十七，玉笥山洞，名曰太玄法樂天，在吉州永新縣（按，實為峽江縣），真人梁伯鸞主之。

第二十八，麻姑山洞，名曰丹霞天，在撫州南城縣，屬王真人治之。

七十二福地之中屬江西地區的十二處，它們是：

第九，鬱木洞，在玉笥山南，是蕭子雲侍郎隱處，屬地仙赤魯班主之。

第十，丹霞洞，在麻姑山，是蔡經真人得道之處，屬蔡真人

70　馬端臨：《文獻通考》，卷二二五《經籍五二》按語。

治之。

第三十二，龍虎山，在信州貴溪縣，仙人張巨君主之。

第三十三，靈山，在信州上饒縣，北墨真人治之。

第三十五，金精山，在虔州虔化縣，仇季子治之。

第三十六，閣皂山，在吉州新淦縣，郭真人所治處。

第三十七，始豐山，在洪州豐城縣，尹真人所治之地。

第三十八，逍遙山，在洪州南昌縣，徐（許？）真人所治之地。

第三十九，東白源，在洪州新吳縣（今奉新縣）東，劉仙人所治之地。

第四十七，虎溪山，在江州彭澤縣南，是五柳先生隱處。

第五十一，元晨山，在江州都昌縣，孫真人安期生治之。（按，都昌縣應屬南康軍）

第五十二，馬蹄山，在饒州鄱陽縣，真人子州所治之處[71]。

以上共計十七處洞天福地，其中兼具洞天、福地二者的名山，有玉笥山、麻姑山。道書中對洞天福地的認定，可能只是一個時期、一家門派之說，不同的道書、山志中的記載並不一致，毋需拘泥。這些名山之地被載入「洞天福地」之列，表明該處是那個時代人關注的道教名勝基地，則是可信的。朝代與時勢處在

---

71 張君房：《雲笈七籤》，卷二七《天地宮府圖》。我在《江西史稿》中寫唐代的道教活動時，根據《天臺山志·名山洞天福地記》列出江西的洞天福地 18 處，與《雲笈七籤》所記有出入，其中原因待考，亦供讀者參考。

變異之中，道教的傳播也是曲折緩進的，某座名山的某處宮觀，不會是只盛不衰。上列福地中的好幾個名山宮觀，便是後世不顯、知名度很低的；即便是久享盛名的幾處，也無不處在起落變化之中。因此，這份洞天福地名單，有著北宋的時代性。

在道書編著中，建昌軍南城縣陳景元佔有一席之地。陳景元（1024-1094），字太初（一作太虛），號碧虛子。他的著述頗豐，正在整理出版的道藏書目中有他的《西昇經集注》、《度人上品妙經四注》、《上清大洞真經玉訣音義》、《莊子闕誤》四種；《道藏舉要》第一類中有他的《道德真經藏室纂微》十卷、開題一卷。他在《道德真經藏室纂微》中說：「此經以重淵（淵即玄，因避宋聖祖趙玄朗諱而改）為宗，自然為體，道德為用，其要在乎修身、治國。」又認為，道教之道是道之體，為「常道」，儒家的仁義禮智信是道之用，為「非常道」，把道教置於儒家之上。對個人來說，陳景元認為「身之元氣與天道相通，不假窺瞻望而天道自明」，但必須虛靜、獨悟，「虛靜則吉祥至而妙道生，恬淡則神氣王而虛白集，寂寞則靈府寬而真君寧，無為則和理全而性命永」[72]。他既談修身、治國，又提倡虛靜、恬淡、寂寞、無為，看重個人的道德性命修養功夫，表現出儒釋道相參互補的思想傾向。

72　陳景元：《道德真經藏室纂微》，見《道藏舉要》第一類。轉引自張其凡《宋代史》第四章第四節，第 579 頁。澳亞週刊出版有限公司 2004 年版。

三　主要宮觀簡介

江西的道教傳播很廣泛，各州縣都有道徒活動，而大宮觀集中在所謂的洞天福地，贛北地區比較多些。下面介紹幾個著名的道觀概況。

江州太平宮，在廬山北麓，原是開元十九年（731）建的九天採訪使者廟，南唐改名通玄府，北宋太平興國中改為太平興國觀，簡稱太平觀。熙寧中，置祠官提舉。宣和六年（1124）升格為「宮」，「其時道流常三數千人，崇軒華構，彌山架壑。……其田散在旁縣，有三十六區」[73]。其內部的華麗景象，從四十多年之後陸游的介紹中，依然能見一斑。乾道五年（1169），陸游入蜀，途經江州，遊廬山，見太平宮壯麗非凡，「門庭氣象極宏壯，正殿為九天採訪使者像，袞冕如帝者，……至太平皇帝時，嘗遣中使送泥金絳羅雲鶴帔，仍命三年一易。神宗皇帝時，又加封『應元保運真君』，及賜塗金殿額。兩壁畫十真人，……採訪殿前有鐘樓，高十許丈，三層，累磚所成，不用一木，而碩栱翬飛，雖木工之良者，不能加也。但鐘為磚所掩蔽，聲不甚揚，亦是一病。觀主胡思齊云：此一樓為費三萬緡，鐘重二萬四千餘斤。又有經藏，亦佳，扁曰『雲章瓊室』。太平規模，大概類南昌之玉隆，然玉隆不經焚，尚有古趣為勝也」[74]。本是九天採訪

73　桑喬：《廬山記事》，見〔民國〕吳宗慈《廬山志》綱之二《山北第二路》。

74　《陸游集・渭南文集》卷四六《入蜀記》。

使者之像，與宋太宗繼位聯繫起來，便有了黃金頭峽；神宗時又獲得「應元保運真君」封號，身價一增再增。然而，這又成了竊賊的目標。天聖四年（1026）四月壬子，江州奏報神像金冠被盜，請求重做。仁宗說：「觀僻在山谷間，而以金為冠，是誨人為盜，使陷重辟，宜代以銅而金塗之。」這是一個開明而仁恕的詔令，塗金銅冠降低了製作成本，但其豪奢氣派依舊。太平宮在南宋初年遭兵燹之災，但重建之後，與沒有遭災的玉隆觀一樣「極宏壯」。

洪州玉隆觀　在新建縣西山鄉。此地本為南昌轄區，北宋初析建新建縣，遂改隸。該地在《天臺山志・名山洞天福地記》中列為第十二洞天，相傳為許遜故宅，稱許仙祠。南北朝時改名遊帷觀，祀許遜。北宋大中祥符三年（1010），真宗賜名「玉隆觀」，撥款擴建。神宗時期定為祠官提舉之一。曾鞏知洪州，對玉隆觀又一次重建，竣工後，請王安石作文記其事。元豐三年（1080年）八月既望，王安石寫出《重建旌陽祠記》，其中說民眾崇祀許遜的原因是：

　　許氏者嘗為旌陽令，有惠及於邑之民。……暨後斬蛟，而免豫章之昏墊。……公有功於洪，而洪人祀之虔且久。祥符中，升其觀為宮，而公亦進位於侯王之上。……今師帥南豐曾君鞏慨然新之。鞏，儒生也，殆非好尚老氏之教者，殆曰能禦大災，能捍大患，則祀之，禮經然也。國家既隆其禮於公，則視其陋而加之

以麗，所以敬王命而昭令德也。**75**

　　王安石在這裡指出，許遜「能禦大災，能捍大患」，對地方有大功，所以國家才給予隆重的禮儀。洪州地方長官修繕玉隆觀，使其更為壯麗，是「敬王命而昭令德」，即遵從朝廷詔命，光大許遜的功德。強調的是社會實際功效，完全不去理會它的道教成分，並且明確指出曾鞏「非好尚老氏之教者」。顯然，這也正是民眾「祀之虔且久」的根本原因。

　　蘇轍也認為民眾崇祀許真君，是敬重他的功德。元豐三年，蘇轍「以罪」謫居高安，與筠、袁二州人士有很多交往，親身體驗了當地的民情風俗，他寫的《筠州聖壽院法堂記》說：

　　昔東晉太寧之間，道士許遜與其徒十有二人散據山中，能以術救民疾苦，民尊而化之，至今道士比他州多，至於婦人孺子亦喜為道士服。

　　筠、袁之民對許遜「尊而化之」的唯一原因，是他能「救民疾苦」，為民除害。王、蘇二位的個人見解，在宜豐縣元康觀鐵鐘的銘文中得到回應。這座鐵鐘的銘文說：「高明許仙，功利無邊。曩經行地，真祠屹然。化民遺址，靡虔祀事。徙宮郊東，肇

75　《續資治通鑑長編》卷一○四。

惟蔡氏。巍殿修廊，金碧輝煌。仍晉故實，是名元康。」[76]這段簡括的文字，讓後人知道宜豐士民認定許遜是「功利無邊」的神仙，早在晉代就建造了元康觀崇祀他，後來舊觀壞了，蔡氏又重新遷建，觀名還是「元康」[77]。民眾將一個人「化」而為神，祈望繼續得到他的庇佑。正因為許真君在世人心目中是神聖的，故而道士成了當地人欽羨的生活方式，乃至其服裝也為婦人孺子所喜好。元康觀鐘銘非達官權貴所作，乃民間社會觀念的反映。可見，能否「救民疾苦」，是普通百姓把凡人神化的動因，即是民間對州縣官評判的昇華。

政和六年（1116）徽宗詔依嵩山崇福宮規格對玉隆觀進行修繕，並升格為宮，賜「玉隆萬壽宮」匾額。八年（1118）敕封許遜為「神功妙濟真君」，從此稱許真君。經過大規模擴建之後，有了大小殿閣二十三座，樓七座，堂三十六座等建築物，形成龐大的建築群，氣勢恢弘，顯示出許真君的地位，已由江西民間奉祀的地方神，上升為朝廷崇敬的在籍神仙，具有了全國性的意義。

江西民眾虔誠地禮敬許真君為「江西福主」，祈望得到他的保護，與自己永遠在一起。民間流傳許遜帶著家人一起飛升上天的故事，該是頌揚許遜不但獨善其身，而且兼善群眾，帶動家

---

76 光緒《逍遙山萬壽宮志》卷十六《藝文》。
77 轉錄自《宜豐縣誌》卷三十七《文物古跡》。中國大百科全書出版社 1989 年版，第 679 頁。

人，薰陶弟子，使他們均能超越凡俗，進入仙界。百姓虔誠而且久遠地敬許遜為神，理所當然是彰顯他為惠澤一方、表率鄉民的典範，決不是將他作為「一人得道，雞犬升天」的貪鄙邪道者看待。

同是紀念許遜的道觀，在南昌城內還有鐵柱觀。傳說晉朝時江西有蛟為害，許遜與其徒吳猛壯仗劍殺之，並作大鐵柱鎮壓其地。臨川謝逸賦詩曰：「豫章城南老子宮，階前一柱立積鐵。雲是旌陽役萬鬼，夜半舁來老蛟穴。插定三江不沸騰，切莫撼搖坤軸裂。……西山高處風露寒，茲事恍惚從誰語。安得猛士若朱亥，袖往橫山打狂虜。」[78]詩人對鐵柱鎮蛟之事不以為然，而對北宋在西北邊防上的被動表示擔憂。

建昌軍仙都觀，在南城縣麻姑山。原名丹霞山，有麻姑仙女的傳說，唐開元間建麻姑廟。道書中列為第二十八洞天，第十福地。麻姑山道教發展至北宋，正處於高峰階段。咸平二年（999）真宗賜禦書百餘軸給麻姑廟，並改其名為「仙都觀」，賦予它神仙在此聚會、修真煉丹之都的美妙意境。皇祐三年（1051）仙都觀得到一份仁宗禦書的「明堂」、「明堂之門」匾。元豐六年（1083）神宗封麻姑仙女為「清真夫人」。元祐元年（1086）哲宗封她為「妙寂真人」。宣和六年（1124）徽宗再將她升為「真寂沖應元君」。隨著封號的升級，仙都觀的建築日益壯麗。慶曆六年（1046）觀主淩齊認為整體建築都很好，唯獨儀門卑小一

78　吳曾：《能改齋漫錄》，卷十一《許旌陽作鐵柱鎮蛟》。

些，「不足以稱吾法與吾力」。於是改建加大，變成三門三道。曾鞏為之作《記》，覺得這超越了禮制，遂委婉地說：

> 其旁三門，門三塗，惟王城為然。老子之教行天下，其宮視天子或過焉，其門亦三之……（仙都觀）距城六七里，由絕嶺而上，至其處，地反平寬衍沃，可宮可田。其獲之多，與他壤倍，水旱之所不能災。……其田入既饒，則其宮從而侈也宜。**79**

曾鞏從麻姑山優良的地理條件中，指出其稻米產量比別處倍增，遂有仙都觀建築違制的事實。人們看到，不論是道教還是佛教，不論是追求成仙還是成佛，都實在地把物質財富作基礎，著名的佛寺宮觀，首先都是田產廣闊的大莊園，其次才是修心養性之地。僧道們都是在衣食充足之後，才得以靜心修煉的。

麻姑山的宏壯建築還有賴於富豪捐助。例如三清殿、麻姑殿的重修，是「肥遯州裡」的陳策父子為「求善祥」，「乃出家貲以幹厥事」。興工期間，「工之巧者必至，材之良者必備」；「斬木而山空，伐石而雲愁」；「或改以新，或完其舊」。竣工後，李覯於康定二年（1041）為之寫《記》云：

> 雖大道之要，本於澹泊，安在土木之華而後張顯？然名山之

---

79 《曾鞏集》卷十七《仙都觀三門記》。現今麻姑山的「絕嶺」已為汽車路取代，但其上「平寬衍沃」依舊，水稻豐產依舊，仍有山中仙境的影像。

景，列在圖籍，非有遊覽之盛不足稱述。……宮闕之侈，視珠玉不啻如土芥，世俗相承以為美談。[80]

為富家者往往而是，內和親戚，外禮鄉黨，餘力乃以奉釋老，求善祥。茲亦平時之盛觀也，可無傳歟？

道佛主張虛空淡泊，他們的寺觀卻都奢華，此中的矛盾，都因其「在籍」——是朝廷官辦的，必須「有遊覽之盛」的理由，自然消解了。

龍虎山上清宮在信州貴溪縣，道書列為第二十九福地。自唐以來由於朝廷的尊崇，日益興盛起來。唐會昌年間名為真仙觀，宋大中祥符年間更名上清觀。徽宗崇寧四年（1105）張繼先請准重修擴建，將祖天師煉丹處的正一觀改名為演法觀，增建天師府、真懿觀等。張繼先由京師返回，「四方從學者恒數十百人」[81]。

上清宮的田產眾多，據寧宗嘉泰間《立長生局置莊田飯眾帖文》稱：崇寧間「朝廷撥賜弋陽縣管下步口莊田計一萬三千，與本宮以飯道流。」又，端平二年（1235）王與權《上清正一宮碑》載：徽宗賜名「上清正一宮」的同時，「撥賜江東徐氏絕產計米萬餘斛」。[82]北宋時期，自天聖以後，上清宮田賦的「蠲免」與

80　《李覯集》卷二三《麻姑山重修三請殿記》、《重修麻姑殿記》。此處所稱之「陳策」，有可能是本書第五章提到的南城商人陳策，但還需有更多的旁證，才能最終認定。

81　乾隆《龍虎山志》卷六《天師世家·三十代繼先》。江西人民出版社1996年版，第52頁。

82　乾隆《龍虎山志》卷九《田賦》，卷十二《藝文·碑文三》。江西人民

「勒納」多次反覆，說明地方政府對它的大筆田產高度重視，不論是蠲免或徵收，都對財政影響很大。

閣皂山崇真觀，在臨江清江縣，以其「山形如閣，山色如皂」而得名，道書列為第三十三福地。據傳是葛玄等人修道煉丹之地。唐朝時為閣皂觀，南唐改名玄都。宋真宗大中祥符五年（1012）改名景德觀。後經兩次火災，再次重建。徽宗時更名崇真，並升觀為宮，頒給「元始萬神」銅印。葛玄為道教靈寶派的祖師，該派與茅山上清派、龍虎山天師派鼎足而立。靈寶派以傳授《靈寶經》得名，首先在閣皂山傳播，故又名閣皂派。靈寶道人率先構建起神仙體系，制定齋醮儀式，同時重視以符籙作傳達神仙旨意的手段。閣皂山中的事蹟多與葛玄有關，崇寧三年（1104）封葛玄為「沖應真人」。

熙寧五年（1072）新喻縣楊申《閣皂山景德觀記》稱：真宗改其觀名時，賜書一二〇卷，良田二十頃。此後發展趨盛，至熙寧時「學道之士五百人，為屋一千五百間」[83]。山中建築，當時除崇真觀之外，還有禦書閣，閣後有傳籙壇，專供接納新道徒之用，大江以南，僅有此處與金陵茅山、龍虎山三個。還有祖師殿、藏經殿正一堂、玉像閣等。

一九八八年四月底，江西考古專家在閣皂山搶救清理了一座道教畫像石墓，墓磚銘文為「宋甲戌紹聖元年」。甲戌紹聖，宋

出版社 1996 年版，第 113、173 頁。

83 康熙《閣皂山志・記文》。江西人民出版社 1996 年版，第 23 頁。

哲宗開始親政，是西元一○九四年。此墓為單室磚石結構，坐西朝東，東西長三點八○米，南北寬一點八二米。曾經被盜，隨葬品很少，但南、西、北三面的石刻畫像尚好，還有一塊墓誌銘斷碑。石刻人物畫像整個長七米，高一米，西壁端坐墓主人，坐席旁站立三人，南北兩壁各立七人。北壁諸人頭上一條虎頭龍身的飛翔物（道徒所說的白虎），其頭向西；南壁人頭上部也有一條飛龍（道徒所說的青龍），頭亦向西。這些人物的芙蓉冠、巾帽、髮髻、朝笏、道袍，以及青龍、白虎等物，顯示出濃厚的道教氣氛。特別是南北兩廂的十四個人，神態各異，身分有別，袍服飄逸舒展，容顏氣度莊重肅穆，體現出他們與端坐者的禮儀關係。

殘存的大半截碑文，是墓主人兩個兒子請人寫的《行狀》，由此可知墓主人「諱知在，字子中，淦邑登賢之長樂里人，世為大族」。然而從小失去父母，「每愧歎少孤」，可能即因此當道士，「景祐二年（1035 年）入山」。他為人「風韻灑落，器量宏遠，酷愛老莊書，而能損己益眾，謙光孝道，樂善泛（施？）」。他上山以後最大的功德是重建道觀。「熙寧丙辰觀經灰」，即熙寧九年（1076 年）觀被燒毀（後來周必大《崇真宮記》有「天禧庚申、熙寧丙辰，再焚再葺」之言），他將院宇從「原居禦書閣前」，「遷於天師壇之西南隅」，建成一系列屋宇，呈現「瑤壇綠闕，離宮別館，中外畢葺」氣象。因此，他先獲賜「紫衣」，為副道正；後來「拜公充傳教威儀」，朝廷又「特賜靈寶大師敕牒」。此殘碑開頭「……儀，道職之首稱也」一句中的缺文，當即「傳教威儀」。由於他位居傳教威儀之尊，有靈寶大師之譽，

故而壁畫中他一人端坐中央，眾道長侍立兩旁，青龍、白虎朝他飛舞。可以斷定，這位知在道人，正是閣皂山靈寶派道教鼎盛時期的代表者，該墓的建築結構、其中的殘碑和石刻畫，對瞭解閣皂山這段歷史有重要價值，為研究江西乃至中國道教史，提供了一份珍貴的考古資料[84]。

玉笥山承天宮，在臨江軍新淦縣（明朝析建峽江縣，此後玉笥隸峽江）。自秦漢以來，即為道教聖地，至唐宋兩代達到鼎盛階段。唐人杜光庭《洞天福地記》把它列為第十七法樂洞天、第七鬱木福地。北宋時全山有承天宮、大秀宮，以及沖虛、開明等二十一觀。在此修道者來自各地，都信奉正一派道教。大中祥符元年（1008）賜改玉梁觀為承天觀，道士已達五〇〇餘人。宣和元年（1119），詔升承天觀為承天宮。

上述名山宮觀，由於朝廷賜號，規格提高，名望煊赫，既是寺觀原有香火旺盛的結果，又反過來促進了這些寺觀的趨於鼎盛。在此過程中，有人乘機在地方妄作威福，危害鄉民。仁宗時期，祠部長官謝絳奏報說：「近歲不逞之徒，托言數術，以先生、處士自名，禿巾短褐，內結權倖，外走州邑，甚者矯誣詔書，傲忍官吏。請嚴禁止。」[85]。道士之中「不逞之徒」的劣跡，在江西也有，如：

84　本段所用考古資料，均見江西省文物考古研究所、樟樹市博物館《江西樟樹北宋道教畫像石墓》，載《江西文物》1991 年第 3 期。

85　《續資治通鑒長編》卷一〇九，天聖八月九月丙子。

龍虎山道士王守和，寄居開封壽星觀，於至和元年（1000）被指控糾集一二百人，「以授籙神兵為名，夜聚曉散」，「希求金帛，惑亂風俗」，被開封府趕出京城，「押歸本州」[86]。

仁宗時期，吉州安福縣令林績，曾懲辦過龍虎山道士張嗣宗。此人自稱第三十三代天師，率徒從龍虎山到安福，「挾妖術作符籙，謂能卻禍邀福」。林績驗其印文為「陽平治都公」，認為是東漢「以鬼道教民」、割據漢川的張魯之印文，由此林績指張嗣宗為「妖賊苗裔」，不容許他誣罔害民，「於是收治之，聞於朝，毀印。而江左妖道遂息」[87]。所謂「妖道遂息」，只是一時一地之事。張道士宣揚符籙「卻禍邀福」，而縣衙視符籙為「妖術」、「鬼道」，這說明符籙派道士的信譽不好。如此社會性的評判，非常值得注意。

道家倡言清心寡欲，清靜無為，出天地，超萬物，長生不老，變化飛升，其人生追求與權勢財利不相容，故修道持正的道士，無意混跡官場，不屑於爭權奪利。新淦縣祥符觀道士何得一，可謂名副其實。他自守清淨，不阿權貴。宣和年間，徽宗說夢見一個道士，名叫何得一，下令各州縣在免納丁稅人中尋找，結果在臨江軍「道籍」中找到。他被召進京，徽宗賜住太乙宮，賜號「沖妙太師」，給丹林郎官品，任京城右街簽議的職務。當

86　趙抃《清獻集》，卷六《乞斷勘道士王守和授籙惑眾》。四庫全書本。
87　吳曾：《能改齋漫錄》卷十三《林績毀張嗣宗妖術印》。按，乾隆《龍虎山志》卷六《天師世家》第33代天師名張景淵，時當南宋高宗朝。仁宗時有第26代天師張嗣宗，此天師該不是林績所懲治者。

時，凡得官位的道士，多半橫行州縣，騷擾民眾。何得一對此很反感，遂向徽宗建議：「道家以清靜無事為貴，不應與州縣事，請一切罷之」[88]。這條建議，使「貴近用事者」驚恐，深懼失去權勢，於是對何得一進行攻擊。何得一因此被奪官職，回歸新淦，仍然當一個普通道士。道士有道，何得一是個代表。

88 光緒《江西通志》卷一七九《仙釋二》。

後記

　　這本北宋的江西歷史，儘管有我原來的《江西史稿》作基礎，用了三年多時間，中間經過一次大的修改，仍然是粗糙的。由於寫作時間有限，不容許再拖延下去，也就只有這樣交付印刷，靜待讀者的批評指教了。

　　北宋的江西歷史，大概的說一說，好辦。真要過細的論述，不說空話，不憑臆斷，經得住推敲，做到「無一字無來歷」，讓遠去了的人和事都活起來，就會心虛，就可能退卻。如此力不從心，是因為既有資料不足的困難，又有許多問題不知答案，許多關係不知如何處理。簡單的說，是相關的專題研究做的不多，而總體研究又不深入細緻。例如，主要州縣的區域狀況，著名人物的生平事蹟，民間社會的生活樣式，任職朝廷的江西士大夫與家鄉的關係，任職江西的名宦其政績的作用與影響，朝廷重大決策在江西的體現，北宋江西地區社會進步的動力與原因，等等。要彌補這些缺陷，一方面必須全面而深入地掌握北宋時期的國史，徹底明瞭大局的發展脈絡；另一方面要做細緻的地方調查，盡可能把握各州縣的歷史軌跡，走過看過主要的山川地貌，知道帶有代表性的民情風俗，積累了足夠的文獻的、實物的、民間傳說中

的各種資料。然後對這兩方面的資料與認識作綜合比較分析，才有望再現歷史生活過程，獲得接近客觀實際的結論。真要能做到這一點，除了繼續下功夫學習，沒有其他的捷徑可走。我能否在有生之年實現這個願望，無法斷言，只能邊做邊看。

在這幾年的寫作過程中，由於得到多方面的幫助，我才比較順利完成任務。首先是經過《江西通史》編寫組全體同仁的認真研討，才確定了宋代分作北宋、南宋兩本寫的大章結構，這個決策的正確性是毋容置疑的。開始撰稿以後，來自各方的援助，讓我逐一克服了多種困難，如省博物館的許智范、黃平先生，說明收集圖片資料；省委黨校的周榜師博士，幫助解決社會調查中的問題；江西師大的吳小紅、黃建安、杜玉玲三位年輕教師既說明借閱圖書資料，又多次替我排除電腦操作中出現的故障。為了學會使用電腦編輯修改文稿，我既耗費了子女的時間與精力，也多虧上小學的外孫女給我做啟蒙輔導。初稿寫出之後，又得到宋史專家朱瑞熙、俞兆鵬先生負責任的審閱，他們非常認真細緻的通讀全稿，提出了許多中肯的意見，使我的修改工作有了明確的目標，書稿才能相對地完善起來。在編輯出版中，江西人民出版社的諸位編輯先生付出了大量勞動。

最後，我能堅持將書稿寫下來，更離不開老伴的理解和支持，照顧和幫助。年屆七十的退休日子，還要夜以繼日的伏案，在「欠債」的緊迫感中渡過，沒有精神上的堅定，情緒上的安寧，必然會垮臺的。

總之，沒有大家的真誠無私的幫助，我這本書是寫不出來的，讓我在這裡向大家致以衷心的謝意。

許懷林 2006.8.5

主要參考文獻

一　歷史典籍

〔唐〕姚思廉：《陳書》，中華書局標點本。

〔後晉〕劉昫等撰：《舊唐書》，中華書局標點本。

〔宋〕歐陽脩、宋祁：《新唐書》，中華書局標點本。

〔宋〕薛居正等撰：《舊五代史》，中華書局標點本。

〔宋〕歐陽脩：《新五代史》，中華書局標點本。

〔清〕吳任臣：《十國春秋》，四庫全書本。

〔宋〕龍袞：《江南野史》，豫章叢書本。

〔宋〕馬令：《南唐書》，四庫全書本。

〔元〕脫脫等撰：《宋史》，中華書局標點本。

〔宋〕司馬光：《資治通鑒》，中華書局標點本。

〔宋〕李燾：《續資治通鑒長編》，中華書局 1980 年標點本。

〔清〕徐松輯：《宋會要輯稿》，中華書局影印本，1957 年。

《宋大詔令集》，中華書局。

〔宋〕章如愚：《山堂考索》，四庫全書本。

〔宋〕楊億：《武夷新集》，四庫全書本。

〔元〕馬端臨：《文獻通考》，四庫全書本。

〔宋〕樂史：《太平寰宇記》，光緒金陵書局本。

〔宋〕王存等：《元豐九域志》，中華書局 1984 年版。

〔宋〕王象之：《輿地紀勝》，四庫全書本。

〔宋〕包拯：《包孝肅奏議》，四庫全書本。

〔宋〕沈括：《夢溪筆談》，中華書局 1958 年版。

〔宋〕司馬光：《涑水記聞》，四庫全書本。

〔宋〕呂祖謙：《歷代制度詳說》，四庫全書本。

〔宋〕呂祖謙：《皇朝文鑒》，四庫全書本。

〔宋〕李心傳：《建炎以來系年要錄》，四庫全書本。

〔宋〕李心傳：《建炎以來朝野雜記》，中華書局 2000 年版。

〔宋〕吳曾：《能改齋漫錄》，上海古籍出版社 1979 年版。

〔宋〕葉夢得：《避暑錄話》，四庫全書本。

〔宋〕洪邁：《容齋隨筆》，上海古籍出版社 1976 年版。

〔宋〕趙汝愚：《宋名臣奏議》，四庫全書本。

〔宋〕普濟：《五燈會元》，中華書局 1984 年版。

〔宋〕頤藏主：《古尊宿語錄》，中華書局 1986 年版。

〔宋〕契嵩：《錦津文集》，宋入小集 42 種。

〔宋〕陳舜俞：《廬山記》，四庫全書本。

〔宋〕曾敏行：《獨醒雜誌》，四庫全書本。

〔宋〕方勺：《泊宅編》，中華書局 1983 年版。

〔宋〕莊綽：《雞肋編》，中華書局 1983 年版。

〔宋〕趙佶：《大觀茶論》，《說郛》本。

〔宋〕劉斧：《青瑣高議》，上海古籍出版社 1983 年版。

〔宋〕魏泰：《東軒筆錄》，四庫全書本。

〔宋〕文瑩：《湘山野錄》、《玉壺清話》，中華書局 1984 年版。

〔宋〕張世南：《游宦記聞》，四庫全書本。

〔宋〕羅大經：《鶴林玉露》，中華書局 1983 年版。

《名公書判清明集》，中華書局 1987 年版。

〔宋〕王　：《默記》，中華書局 1981 年版。

〔宋〕葉夢得：《石林燕語》，中華書局 1984 年版。

〔宋〕陶穀：《清異錄》，四庫全書本。

〔宋〕朱彧：《萍洲可談》，四庫全書本。

〔宋〕周煇：《清波雜誌》，四庫全書本。

〔宋〕王應麟：《玉海》，四庫全書本。

〔宋〕趙蕃：《章泉稿》，四庫全書本。

〔宋〕惠洪：《石門題跋》，叢書集成初編本。

〔宋〕周密：《齊東野語》，中華書局 1983 年版。

〔宋〕王柏：《魯齋王文憲公文集》，續金華叢書本。

〔明〕王世懋：《饒南九三府圖說》，叢書集成初編本。

〔明〕朱國楨：《湧幢小品》，筆記小說大觀第二集。

〔明〕黃淮揚士奇：《歷代名臣奏議》，四庫全書本。

〔明〕《東昌古跡志》（抄本）。

〔清〕顧祖禹：《讀史方輿紀要》，中華書局本。

二　文集

〔宋〕晏殊：《珠玉詞》，江西人民出版社 1986 年版。

〔宋〕歐陽脩：《歐陽脩全集》，中國書店 1986 年版。

〔宋〕王安石：《王安石全集》，吉林人民出版社 1996 年版。

〔宋〕夏竦：《文莊集》，四庫全書本。

《周敦頤全書》，江西教育出版社 1993 年版。

《二程遺書》，上海古籍出版社 1992 年版。

〔宋〕李覯：《李覯集》，中華書局 1981 年版。

〔宋〕韓琦：《韓魏公集》，四庫全書本。

〔宋〕曾鞏：《曾鞏集》，中華書局 1984 年版。

〔宋〕王禹　 ：《小畜集》，四庫全書本。

〔宋〕蘇詢、蘇軾、蘇轍：《三蘇全書》，語文出版社 2001 年版。

〔宋〕晏幾道：《小山詞》，江西人民出版社 1987 年版。

〔宋〕彭汝碩：《鄱陽集》，四庫全書本。

〔宋〕孔平仲：《朝散集》，四庫全書本。

〔宋〕黃庭堅：《山谷集》，四庫全書本。

《黃庭堅選集》，上海古籍出版社 1991 年版。

〔宋〕張方平：《樂全集》，四庫全書本。

〔宋〕範純仁：《范忠宣公全集》，四庫全書本。

〔宋〕趙　 ：《清獻集》，四庫全書本。

〔宋〕張載：《張載集》，中華書局 1978 年版。

〔宋〕王阮：《義豐集》，四庫全書本。

〔宋〕呂南公：《灌園集》，四庫全書本。

〔宋〕孔文仲等：《清江三孔集》，四庫全書本。

〔宋〕張孝祥：《于湖居士文集》，上海古籍出版社 1980 年版。

〔宋〕石介：《徂徕集》，四庫全書本。

〔宋〕陸九淵：《象山全集》，四庫全書本。

〔宋〕楊時：《龜山集》，四庫全書本。

〔宋〕朱熹：《晦庵集》，四庫全書本。

〔宋〕《朱子語類》，嶽麓書社 1997 年版。

〔宋〕朱熹、呂祖謙：《朱子近思錄》，上海古籍出版社 2000 年版。

〔宋〕陸遊：《陸遊集》，中華書局 1976 年版。

〔宋〕李綱：《梁溪全集》，四庫全書本。

〔宋〕姚勉：《雪坡舍人集》，豫章叢書本。

〔宋〕汪藻：《浮溪集》，四部叢刊本。

三 地方誌

《明一統志》。

康熙《西江志》。

光緒《江西通志》。

正德《建昌府志》。

乾隆《建昌府志》。

道光《寧都州志》。

同治《南昌府志》。

同治《贛州府志》。

同治《南安府志》。

同治《吉安府志》。

康熙《金溪縣誌》。

乾隆《浮梁縣誌》。

乾隆《龍泉縣誌》。

乾隆《疏山志略》。

同治《義寧州志》。

同治《星子縣誌》。

同治《龍泉縣誌》。

同治《南昌縣誌》。

同治《臨川縣誌》。

同治《南城縣誌》。

同治《廣昌縣誌》。

同治《德安縣誌》。

同治《湖口縣誌》。

《白鹿洞書院志五種》，中華書局 1995 年版。

《龍虎山志》，江西人民出版社 1996 年版。

《閣皂山志》，江西人民出版社 1996 年版。

《雲居山志》，江西人民出版社 2002 年版。

《贛州地區志》，新華出版社 1994 年版。

《上饒地區志》，方志出版社 1997 年版。

《南昌市志》，方志出版社 1997 年版。

《景德鎮市志略》，漢語大詞典出版社 1989 年版。

《景德鎮市志》（第一卷），中國文史出版社 1991 年版。

《新餘市志》，漢語大詞典出版社 1993 年版。

《萍鄉市志》，方志出版社 1996 年版。

《鷹潭市志》，方志出版社 2003 年版。

《南昌縣誌》，南海出版公司 1990 年版。

《新建縣誌》，江西人民出版社 1991 年版。

《豐城縣誌》，上海人民出版社 1991 年版。

《修水縣誌》，、海天出版社 1991 年版。

《餘幹縣誌》，新華出版社 1991 年版。

《樂平縣誌》，上海古籍出版社 1987 年版。

《浮梁縣誌》，方志出版社 1998 年版。

《婺源縣誌》，檔案出版社 1993 年版。

《德興縣誌》，光明 H 報出版社 1993 年版。

《上饒縣誌》，中共中央黨校出版社 1993 年版。

《戈陽縣誌》，南海出版公司 1991 年版。

《鉛山縣誌》，南海出版公司 1990 年版。

《貴溪縣誌》，中國科學技術出版社 1996 年版。

《九江縣誌》，新華出版社 1996 年版。

《德安縣誌》，上海古籍出版社 1991 年版。

《星子縣誌》，江西人民出版社 1990 年版。

《都昌縣誌》，新華出版社 1992 年版。

《彭澤縣誌》，新華出版社 1992 年版。

《宜春市志》，南海出版公司 1990 年版。

《高安縣誌》，江西人民出版社 1988 年版。

《宜豐縣誌》，中國大百科全書出版社 1989 年版。

《臨川縣誌》，新華出版社 1993 年版。

《金溪縣誌》，新華出版社 1992 年版。

《宜黃縣誌》，新華出版社 1993 年版。

《南城縣誌》，新華出版社 1991 年版。

《廣昌縣誌》，上海社會科學出版社 1994 年版。

《南豐縣誌》，中共中央黨校出版社 1994 年版。

《清江縣誌》，上海古籍出版社 1989 年版。

《新滄縣誌》，中國世界語出版社 1990 年版。

《吉安市志》，珠海出版社 1997 年版。

《吉水縣誌》，新華出版社 1989 年版。

《泰和縣誌》，中共中央黨校出版社 1993 年版。

《安福縣誌》，中共中央黨校出版社 1995 年版。

《永豐縣誌》，新華出版社 1993 年版。

《遂川縣誌》，江西人民出版社 1996 年版。

《永新縣誌》，新華出版社 1992 年版。

《贛縣誌》，新華出版社 1991 年版。

《寧都縣誌》（內），1986 年編印。

《微都縣誌》，新華出版社 1991 年版。

《興國縣誌》（內），1987 年編印。

《大庾縣誌》，三環出版社 1990 年版。

《南康縣誌》，新華出版社 1993 年版。

《安遠縣誌》，新華出版社 1993 年版。

《石城縣誌》，書目文獻出版社 1990 年版。

《永新縣地名志》（內），1983 年編印。

《高安縣地名志》（內），1984 年編印。

《德興縣地名志》（內），1984 年編印。

《寧都縣地名志》（內），1984 年編印。

《宜豐縣地名志》（內），1984 年編印。

《南城縣地名志》（內），1984 年編印。

《資溪縣地名志》（內），1985 年編印。

《金溪縣地名志》（內），1986 年編印。

《黎川縣地名志》（內），1987 年編印。

《景德鎮市地名志》（內）1988 年編印。

四　現代論著

專著：

傅勤家：《中國道教史》，商務印書館 1937 年第 1 版，1998 年影印第 1 版。

陳垣：《清初僧諍記》，中華書局 1962 年版。

中國矽酸鹽學會：《中國陶瓷史》，文物出版社 1982 年版。

王曾瑜：《宋朝兵制初探》，中華書局 1983 年版。

陳柏泉：《江西出土墓誌選編》，江西教育出版社 1991 年版。

龍吉昌、王寶珍：《江西歷代錢幣》，江西美術出版社 1991 年版。

沈興敬主編：《江西內河航運史》（古、近代部分），人民交通出版社 1991 年版

何忠禮：《宋史選舉志補正》，浙江古籍出版社 1992 年版。

許懷林：《江西史稿》，江西高校出版社 1993 年版。

吳水存：《九江出土銅鏡》，文物出版社 1993 年版。

李才棟：《江西古代書院研究》，江西教育出版社 1993 年版。

鄧廣銘：《鄧廣銘學術論著自選集》，首都師範大學出版社 1994 年版。

杜信孚、漆身起：《江西歷代刻書》，江西人民出版社 1994 年版。

馮先銘主編：《中國陶瓷》，上海古籍出版社 1995 年版。

游修齡：《中國稻作史》，中國農業出版社 1995 年版。

鄧廣銘：《鄧廣銘治史叢稿》，北京大學出版社 1997 年版。

龔延明：《宋代官制詞典》，中華書局 1997 年版。

《慶祝鄧廣銘教授九十華誕論文集》，河北教育出版社 1997 年版。

餘家棟：《江西陶瓷史》，河南大學出版社 1997 年版。

楊厚禮、范風妹：《宋元紀年青白瓷》，莊萬里文化基金會 1998 年版。

漆俠：《中國經濟通史·宋代經濟卷》，經濟日報出版社 1999 年版。

許懷林主編：《江西歷史研究論集》，江西人民出版社 1999 年版。

郭東旭：《宋代法制研究》，河北大學出版社 2000 年版。

高聰明：《宋代貨幣與貨幣流通研究》，河北大學出版社 2000 年版。

陳寅恪：《寒柳堂集》，三聯書店 2001 年版。

漆俠：《王安石變法》（增訂本），河北人民出版社 2001 年版。

《宋學的發展與演變》，河北人民出版社 2002 年版。

李華瑞：《王安石變法研究史》，人民出版社 2004 年版。

余英時：《朱熹的歷史世界：宋代士大夫政治文化的研究》，生活・讀書・新知三聯書店 2004 年版。

彭濤、石凡：《青白瓷鑒定與鑒賞》，江西美術出版社 2004 年版。

王菱菱：《宋代礦冶業研究》，河北大學出版社 2005 年版。

曹家齊：《唐宋時期南方地區交通研究》，華夏文化藝術出版社 2005 年版。

李裕民：《四庫提要訂誤》（增訂本），中華書局 2005 年版。

石峻等：《中國佛教思想資料選編》第三卷，中華書局 1989 年版。

論文：

楊厚禮：《臨川縣白滸窯調查》，《文物工作資料》1960 年第 2 期。

江西省文物管理委員會：《江西彭澤宋墓》，《考古》1962 年第 10 期。

薛翹：《江西南城、清江和永修的宋墓》，《考古》1965 年第 11 期。

唐昌樸：《彭澤北宋墓》，《文物工作資料》1973 年第 3 期。

餘家棟：《江西新建發現宋代官印》，《考古》1973 年第 5

期。

劉新園等：《景德鎮湖田古瓷窯各期碗類裝燒工藝考》，《景德鎮陶瓷》1976 年第 1 期。

程應麟：《星子縣發現北宋墓一座》，《文物工作資料》1973 年第 5 期。

餘家棟：《江西鄱陽宋墓》，《考古》1977 年第 4 期。

德安縣文藝站：《德安縣北宋墓又發現精瓷》（執筆：周迪仁），《江西歷史文物》1979 年第 1 期。

唐昌朴、梁德光：《遂川發現北宋郭知章墓》，《江西歷史文物》1980 年第 1 期。

周振華：《都昌縣發現北宋墓葬》，《江西歷史文物》1980 年第 2 期。

李玉林：《宋代鳴水橋維修竣工》，《江西歷史文物》1980 年第 3 期。

彭適凡劉林：《吉安北宋江仕澄塔出土文物》，《江西歷史文物》1982 年第 1 期。

李放：《逢渠橋》，《江西歷史文物》1982 年第 1 期。

江西文物工作隊、吉安縣文物管理辦公室：《吉州窯遺址發掘報告》，《江西歷史文物》1982 年第 3 期。

陳柏泉：《吉州窯燒資歷史初探》，《江西歷史文物》1982 年第 3 期。

許懷林：《北宋轉運使制度略論》，《宋史研究論文集》（1982 年年會），河南人民出版社 1984 年版。

陳柏泉：《宋代銅鏡簡論》，《江西歷史文物》1983 年第 3

期。

王立斌、陳定榮：《鉛山縣蓮花山宋墓》，《江西歷史文物》1984 年第 1 期。

姚澄清、張天嶽：《廣昌縣出土北宋瓷俏》，《江西歷史文物》1984 年第 1 期。

尋烏縣文物普查隊：《尋烏縣上甲村發現宋代窰群》，《江西歷史文物》1984 年第 2 期。

許懷林：《江西歷史人口狀況初探》，《江西社會科學》1984 年第 2 期。

曹樹基：《〈禾譜〉及其作者研究》，《中國農史》1984 年第 3 期。

江西省文物工作隊：《江西南豐白舍窰調查記實》，《考古》1985 年第 3 期。

江西省文物工作隊、南豐縣博物館：《南中縣桑田宋墓》，《江西歷史文物》1986 年第 1 期。

琴邑：《南豐寶岩塔出土宋代文物》，《江西歷史文物》1986 年第 2 期。

鄧廣銘：《略談宋學》，《宋史研究論文集》（1984 年年會編刊），浙江人民出版社 1987 年版。

張學文：《宋代刻劃花藝術》，《景德鎮陶瓷》1987 年第 2 期。

黃頤壽：《銅鼓發現唐代窰址》，《江西歷史文物》1987 年第 2 期。

許懷林：《宋代江西的銅礦業》，《宋史研究論文集》（1984

年年會），浙江人民出版社 1987 年版。

許懷林：《饒州永平監──宋朝的鑄錢中心》，《中國錢幣》1988 年第 2 期。

鄧廣銘：《關於周敦頤的師承和傳授》，《紀念陳寅恪先生誕辰百年學術論文集》，北京大學出版社 1989 年版。

江西省文物考古研究所、贛州地區博物館、贛州市博物館：《江西贛州七裡鎮窯址發掘簡報》，《江西歷史文物》1990 年第 4 期。

鄧廣銘：《王安石在北宋儒家學派中的地位──附說理學家的開山祖問題》，北京大學學報 1991 年第 2 期。

江建新：《景德鎮窯業遺存考察述要》，《江西文物》1991 年第 3 期。

贛州地區文化局文物科等：《江西尋烏縣上甲村古瓷窯址調查》，《江西文物》1991 年第 3 期。

鄧道煉：《江西永平鐵冶遺址初探》，《江西文物》1991 年第 3 期。

江西省文物考古研究所、贛州市博物館：《江西贛州七裡鎮木子嶺窯址發掘簡報》，《南方文物》1992 年第 1 期。

許懷林：《唐宋銅錢之比較──宋錢不比唐錢輕薄》，《錢幣研究》1994 年第 1 期。

許懷林：《民俗「好訟」──江西民俗文化研究之一》，《南昌大學學報》1995 年增刊。

許懷林：《財產共有制家族的形成與演變──以宋代江州義門陳氏、撫州義門陸氏為例》，（台）《大陸雜誌》1998 年第 2、

3、4 期。

　　許懷林：《宋代民風好訟的成因分析》，《宋史研究論文集》
（2000 年），河北大學出版社 2002 年版。

　　許懷林：《搓灘陂──千年不敗的灌溉工程》，《漆俠先生紀
念文集》，河北大學出版社 2002 年版。

　　黃長椿：《陳執中》、《王欽若》，《江西歷代名入傳》，百花
洲文藝出版社 2002 年版。

　　許懷林：《唐末五代時期江右豪傑的浮沉與影響》，《江西師
大學報》2003 年第 4 期。

江西文庫 A0701A13

江西通史：北宋卷　下冊

主　　編	鍾啟煌	
作　　者	許懷林	
責任編輯	楊家瑜	
發 行 人	陳滿銘	
總 經 理	梁錦興	
總 編 輯	陳滿銘	
副總編輯	張晏瑞	
編 輯 所	萬卷樓圖書股份有限公司	
排　　版	菩薩蠻數位文化有限公司	
印　　刷	百通科技股份有限公司	
封面設計	菩薩蠻數位文化有限公司	

出　　版　昌明文化有限公司

桃園市龜山區中原街 32 號

電話　(02)23216565

發　　行　萬卷樓圖書股份有限公司

臺北市羅斯福路二段 41 號 6 樓之 3

電話　(02)23216565

傳真　(02)23218698

電郵　SERVICE@WANJUAN.COM.TW

大陸經銷　廈門外圖臺灣書店有限公司

　　　電郵　JKB188@188.COM

ISBN 978-986-496-185-6

2018 年 1 月初版

定價：新臺幣 360 元

如何購買本書：

1. 轉帳購書，請透過以下帳戶

   合作金庫銀行　古亭分行

   戶名：萬卷樓圖書股份有限公司

   帳號：0877717092596

2. 網路購書，請透過萬卷樓網站

   網址　WWW.WANJUAN.COM.TW

大量購書，請直接聯繫我們，將有專人為您

服務。客服：(02)23216565 分機 610

如有缺頁、破損或裝訂錯誤，請寄回更換

版權所有·翻印必究

Copyright©2016 by WanJuanLou Books CO., Ltd.

All Right Reserved　　　Printed in Taiwan

國家圖書館出版品預行編目資料

江西通史　北宋卷 / 鍾啟煌主編.-- 初版.--

桃園市：昌明文化出版；臺北市：萬卷樓

發行, 2018.01

　冊；　　公分

ISBN 978-986-496-185-6(下冊：平裝)

1.歷史　2.江西省

672.41　　　　　　　　　　　107001897

本著作物經廈門墨客知識產權代理有限公司代理，由江西人民出版社授權萬卷樓圖書

股份有限公司出版、發行中文繁體字版版權。

本書為金門大學華語文學系產學合作成果。　　　校對：邱淳榆／華語文學系三年級